大村卓一をめぐる人間関係

北海道の鉄道開拓者

鉄道技師・大村卓一の功績

高津 俊司 著

成山堂書店

は じ め に

　2018年9月、北海道開拓使が置かれてから150年を迎える記念行事が催され、2020年は北海道に鉄道が開業して140年目の節目の年であった。多くの先人たちが厳しい自然と闘い、苦労を重ねて北海道を開拓して産業、経済、文化を発展させてきた。その開拓の大きな原動力となったのが鉄道である。1880年に手宮・札幌間に開業した幌内鉄道は、外国人技術者クロフォードや海外留学組の松本荘一郎によって建設された。その後、平井晴二郎、田邉朔郎、廣井勇などの気鋭の技術者の尽力により北海道内の鉄道網の拡充が進められた。

　この本で取り上げる大村卓一は、外国人技術者が帰国後に日本人による鉄道網の拡充や改良を進めた明治、大正、戦前の昭和の時代を、北海道の鉄道から出発し、朝鮮半島や大陸を駆け抜けた鉄道技術者である。

　筆者が大村卓一の名前を初めて目にしたのは、故郷である北海道室蘭の鉄道施設の歴史を調べている時であった。室蘭港において鉄道から船への石炭積出用の水陸連絡埠頭設備の計画、設計、施工について、後に満鉄総裁になる大村卓一が設計および指導したと文献にあった。

　年譜によれば、大村卓一は1872年に福井県の下級武士の子として生まれ、1896年、札幌農学校工学科卒。クリスチャン。同年、北海道炭鉱鉄道株式会社に就職。1906年、帝国鉄道作業局。1925年朝鮮総督府鉄道局長。1932年関東軍交通監督部長。1935年南満洲鉄道株式会社副総裁。1939年南満洲鉄道株式会社総裁に就任し、1943年7月14日に退任。退任後しばらく著述に専念するが、1945年1月、満洲国大陸科学院長。その後、満洲の通化で中国共産党軍に南満洲鉄道総裁であったとして抑留され、翌年海龍県で逝去した。

　大村関係の資料や文献を少しずつ収集し、その足跡をたどった。そうは言いながら残された資料も少なく、断片をつなぎ合わせても、その業績や人生の全体像を知ることはなかなか難しい。当時の時代背景や鉄道をとりまく動きや、多くの関係する人々を通じて、ぼんやりではあるが、大村の業績や技術者としての生き方が少しずつ把握できた。これらを通じて、先人の鉄道に対する熱い思いと、一方で時の政治や時代の流れに翻弄され、技術者としての苦悩と葛藤する姿を見た。

　明治以降の時代は、日本が西欧文化や技術を導入して近代国家として政治的にも経済的にも飛躍的に発展する時期であった。中でも北海道の開拓は、北辺の防衛的な守り、資源や食料の確保、旧武士を含めた新しい雇用の確保などの

大きな政策課題ではあった。北海道の鉄道整備は未開の地への交通ネットワークを確保し、特に石炭を効率的に輸送することを大きな使命としていた。大村は、創成期の北海道鉄道における若い鉄道技術者として、路線の改良や新線建設計画など多くの貢献をした。その中でも大村が担当した、室蘭と小樽港の石炭船積海上高架桟橋の計画、設計、施行は当時としては最先端の設備であり、効率的な石炭輸送に寄与した。

　北海道の鉄道整備は、北の大地の開拓を飛躍的に進め、社会経済の発展に大きく寄与した。大村はその後、朝鮮半島や満洲に活躍の場を移し、最後は満鉄総裁に抜擢された。大村とっては、鉄道技術者として北海道の経験やノウハウの延長線上に朝鮮半島の、そして満洲の鉄道による地域の開拓や経済発展の夢があったのではないか。

　しかし、終戦により同氏が尽力した朝鮮半島や満洲の鉄道は日本の管理下から除かれ、それぞれの経営は異なる道を歩むことになる。

　第一部では草創期の北海道の鉄道建設のあゆみと大村の業績をたどる。特に大村が入社した北海道炭礦鉄道株式会社（北炭）は、民間会社として鉄道ばかりでなく炭鉱などの多角経営や一貫複合輸送で先駆的な取り組みをした。同社はその後、全国の鉄道とともに国有化される。北炭における、当時の最先端の技術を適用した大村が設計した室蘭と小樽の石炭船積海上高架桟橋について述べる。

　第二部では鉄道院での東京勤務時代の大陸出張、朝鮮総督府時代、中国大陸の満洲における足跡をたどる。北海道での鉄道整備や改良の経験や知識を活かして、大陸にて大村が飛翔する時代である。

　第三部ではこれらの生涯のバックボーンとなった大村の生い立ちについて、福井での幼年時代、札幌農学校時代、そして満鉄総裁退任後の満洲での敗戦とその翌年の死に至るまでを述べる。

　終章では大村の業績のまとめと評価などについて述べる。

　これらの大村の業績やあゆみを通じて、北海道や朝鮮半島、満洲における鉄道整備の歴史についても理解が深まるように努めた。

2021 年 7 月

高津　俊司

目　　次

第二部　大 陸 にて

凡　　例

① 氏名の敬称は、すべて省略した。
② 引用文献によって同一の地名、人名が異なる場合には統一した。
③ 旧漢字は、原則として新字体にしたが、人名については旧字体のままとしたものも
　　ある。
④ 引用した文章は、原則として原文のままとした。
⑤ 引用文の中で、不適切な表現について、極端な場合を除きそのままとした。
⑥ 引用文の旧仮名遣い、旧漢字は基本的にそのままとした。
⑦ 引用文で明確な誤字・誤植と思われるものは訂正したが、一部はそのままとした。
⑧ 年月日の記載は、西暦によった。

第一部　北海道開拓鉄道

第一章　草創から北海道炭礦鉄道会社

　大村は札幌農学校を 1896 年に卒業後、北海道炭礦鉄道会社（北炭）に入社して、国有化となる 1906 年までの 10 年間同社で勤務した。この間の仕事や経験は、大村のその後の鉄道技術者のあり方を方向付けた期間といえる。本章では、草創期の北海道における鉄道について概説し、大村の北炭入社後のあゆみと業績について述べる。

1.1　明治維新と北海道開拓政策

　かつての北海道は「蝦夷地」と呼ばれ、一部を除いてアイヌの人々の住む未開の原生林と豊かな水産に恵まれた地域であった。1604 年、松前氏は道南地方区で蝦夷統治の権限を与えられて以来、同地区を中心に和人の水産、馬匹などの産業が発達していた。

　18 世紀末にはロシアの南下もあり北方問題が緊迫化し、幕府内のこれまでの「蝦夷地」という見方から、早急に移民を送り込んで開拓を行い蝦夷地の内国化を図る必要があるとの認識となった。

　1854 年の日米和親条約により下田と箱館（1869 年函館に改称）が補給港として 1855 年に開港した。その後、英国、ロシア、フランス、オランダなどとも通商条約が締結され、函館は横浜、長崎、新潟、神戸とともに国際貿易港になり、外国人居留地が形成された。このため捕鯨船をはじめとする外国船舶の燃料供給の必要性が高まり、江戸幕府により白糠炭山（白糠）と芽沼炭山（泊）が開発された。

　明治維新後の 1869 年 7 月に、明治新政府は開拓使を設置し、同年 8 月 15 日蝦夷地を「北海道」と改称し、移民を募集して北海道を開拓する政策に転換した。新政府における北海道の開発の必要性に関して、明治政府は開拓建議（明治元年）のなかで次の 3 点を示している。

　(1)海外に対する皇威の宣揚

　(2)将来の産業の開発と経済的発展に対する期待

　(3)これらの目的遂行のための支配組織の確立

　この開拓建議は北海道開発の必要性を述べるとともに、その開発の方法および機構について、国家的見地から捉えたものといえる。開拓使の設置はこのような観点から、北海道の総合的開発を目的として組織された。開拓使は太政官の下で行政を担当する 6 省と同等の機関であり、官制上においても対等に位置

付けられていた。

　1870 年 11 月には、開拓使 10 年計画を定め、お雇い外国人の指導のもとに、国策として巨額の予算を投じ、欧米の知識・技術・文化を吸収しつつ、洋式農業の導入、官営炭鉱の開発、官営工場の設立、道路や鉄道の建設などの北海道の開拓を進めることとし、札幌を中心として札幌本府の建設に着手した[1]。こ

れらの移民政策には、困窮した士族を救済するための目的もあった。

　北海道開拓は、旧薩摩藩士である開拓次官黒田清隆（1840-1900）により外国技術の導入が提案され、推進されていく。黒田は 1871 年に渡米し、農務局長官ホレス・ケプロン（1804-1885）を雇い入れて開拓使顧問とすることを提言した。

　薩摩藩出身の黒田は北海道開拓に大きな役割を果たした。幕末の薩摩藩主の島津斉彬は、日本の南端で琉球国とも交易もあり、当時の西欧諸国列強の外圧に対抗するため精錬所、反射炉、溶鉱炉、ガラス製作所などの集成館事業という富国強兵・殖産興業政策を推進した。また、間宮林蔵などの調査内容も熟知しており、北方の守りについても「北門の鎖鑰（さやく）

写真 1-1　北海道を命名した松浦
武四郎碑（白老町）

写真 1-2　開拓使長官　黒田清隆
（国立国会図書館）

写真 1-3　ホレス・ケプロン
（北海道大学附属図書館）

（外的を防ぐ要地の意味）」を構想していた。「諸産業の振興による自給、輸出の伸長」は、薩摩藩の開明的な藩の施策として一部幕末で実践されたものである。このように、黒田の北海道開発構想には先駆的な薩摩藩の経験や知見がその基礎にあり、殿の遺訓を引き継いでそれを実行に移したといえる。

1.2　北海道で最初の鉄道・茅沼鉄道から幌内鉄道

　日本の鉄道は、幕末にアメリカやフランスから幕府に対して鉄道敷設計画がもちこまれていた。明治になると政府は植民地化につながりかねない外国資本の導入を避ける方針で、官営で鉄道の整備が進められた。北海道の最初の鉄道である幌内鉄道も国有国営の鉄道であった。多くのアジアの諸国が、西欧諸国の資本と技術で鉄道を建設し、それを足掛かりとして列強による植民地化が進められたことを思えば、明治の先人達の的確な判断と政策決定は大英断であったといえる。

　北海道において軌道を有した交通機関の誕生は 1869 年の茅沼鉄道である。これは茅沼炭鉱から海岸まで石炭の輸送を目的とした延長約 5km の鉄道であったが、動力車を使用せず重力および畜力によるものであった。

　北海道で最初に本格的に敷設された官営幌内鉄道は、石炭の輸送という明確な目的をもって建設された。つまり、北海道における鉄道は既になんらかの形で交通手段を持っていた全国のそれとは全く違った性格を有していた。北海道の鉄道の歴史はこの幌内鉄道に始まり、それ以降の鉄道は炭鉱から港湾への石炭輸送、開拓地からの農産物および開拓者の輸送など北海道開拓のための必須のインフラとして重要な役割を担った[2]。

　ケプロンは、石狩炭田からの石炭を石狩川まで鉄道を敷設する案と、室蘭まで鉄道を敷設する案を進言したが、財政的な問題もありその後しばらくの間、進展しなかった。

　開拓使はアメリカから招いた鉱山技師 B.S. ライマン（1835-1920）の地質調査報告をもとに本格的な炭鉱開発のために、1878 年 10 月 23 日、媒田開採事務係を設置し、内陸部で採掘された石炭を小樽に運ぶ北海道の鉄道建設計画を開始した。アメリカから招かれた技師長ジョセフ・ユーリー・クロフォード（1842-1924）（1842 年にアメリカペンシルベニア州に生まれ、ペンシルベニア大学を卒業し、南北戦争に北軍大尉として野戦の土塁構築などの任で従軍し、終戦後はアトランテック・エンド・パシフィック鉄道、ペンシルベニア鉄道などの測量技師、建築監督を勤め、鉄道の建設に十分な経験を持つに至った）の下には日本人技術者として、松本荘一郎が副長となり、高橋宗吉と小野塚磨を

助手、通弁兼測量方には札幌農学校第一期生として在学中の佐藤勇が任命された[3]。

松本荘一郎（1848-1903）は兵庫県の出身で、大学南校に入って修学を続け海外留学生として1870年からアメリカのニューヨーク州のレンセラー工科大学に留学した我が国最初の鉄道技術者であり、当時欧米の土木工学の技術を修得した数少ない人物の一人であった。同氏は幌内鉄道を完成させた技術を基礎として全国の鉄道計画に係わりを持ち、後に井上勝の後任として1893年鉄道庁長官を務めた。

未開地だった北海道の測量は困難をきわめ、森林をきりひらき、米、野菜、しょう油、味噌、梅干など1か月くらいの食料を人夫に背負わせて、馬や丸太船を用いて測量を続けた。途中、熊や狼に襲われることもたびたびであったという。

写真 1-4　明治天皇御上艦御聖蹟
（室蘭市）

幌内鉄道は1880年から建設に着手した（小樽・銭函間は馬車道としてそれ以前に完成していた）。この幌内鉄道工事においてクロフォードはアメリカ開拓流の「早く安い」工事方法をとり、手宮・札幌（35.9km）を11か月の短期間で建設し、1880年11月28日に手宮・札幌間が開業した。これには、1881年の明治天皇御巡幸に間に合うように建設された事情あり、同年明治天皇は8月30日に小樽に上陸、手宮・札幌間の幌内鉄道の義経号で札幌入りした。天皇の行在所と札幌に豊平館も建築された。天皇は各地を視察し、9月5日、お召し艦（迅鯨（じんげい））で室蘭から森に向かった。室蘭市海岸町の臨海公園には明治天皇御上艦御聖蹟の記念碑が立っている。

幌内線第2期工事（札幌・幌内）には札幌農学校二期生の廣井勇（1862-1928）も加わり、工事の一部となる小橋りょう（架橋の現場は札幌郊外の野幌か今日の岩見沢市郊外の自然河川であったと考えられる）の建設に携わっている。いよいよ列車の試運転が行わるようとした時、「私が設計施工した橋が列車の重みで耐えられるだろうか」と不安になったが、列車は無事安全に通行したのを見て安心して胸を撫で下ろした。そして、上司の松本と平井晴二郎（1856-1926）からねぎらいの言葉があった。平井は「鉄道は安全性を最優先するが、その機能的特長として大量輸送・高速輸送・往復繰り返し輸送があり、

これを今後学ばなければならない」と、廣井に助言したという。

平井晴二郎は、石川県に生まれ1975年に文部省第一回留学生として松本と同じアメリカのレンセラー大学で土木工学を卒業した。その後、同国の陸軍省雇いとなりミシシッピー河の測量と治水工事などに従事して1980年に帰国した。つまり、アメリカで大学ばかりでなく実際の建設現場の経験を有していた。1981年開拓使御用掛となりクロフォードや松本とともに札幌・幌内間の路線測量などを担当した。

1882年11月13日には札幌・幌内間が開通し、手宮・幌内間で全通した。1883年9月17日には札幌で幌内鉄道開業式が挙行された。この鉄道路線は、全国で3番目に開業した鉄道であった。開業式は東京から小松宮彰仁親王をはじめ、所管の農商務卿西郷従道の代理として陸軍卿大山巌、参謀本部次長の曽我祐準、鉄道局長の井上勝、炭礦鉄道事務所の上部機関の北海道事業管理局から局長の安田定則らが参列した。全通当日、松本荘一郎は歓喜のあまり空前の大酒に酔いつぶれ、産褥の夫人のまくらもとで手の舞い足の踏むところもしらず踊り狂ったという[4]。手舞足踏（しゅぶそくとう）とは大きな喜びで気持が高まって、思わずそれが身振り手振りとなって現れることである。

写真1-5　幌内鉄道「手宮・札幌間竣工記念撮影」（絵葉書）

クロフォードは幌内鉄道の第一期工事完成の後、松本副長と一緒に上京したところ、工部省から委託されて、ほぼ1か月間にわたり東京・青森間および東京・高崎間の鉄道路線を調査し報告書を提出した。これらの功績により、1881年2月勲四等旭日小授章を贈られた。同氏は北海道鉄道の功労者であり、手宮駅の北海道鉄道記念館の構内に、彼の立像が建てられている。

幌内鉄道では鉄橋ではなく木橋が多用された。鉄橋を架ける材料も輸入する以外に道はなかった。軌条（レール）、機関車客貨車はもちろんのこと部品まで一切を外

写真1-6　義経号（絵葉書）

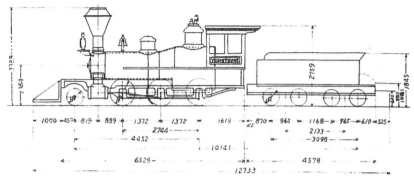

シリンダ直径×行程	305×406　mm	ボイラ水容量	1.78　m³
使　用　圧　力	7.7　kg/cm²	水　槽　容　量	3.01　m³
火　格　子　面　積	0.93　m²	燃料積載量	1.52　t
伝　熱　面　積	44.6　m²	最　大　巾	2,133　mm
煙　管	40.3　m²	弁装置種類	米式スチブンソン
火　室	4.3　m²	製　造　年	明　治　１３　年
煙　管　径×長×数	44.5×2403×119mm	製　造　所	米国ポーター社
機関車重量（運転整備）	16.41　t	改装年月日	昭和27年10月10日
〃　　（空　車）		改　装　工　場	国　鉄　鷹　取　工　場
動輪上重量（運転整備）	13.87　t		
炭水車重量（　〃　）	11.68　t		
〃　　（空　車）	5.36　t		

図 1-1　機関車義経号
（沢和裁（1972）、日本の鉄道 100 年の話）

国製に依存し、その全部が米国から一艘の船に積み込んで小樽に陸揚げされた。機関車は蝦夷開拓にちなんだ比良夫号、義経号、弁慶号、光圀号などと呼ばれた。この名づけ親は当時アメリカに駐在していた日本の領事と言われている。

　幌内鉄道の開通により、小樽港は石炭積出とともに内陸部への人や物資輸送という新たな役割を担うことになった。さらに、北海道開拓へ及ぼした影響として、石狩原野の開発や、小樽から移民の上陸地として沿線の札幌、遠軽、様似、江別、岩見沢などの都市が発達した。

　岩見沢市史によれば、1884-85 年の両年度にわたって山口、鳥取ほか 10 県から 277 戸の士族移住があったが、移住者は小樽に上陸し無蓋車の鉄道により岩見沢まで迅速に運ばれたと記している。

　多くの限られた制約条件の中で、短期間に幌内鉄道を完成させたのは、クロフォードの指導とともに松本、平井などの優秀な部下がいて達成されたといえる。北海道大学名誉教授の佐藤馨一先生は、ジョセフ・エーリー・クロフォー

ドについて、「私はクロフォードの次の言葉が好きです。"SHOULDER TO
SHOULDER TO OPEN A WAY"『人は皆兄弟、力を合わせて、さあ道と拓こ
う』JR北海道の再生は、社員がクロフォード像の前にたたずみ、鉄道建設の
原点に戻ることを誓うことから始まると思います」と記している[5]。

　その後、開拓使は1882年2月に廃止され、佐藤勇は1886年の北海道庁開設
後に工業局土木課に勤務し、路線測量や路道建設にあたった。廣井勇は米国の
土木技術を学ぶために渡米し、帰国後は札幌農学校に新設された工学科の主任
教授となった。

1.3　北有社への貸付

　開拓使が1882年2月に廃止になり、幌内鉄道は所管する官庁もその名称も
めまぐるしく変わった。開拓使廃止時には、札幌、函館、根室の3県が置か
れ、幌内鉄道は工部省鉄道局の所属になった。この時の名称は岩内幌内両炭山
並鉄道管理局だったが、同年の12月には煤田（ばいでん）並鉄道管理局に改
められた。翌1883年、工部省が廃止となると農商務省の所属となった。その
後、1886年1月、北海道庁が設置され、炭砿鉄道事務所は同庁の所属となっ
た。組織、名称が変わったが山内堤雲（1838-1923）（旧幕臣、開拓使を経て
1890年には鹿児島県知事など歴任）が代わらずに幌内鉄道の運営にあたって
いた[6]。

　1888年4月1日、鉄道事業は炭砿鉄道事務所長の村田堤（つつみ）（1840-
1909）（薩摩藩士の子）が設立した北有社に貸し付けられ運輸営業を開始した。
この背景としては、開通後の幌内鉄道は赤字経営が続いており、道庁としても
有利と判断したことにある。また、採炭部門は空知監獄署に移管され、囚徒が
使役された。この中には国事犯といわれる自由民権者たちもいたが、後述する
大井上輝前（てるちか）（1848-1912）や留岡幸助（1864-1934）などの影響も
ありキリスト教の信仰生活を貫き、他の囚徒の模範とされる者が多かった。

　北有社は途中で工事休止されていた幌内太（のちの三笠）・郁春別（のちの
幾春別）間、7.2kmを完成させ、1888年12月10日に開業した。

　北有社の鉄道運輸と石炭販売の業績は短期間のうちに順調に推移したが、そ
の運営については開拓使時代と同じで、冬期間は札幌以東の列車運転を春の雪
解けまで休止し、線路の改良も木造橋りょうの改修もされず、拓殖の使命に添
わないものだった[7]。

1.4　北海道炭礦鉄道会社の設立

　鉄道事業の北有社への貸付は短期間で終わり、1889 年 11 月 18 日に、北海道炭礦鉄道（以下：北炭）の設立が許可された。同年 12 月 11 日、北炭は北有社から幌内鉄道を引き継ぎ、営業を開始した。

　初代社長は前道庁第二部長である堀基（もとい）（1844-1912）が選任された。堀は、鹿児島生まれ江川太郎左衛門塾で砲術を学び、勝海舟の海軍操連所で航海術を修めた。開拓使出仕は 1869 年で樺太問題に精通し、本庁在勤となってからは屯田大隊を率いて西南戦争にも参加した。1878 年官を辞して実業界に転じ、北海道運輸会社を設立して社長を務めていたが、道庁長官の岩村通俊に請われて道庁理事官に就任した。1889 年 4 月、岩村に代わって永山武四郎が長官に就任すると、堀は理事官を辞任して北炭の設立に奔走した。堀は、黒田清隆、三条実美などの賛同も得て、さらに時事新報主幹の福沢諭吉の助言も得て同社の設立準備を進めた[8]。

　北炭は奈良原繁（日本鉄道会社社長）、小野義真（日本鉄道会社副社長）、徳川義礼（よしあきら（旧尾張藩主））、渋沢栄一（第一国立銀行頭取）、森村昌純（日本郵船会社社長）、同社理事の古川泰一郎、同社園田実徳（函館支店長）、原六郎（横浜正金銀行頭取）らを発起人に、資本金 650 万円で設立され、石炭採掘と鉄道運輸を目的とする特権的保護会社であった。渋沢栄一は創業後も同鉄道の常議員となり 1893 年 9 月の辞任まで貢献している。宮下によれば、「北炭の歴史を概観すれば、まず創立時に北炭は、室蘭・空知太間および夕張・空知両炭礦支線を敷設し、あわせて幌内・幾春別鉄道の払下げを受けて鉄道業を営む鉄道会社でありながら、同時に幌内炭礦の払下げを受け、幾春別・空知・夕張などの諸炭山から石炭を採掘し、石炭の運送・販売を行う石炭業を兼営する会社でもあった。その後、北炭は、回漕業、山林業の兼営を開始し、1906 年の鉄道国有化以降は、さらに製鉄業、電燈業、煉瓦業、製材業を兼営し、1907 年には日英共同事業として日本製鋼所を設立するなど、他の会社に全くみられない歴史を有していた」と、北炭の多角的経営の特徴を指摘している[9]。

写真 1-7　創業当時の北炭北海道本社
（北海道大学附属図書館（1897 代））

　また、北炭は免許状の条件として、「農産物にして製造を加えざるものは十箇年間賃金半額とし、移民および其携帯品必要品は無賃とす」としている。

1.5　室蘭方面を含めた鉄道ネットワークの拡充

　北炭は 1890 年に空知炭鉱（歌志内）・夕張炭鉱（夕張）を開発し、その後も鉄道建設を積極的に行い、1891 年 7 月 5 日に、岩見沢・砂川・歌志内間、1892 年 2 月 1 日には砂川・空知太間、同年 8 月 1 日には室蘭（現東室蘭）・岩見沢間、同年 11 月 1 日には追分・夕張間の計 182km の路線を完成させている。室蘭までの路線計画については、かつて松本荘一郎の踏査した案がほぼ採用された。室蘭への鉄道敷設については、1884 年、工部卿佐々木高行あてに、室蘭在住の自由民権運動にも熱心であった本多新（ほんだあらた）などの熱心な地元関係者 10 人の請願運動などもあり結実した。

　北海道の鉄道はこの時から、2 点を結ぶ線から面のネットワークへと発展することになる。また、これら鉄道の整備により石狩および空知の各炭田が開掘され、出炭量も大幅に増え日本国内ばかりでなく外国船・内国船への船舶焚料炭や海外への輸出量が増加した。1908 年の北海道炭の室蘭港からの海外への輸出実績は多い方からシンガポール、ジャワ、ホンコン、ウラジオストック、

図 1-2　鉄道国有化当時の北炭路線図
（宮下弘美（1989）、創業期の北海道炭礦鉄道株式会社）

表1-1　小樽港、室蘭港からの海外輸出炭金額、数量

（千円、千トン未満四捨五入、％）

年度＼科目	小　樽		室　蘭		合　計	
	金　額	数　量	金　額	数　量	金　額	数　量
1894（M27）	199（69.1）	56（90.3）	29（30.9）	7（9.7）	288（100.0）	62（100.0）
95	128（41.2）	27（39.7）	183（58.8）	41（60.3）	311（100.0）	68（100.0）
96	164（32.9）	38（36.5）	334（67.1）	66（63.5）	498（100.0）	104（100.0）
97（M30）	402（35.9）	69（36.7）	717（64.1）	119（63.3）	1,119（100.0）	188（100.0）

（北海道庁編（1919年）、「北海道重要統計書（自明治19至大正5）」）

カムチャッカの順になっており広域的に市場を確保していた。太平洋側の室蘭は日本海側の小樽に比較して関東方面への石炭移出に適しており、その取扱量は急激に伸びた。また、1893年には日本郵船会社の青函・函館間定期航路が室蘭まで延長され、のちの東北本線となる日本鉄道会社線とつながり、上野から札幌までのルートが完成した。

　松本壮一郎に加えて、これらの鉄道建設を担当した技術者が前述の平井晴二郎である。平井は後に帝国鉄道庁総裁を務めている。平井は技師長兼鉄道課長を委嘱され北炭を技術面から支え、1893年の北炭の辞任まで新線建設の指導を行った。また、平井は現存する旧北海道庁本庁舎である赤レンガ建物も設計、日本人の手による最初の近代水道である函館水道の計画、設計、監督でも有名である。

　当時の鉄道界はまだ黎明期で、東北に日本鉄道会社経営の東北線、北越には北越鉄道会社が新潟から直江津に行く路線、新宿から八王子に行く甲府鉄道会社、神戸から下関に行く山陽鉄道会社、九州地方の九州鉄道会社が群雄割拠していた。官線としては東海道線、直江津までの信越線、米原から敦賀までの線しかなく、線路規格も統一されていなかった。

1.6　北炭の社内改革と井上角五郎

　北炭は、1892年4月には堀基が退任し、高島嘉右衛門が社長に就任した。これは、1891年5月の松方内閣の内務大臣である品川弥二郎が就任し、北海道長官も渡辺千秋が後任の長官に任命され、堀基をはじめとする旧薩摩藩出身者が一掃されたためであった。1893年5月には臨時株主総会が開かれて定款改正が行われ、理事に井上角五郎（1860-1938）が就任して実質的な経営を担うことになった[10]。

　井上は1860年生まれの広島県の出身で、福沢諭吉の書生を経て実業家となり、朝鮮に渡り朝鮮政府の顧問を務めるかたわら新聞を創刊するなど、多彩な

活動は日本国内でも知られていた。帰国後は広
島選出の衆議院議員に当選したが、政界に身を
置く一方で実業界進出の志望を持っていた。井
上は、京釜鉄道発起人委員会の一人でもあり、
南満洲鉄道の設立委員として 1906 年 7 月 14 日
に任命され、1907 年 3 月 31 日まで委員として
参画している。北炭への経営参画は、早くから
朝鮮問題に関与していた福沢諭吉や鉄道所管の
逓信大臣後藤象二郎の強い勧めによるもので
あった[11]。

写真 1-8　井上角五郎
（炭鉄港推進協議会「炭鉄港カード」）

　井上は、北炭社内の職制改革を進め、積極的
な経営方針を進めた。1894 年 5 月の株主総会
で井上は次のような事業経営方針を述べた[12]。

1）各炭山、とくに夕張炭山の拡張
2）積極的な九州炭との競争
3）車両や軌条、橋りょうの改良による鉄道輸送力を増進
4）各炭山の坑口と鉄道間の改良
5）とくに夕張炭山への線路の改良
6）小樽、室蘭両港の桟橋、貯炭場の専有
7）石炭輸送のための回漕業の経営
8）種々の付帯事業の兼業

　鉄道部門においては 1898 年 9 月職制を改正して鉄道・工場の 2 課とし、同
時に岩見沢に運輸事務所を、また追分と室蘭に保線事務所を置いた。1899 年
には追分と室蘭の両保線事務所を岩見沢に移し、1902 年には室蘭に派出所を
設置した。1904 年 3 月には本社の岩見沢移転に伴い、同地の工場を拡張した。
なお手宮工場は 1903 年 11 月に分工場とし、工場事務のすべてを岩見沢に移し
た。

　船舶部門においては 1897 年 6 月に大形船札幌丸（1,598 トン）を、1902 年 11
月には手宮丸（2,864 トン）を購入して同部門を大いに強化した。

　さらに附帯事業として 1898 年に雨竜郡雨竜村の山林 14,740 町歩を購入して
木材の需要に当てた。また同年野幌停車場付近の土地 52 町歩を購入してレン
ガ製作所用登り窯 6 基を構築した。次いで 1902 年には追分停車場の隣接地に
工場を新設してコークス製造を開始した。

　炭鉱部門においては従来の幌内鉱・夕張鉱・幾春別鉱および空知鉱において

新規掘削工事を進めて、出炭量を 1893 年度の 30 万トンから 1903 年度には 94 万トンと 3 倍に上げたほか、1903 年には万字鉱を、1905 年には真谷鉱をそれぞれ買収した。

この他わが国財政の調整と産業発展を期するため外債の導入を計画し、英文の同社営業案内書を作成して宣伝に努め、1906 年に英債 1,000 万円（鉄道部門 400 万円、炭砿部門 600 万円）の獲得に成功した。

この中で注目すべきは、炭砿と鉄道を主な業務としながら、多様な関連事業による多角経営と、炭砿・鉄道・港・船舶と山元から消費地への効率的・経済的な一貫輸送体制の整備である。異なる輸送機関間の移動を円滑化する今日では一般化している「複合一貫輸送」を目指したといえる。この背景としては、港までの距離も近く近畿圏や首都圏にも近い九州炭との価格競争を強く意識したものであった。

北炭は中央政界にも知られ大陸事情にも精通した大物民間人である井上角五郎という人物を得て、新たな経営拡大の時代を迎える。大村はこのような北炭の業務拡大の時期に入社することになる。

なお、井上角五郎は帝国鉄道協会の会員で、1901 年 5 月から 1922 年 5 月まで約 20 年間評議員であり、その間に理事としても 17 年間、副会長として 1911 年 5 月から一年間務め鉄道界に尽力した。特に、調査方面では全国鉄道輸送連絡、鉄道法規程修正、鉄道課税問題、鉄道貨物運賃ならびに貨物取扱方法、鉄道工事の請負方法、鉄道軌道の行政手続き、鉄道材料の需要供給および製作などの調査会に参加して建策している。

1.7 大村の北海道炭礦鉄道会社への入社

大村は札幌農学校工科を卒業の翌日 1896 年 7 月 8 日、北炭に 25 歳で入社した。この頃の北炭は、日清戦争後の石炭需要の増もあり、採炭および輸送事業を拡大して自主的な安定経営をめざす時期であった。北炭を志願した理由は明らかでないが、工科同期卒業の眞島健三郎（西条健三郎）、筒井弥一とも北海道庁に就職しているので、恩師の廣井勇の推挙があったのかも知れない。

配属先は、追分・岩見沢間及び夕張支線修路方（月給 40 円）で追分に赴任した。同窓会名簿によれば石狩国夕張郡追分派出所となっており、番地などは記載されてない。当時の追分は鬱蒼たる森林の中の寒村で、小学校もなく、雑貨屋などなに一つ気のきいたものなく、生活必需品も室蘭や札幌から運んできたようだ。

大村は翌年の 1897 年には、技師となり（月給 50 円）、郷里の福井に帰省し、

親戚を招いて留守中の礼をつくした。

　北炭の鉄道関係の職員数は、雇以上を合わせて1890年6月30日において87人に過ぎなかった。その後、新線建設や改良、鉄道工場の設備拡張などにより、1898年6月30日には421人に急増している。技師長の下の技師は4人であり、入社2年後には大村も技師として責任ある仕事を担ったと想定される。その後、1906年6月30日には507人になり、このほか鉄道世話役、火夫、定夫、職工、線路工夫などの関係職員を含めると、1906年9月末の鉄道国有化のために政府に引き継いだ職員総数は3,673人と急増している[13]。

　その頃の北海道は、全土が未開拓の森林地帯で、新線建設の苦労も並大抵のものではなかった。大村は自著の中で、「行けども往けども人跡未踏の原生林がうっそうと生い茂り、その間に渓谷湿地は点在して行進を妨げるという状態で、測量線の見透しがまるで利かないから、一日中見通線の樹木を伐採しているなどということはもう始終のことであった。それに北海道は熊だの狼などと

写真1-9　追分コークス製造所（1897年代）
（北海道大学附属図書館）

表1-2　北炭鉄道関係職員数（1898年）

年月	係名	職　　　名	人　員
明治三十一年六月三十日現在	建築係	技　術　長	1
		技　　師	4
		副　支　配　人	1
		技　師　補	2
		書　　記	13
		技　手	20
		月　給　雇	28
		日　給　雇	9
	運輸係	副　支　配　人	6
		技　師　補	1
		書　　記	28
		技　手	4
		駅　　長	31
		駅長助役	1
		機　関　手	52
		月　給　雇	17
		日　給　雇	186
	工作係	技　術　長	1
		技　師　補	2
		書　　記	5
		技　手	4
		月　給　雇	2
		日　給　雇	3
		計	421

（国鉄北海道総局（1976）、北海道鉄道百年史）

いう獰猛な野獣が随分と多い。（中略）この猛獣のほかに我々を悩ましたものは、蚊、ブヨなどといった害虫の襲撃であつて、これを防御するために頭から寒冷紗（目の粗い極めて薄り綿布または麻布）をかぶって仕事をするのである。（中略）こういふ原生林に入って行くには、大抵アイヌの道案内を連れ、3、40人の人夫に天幕や食料品を担がせて、露営を続けて進んで行くのだが、

予定通り中々捗ってくれないため、そのうち人夫の食糧なくなってきていろいろと悶着を引き起こすには、弱った。（中略）案内のアイヌは、寒さの抵抗力が恐ろしく強い。吾々が雪中に野営するときなど、アイヌは雪の中に穴を掘って厚着一枚で平気でその中にうずくまって寝ている。それで別に風邪一つひかないのだから、その頑強さには驚かされたもので

写真 1-10　測量隊仮宿舎（夏）
（北海道鉄道 100 年史）

あった」と当時の苦労を回顧している[14]。

　その後、大村は、1898 年には追分保線事務所長（月給 65 円）になり、1900 年 9 月 1 日には保線掛長（月給 85 円）、1901 年には主任技術者（月給 110 円）となった。

　同窓会名簿によれば、大村の住所は 1899 年 2 月時点では追分派出所、1900 年 9 月では岩見沢・岩見沢停車場となっているので、追分には 2 年間ほどの居住のようでその後は岩見沢（上記の保線掛長に関連している可能性あり）に転居している。同名簿によれば 1901 年 2 月では空知郡岩見村停車場役宅、同年 9 月では札幌市北 5 西 3 炭礦鉄道役宅、1903 年 5 月でも札幌の同じ住所で、翌 1904 年 4 月には石狩国岩見澤炭礦鉄道会社役宅となっている。

　北炭本社は 1889 年 12 月 10 日に小樽区手宮町番外地に設置し、翌 1890 年 4 月 7 日に出張所を札幌区北 5 条西 3 丁目一番地に設置し、11 月 6 日に本社を札幌出張所に移転している。

　大村は、1901 年には主任技術者になり札幌に転居し、1904 年 3 月 4 日の北炭本社の岩見沢移転（岩見沢村 6 番地）に伴い、本社のある岩見沢に転居したものと思われる。同窓会名簿では 1907 年 2 月でも岩見沢鉄道官舎となっており、3 年ほどは岩見沢に住んでいたことになる。

1.8　結　婚

　大村は、1898 年に、当時の北炭監査役植村澄三郎夫人誠氏の紹介により、誠氏の妹潤と婚約・結婚した。年譜によれば、妻の潤は和歌山県中島隆四女（同前田政四郎養女）とある。1878 年 4 月生まれであった。大村の母つやは婚約者の写真を見て大いに喜んだが、結婚をまたずに逝去（享年 46 歳）した。

潤は、1900 年 4 月 8 日に長女美代子、1903 年 6 月 5 日に長男博、1905 年 10 月 13 日に次男英之助、1907 年 10 月 12 日に次女よそ子、1910 年に三男の俊介 (4 月 9 日に生まれ、4 月 27 日に逝去)、1911 年 6 月 2 日に三女の鶴子、1914 年 3 月 13 日に四男の潤四郎を生んでいる。年譜によれば、大村は郷里から 1989 年に末弟信夫を、1901 年に妹富江と静尾を、手元に引き取っており、大家族として妻の苦労も多かったと思われる。

　媒酌の植村澄三郎 (1862-1941) は 1862 年山梨県甲府に旧幕臣の子として生まれ、1879 年から北海道開拓使に勤め、後の北炭の創立時に、山形逓信官吏局次長の職を辞して会社の創立事務から関与して、当時北炭の経理部支配人として勤務していた。北海道炭礦汽船株式会社五十年史 (1939 年発行) 年表によれば、植村澄三郎は 1893 年 11 月 15 日監査役に新任され、1896 年 7 月 8 日に辞任、1899 年 2 月 12 日には取締役に新任、1902 年 2 月 16 日に監査役に就任し、1909 年 7 月 6 日監査役を辞任している。

　植村澄三郎の子息で、後に経団連会長となる植村甲午郎 (1894-1978) と大村卓一は縁せき関係となる。大村の遺稿集においても植村甲午郎が「大村の叔父さん」と題して同氏の札幌時代や、世の中に出てからの朝鮮時代や満洲での大村との係わりを含めて巻頭言を書いている。その中で、「母の妹の御婿さんを捜していたところ、会社に優秀な青年技師大村卓一工学士を発見したのだろう。植村澄三郎は、札幌農学校の佐藤昌介、宮部金吾という様な諸先生とは若い仲間として交友関係にあったので、恐らく品性高潔な優等生であるとして推薦されたに相違ない」、「また、蛍雪庵時代の苦学生生活に対して、旧幕臣の児として、明治維新に際し、漢学塾から始めて、昼は働き夜学で学ぶという自分の経験を想起し、特別な共鳴を感じたことも想像される」と記している[15]。

　植村澄三郎が北炭の監査役の頃、東京の渋沢栄一から札幌麦酒有限会社 (後の札幌ビール) の経営を引き受ける様に強い要請があった。植村は 1894 年に結局これを引き受けて実質的な社長として手腕を発揮した。5 年程の内に業績も改善し東京進出ということになり、本所区の我妻橋畔の佐竹候邸を買収し、ビール工場を建設することになった。このため、植村家は東京に移住することになり、植村甲午郎は慶応の幼稚舎に入学のため 1900 年の末から翌年の 3 月まで約 3 か月間、札幌の大村家に預けられ家族の一員として暮らしている。

　植村甲午郎は、社会人になってからも折々に大村と会っており、「北海道へはその後も時々行くが、札幌に行けば野幌の防雪林を思い出すし、今は苫小牧港の出現で様変わりとなったが、室蘭の長大な石炭積込桟橋等後藤新平伯の開拓意見に共鳴した叔父さんの力作を懐かしく眺めたものである。手記を拝見し

たが大村の叔父さんの立派な人格、偉大な足跡に懐かしい思い出は尽きない。ただ通化における御最後については、ご本人は達観しておられたようだが、この様な公的にも私的生活においても純潔な立派な人に対する神様の御取扱が如何にも納得できないのが私の真情である」と切々と記している[16]。

　渋沢栄一は日本鉄道など多くの鉄道の設立に関与しているが、北炭の設立時の発起人の一人であり、植村澄三郎と渋沢栄一は北炭の創立祝宴で初めて会った。札幌麦酒会社は、北海道開拓使の麦酒醸造所の払い下げを受けて1887年に渋沢や大倉喜八郎などの発起人として発足したが、外国人技術者に依存しきった体制などの問題を抱え、実際に指揮する責任者を求めていた。渋沢は植村の人格を含めた経営能力を高く評価しており、都合3通の長文の手紙を植村に宛て請願して、植村が経営を引き受けた。植村も渋沢を尊敬しており、年に2、3回は東京に出かけて親しく指導を受けた。

　渋沢は札幌麦酒と同時に十勝開墾会社にも勧誘し、植村は1897年の設立時から渋沢喜作や大倉喜八郎とともに出資社員として加わり、1930年の株式会社化された時には社長に就任している。なお、後に渋沢と植村の孫同士が結婚し縁戚になっている。

1.9　榎本武揚が宿舎に来て議論

　榎本武揚（1836-1908）が、独身時代の大村の宿舎に十数日間泊まることがあった。榎本は日本海軍の創設者で、函館五稜郭籠城の幕軍の総司令であったが、敗戦後新政府に出仕していた。彼は鉱山学の知識もあり、夕張川の川筋から砂金が採集されたことから、一獲千金の好機来と滝つぼの中の金粒を求めて人夫を集めて滝壺を干した。結局、滝壺の中はからっぽで、骨折り損になったようだ。当時はホテルなどがなく、追分の大村の宿舎を榎本が利用したのである。

　大村は、回顧録の中で「榎本武揚さんの失敗」と題して、当時の経緯について「しかし、この思いがけない事業のお蔭で、私は榎本武揚という明治史上稀に見る偉人と十数日を一つ家に起き伏し、親しくその謦咳に接して高遠な経論をきき、ある時は火のような討論を闘わして多大な啓発をされたものであった」と記している[17]。

　大学を卒業したばかりの若手技術者の大村がベテランの大物と対等に議論をしている。榎本の包容力のある人柄もさることながら、大村の臆することなく自己の考えを主張でき、議論好きな人物像が想像される。

　榎本武揚は、函館戦争で旧幕軍を率い新政府軍に敗れたが、オランダ留学な

どで得た豊富な専門知識と、その人物を惜しんだ黒田清隆の奔走で死罪を免れ、釈放された後、1872 年 9 月開拓使に採用された。榎本は後述する北垣國道の上司でもあった。榎本は茅沼炭山に入り、40 日間にわたって詳細な調査を行っている。榎本は地質、気象、機械、科学、冶金、植物学の万能人であった[18]。

　榎本以外にも多くの旧幕臣が開拓使において大きな役割を果たした。それは、幕末の江戸幕府の出先機関として、函館に函館奉行所があり、後に函館府と改称し、363 人の旧幕臣が開拓使に登用された。これらの幹部の多くは開拓使でその官暦を終えるのではなく、後に内務省や大蔵省、外務省、海軍省など、中央官庁に転じていった。榎本も後に 1885 年の第一次伊藤博文内閣の逓信大臣、文部大臣、外務大臣などを歴任している[19]

　話はさかのぼるが、日本の鉄道の父と呼ばれる井上勝（まさる、1843-1910）が若き日に函館で英語と航海術を学んだことはあまり知られていない。1856年箱館奉行は、西洋諸学術の研究および教育普及の目的で、諸術調所を創設した。その教授には伊予大洲藩士武田斐三郎（1827-1880）を登用した。彼は緒方洪庵や佐久間象山の門に学び、詩文、医学を修め、蘭英仏の諸語にも通じていた。諸術調所では、蘭学はもちろん、航海・測量・砲術・築城・造船・舎密（せいみ、化学）・器械の諸学を教授し、幕吏、藩士を問わず入学を許し、公私貴賤の別なく人物本位の教育をしたので、本州各地から学ぶ者が集まり、井上勝（鉄道制度創設者）、山尾庸三（宮中顧問官）、前島密（郵便制度創始者）、蛯子末次郎（航海術、大阪地方海員審判所長）、今井兼輔（海軍大臣）などの人材を輩出した。箱館からアメリカに渡った、のち同志社を創立した新島襄（1843-1890）もここで学ぶために箱館へ来た。武田はわが国最後の築城である五稜郭を設計・建設したことでも知られている。

1.10　北炭の改良工事

　北炭に移行した鉄道施設は、河川改修なども進んでなく、橋りょうや堤防の流失などの対応に毎年のように追われていた。また冬期には暴風雪で列車が立往生するなど自然との闘いであった。

　初期の大村の北炭勤務時代はこれらの災害対応に加えて多種多様な改良工事を実施している。文献からその概要を紹介する[20]。

　1896 年度：手宮工場に鋳物工場新設。空知線上幾春別川橋梁の修復実施。

　1897 年度：6 月室蘭線を海方に 4.1km を延長、新停車場を室蘭とし従来の室蘭を輪西と改称。室蘭線登別、迂代品、第 2 白老、苫小牧、第 1 安平および

夕張支線第3夕張各橋梁を鉄桁に改良。室蘭線幌別、第4安平両橋梁の木桁を鉄桁に改築。幌内線厚別、野幌間の勾配改良を実施。江別停車場に転車台を新設。

　1898年度：夕張支線（第7、第8志幌加別橋梁を鉄桁に改良。夕張支線43.2km付近の志幌加別川の河心変更に伴い、線形を変更。追分機関車庫新設。手宮、札幌両駅に旅客連絡こ線橋を新設。9月手宮工場を製作所と改称。9月岩見沢停車場構内に岩見沢製作所を新設。追分停車場に旅客こ線橋を新設。砂川停車場にホーム上家新設。岩見沢駅構内に貨車検車場新設。

　1899年度：室蘭線ネップ、風雨別、錦多峰、シアジラ、第2ビアラ、第3ビアラおよび夕張支線ポンシポカベツ各橋梁を鉄桁に改良。幌内線住吉（現南小樽）、札幌、岩見沢各停車場にホーム上家を新設。室蘭線社台、別々、樽前、覚生（おぼつふ）、ウマコマイ、フルサン、クッタリ、加茂および夕張支線第

1、第2夕張、第5、第6志幌加別の各橋梁を鉄桁に改良。夕張支線川端停車場・第3夕張橋梁間の勾配変更を実施。歌志内停車場に転車台実施。11月、手宮、岩見沢の両製作所を、各々工場と名称変更。

　1900年度：札幌・岩見沢間に電話線架設工事竣工。夕張停車場本屋移設完了。岩見沢機関庫新設。室蘭線夕張川議岸および沈床沈下工事完了。札幌停車場貨物積卸場および客車庫改築。

　1901年度：夕張支線追分・川端両停車場のレールを60ポンド（30kg）に強化。

　1902年度：室蘭線室蘭・白老間を60ポンド（30kg）レールに取替。夕張支線川端・滝ノ上間における線路変更工事の実施。夕張支線志幌別川流域拡張工事竣工。手宮線銭函・軽川間線路勾配改良

写真1-11　手宮機関庫（1891年）
（北海道大学附属図書館）

写真1-12　岩見沢工場（1893年）
（北海道大学附属図書館）

工事実施。全線の各所において防雪林（3年カラ松）7,000本の試栽試行。全線各所に線路勾配変更施工。志文、安平、遠浅各停車場本屋改築。9月幌別停車場を室蘭寄りに移転。

1903年度：1月、手宮工場の主体を岩見沢に移転し、それから岩見沢を主工場とし、手宮を分工場とする。4月、鷲別停車場を室蘭方へ移設。夕張支線滝ノ上・紅葉山間線路変更実施。夕張支線紅葉山トンネル新設工事竣工。砂川停車場から三井物産専用線360m敷設。

写真1-13　機関車大勝号　1895年に手宮工場で誕生、道産第1号（国産第2号）（絵葉書）

1904年度：手宮・小樽（現南小樽）両停車場間市街地通過の線路変更工事竣工。全線において線路勾配改良ならびに停車場拡張工事竣工。各停車場構内側線改良実施。

1905年度：岩見沢・追分間幹線を60ポンドレールに交換。手宮線入船町陸橋増設。

写真1-14　室蘭停車場（1898年）（室蘭駅史）

1906年度：各停車場側線4.8km分増設。岩見沢停車場側線増設。岩見沢・砂川間35.2kmを60ポンドレール交換工事着手。

写真1-15　岩見沢停車場（1892年代）
（北海道大学附属図書館）

このように当初の北海道の鉄道は短い工期で、経済性を追求したため、開業後も木橋の鉄桁化、勾配変更、重軌条化（レールの重量化）など多種多様な改良工事が実施されたことがわかる。幌内鉄道の手宮〜札幌間はイギリス製のメーター当り15kgの中古の平底レールを、その後22kgレールが使用されたと言われており、それを30kgレールに取替を行っている。大村はこのような業務を通じて鉄道技術に関する幅広い知識と経験を蓄積したと思われる。

　大村の公的経歴書の欄外に、1904 年 5 月 9 日付の文書が記載されている。「1903 年 8 月室蘭停車場構内設計変更御認可願提出と同時に保線手森井氏を以って一切の準備をさせたが、10 月頃に厳冬の工事が難しいことを想定して保線手に工事着手を命じ、認可前に工事が完成したことから、事情酌量すべきであるが俸給月額の 10 分の 1 を過料として即納として戒む」今でいえば政府の認可前に先行工事着手して事業が完成したことになる。大村の形式的な規則にはとらわれない、実利を優先した仕事のやり方が窺われるエピソードである。

1.11　防雪林とラッセル排雪車

　大村の取り組んだ課題の一つとして、北海道の鉄道が抱える冬季の雪害対策である防雪林とラッセル排雪車の導入がある。北海道において冬期は吹雪となだれの害に悩まされ、当初は柵、土堤などによって雪害を防いだが、毎年 20 万円近くの除雪費を支出していた。

　日本で最初の防雪林は東京帝国大学造林学教授の本多静六（1866-1952）の提案により、1893 年に日本鉄道株式会社の東北本線水沢・青森間の 41 箇所に設置された「ふぶき防雪林」と言われている[21]。同氏はカナダ留学から帰国の際にカナダのパシフィック鉄道の防雪林を見学し、日本鉄道株式会社社長の渋沢栄一に提言して実現した。

　本多静六は、1909 年に 3 回にわたる東北および北海道地方の防雪林実地調査に基づき、将来の鉄道防雪林育成に関する基本計画案を鉄道院に提出した。この調査には、本多のすすめによって帝国鉄道庁に就職した山田彦一も同行した。この案は 1909 年 4 月、国鉄の業務調査会において決議され、その後の国鉄防雪林育成に対する基礎資料とし

表 1-3　初期の除雪費

年　度	除 雪 費	全線マイル程	1 マイル当り除雪費
1907	193,000 円	645 マイル	299 円
1908	122,000	645	189
1909	100,000	645	155
1910	139,000	724	192
1911	196,000	787	249

（北海道鉄道 100 年史）

表 1-4　防雪林面積

（単位 m²）

年　度	面　積	年　度	面　積
1909	243,158.0	1918	1,954,702.4
1910	403,275.5	1919	2,616,899.7
1911	1,628,860.3	1920	2,894,486.8
1912	1,338,504.9	1921	3,202,976.2
1913	1,814,886.8	1922	1,241,710.9
1914	2,714,974.2	1923	2,161,055.1
1915	2,472,991.0	1924	1,714,486.3
1916	3,089,822.2	1925	545,843.0
1917	3,004,786.8		

備考『北海道鉄道林の歩み』（昭和 27 年）により作成
（北海道鉄道 100 年史）

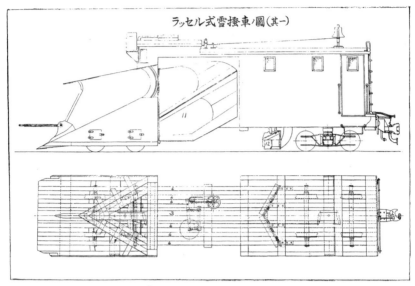

ラッセル式雪搔車ノ圖（其一）

図1-3　ラッセル車
（山口金太郎、ラッセル式電かき車について、帝国鉄道協会会報第15巻、1号）

て採用された[22]。

北海道の防雪林についても本多の助言と指導もあって整備されたと推測される。このため大村は鉄道沿線一帯に防雪林を育てることとして、ドイツから黒松、ストローブ五葉松、ドイツトウヒなどの種を取り寄せて、独自の樹種選定研究を進め、郷土樹種のエゾマツ、トドマツ、カラマツなどと沿線の方々に苗圃を作った。それを

写真1-16　防雪柵（北海道鉄道100年史）

線路工夫などが、線路の両側の熊笹を刈り、苗を植えた。ねずみの害や虫害に加えて最初は山火事にあったり、さらに沿線の人々が珍しがって、引き抜いて持っていくことも多かったようだ。1902年に、全線の各所において防雪林（3年カラ松）7,000本の試栽試行した。1907年の大雪で北海道の全線が麻ひ状態となり、1908年7月24日に「北海道鉄道沿線雪害予防林設置に件」により、函館本線七飯駅付近の鉄道用地に44,000坪、翌年には旭川駅付近に35,000坪

の苗床を確保、苗木の養育をはじ
めた[23]。主に大正時代に多くの防
雪林が植えられた。

大村は、植え付けてから約20
年後（1937年）に墓参のために
札幌に来て、佐藤昌介、宮部金吾
などの恩師を訪問し、大学の旧友
と会談し、また旧部下と懇談し
た。その際、「久しぶりに皆と顔
を合わせて実に愉快であった。ま
た函館からの沿線に防雪林の繁茂
した育成振りを見て実に愉快に堪
えない」と話している[24]。

写真1-17　ロータリー（北海道大学附属図書館）

さらに、北海道の鉄道にとって
総合的な防雪対策は大きな課題で
あり、大村はいろいろと研究を重
ね、あるいは海外に雪国鉄道の施
設を視察した。その結果、初めて
日本に持ち帰ったのがラッセル排
雪車である。1910年アメリカの
ラッセル・カー・アンド・スノー

写真1-18　ラッセル車（北海道大学附属図書館）

プラウ社から単線用で、2軸ボギーで全木製車であった。最初は1台だけ
「ラッセル」会社から買ったが、脱線が多いなどの問題点を改良し鋼製で改良
型のラッセル車7両が1912年に北海道の苗穂工場でつくられた。その後、大
正年間には複線用雪かき車、回転式雪かき車（ロータリー）等の新方式の除雪
車がこれに加わった[25]。

外国から購入して2年後に苗穂工場で国産のラッセル車を新造したのは、北
炭がすでにかなりの技術レベルに達していたことを示すものである。

また、冬期に線路（道床バラストと土路盤）が凍り、マクラギを持ち上げ、
レールに変位を与える凍上対策についても割石で囲った割栗石もしくは玉石を
9寸（2.7m）の高さに積み上げ、これを特種道床と命名し、排水を良くして凍
結を防止するなどの線路凍上対策も大村の研究と発案で進められた。

1.12　欧州視察

大村は 1902 年に、会社から欧米鉄道出張を命じられた。まず、北海道の鉄道の生みの親であるアメリカに入った。ロッキー、カスケードの山中鉄道でロータリーの運転をしたり、ラッセルの運転を見学後、スペリオル、ミシガン、ヒューロン、オンタリオ、エリーなど五大湖地方の鉱石や石炭の船積連絡施設を見学、次いで南下して大西洋岸に出た。ニューヨークから南下して、フィラデルフィア、ボルチモア、ノーフォーク（バージニア州南東部に位置する港湾都市）など高架桟橋式による石炭積出港も視察している。特にノーフォークの船積設備の雄大なのに驚嘆している[26]。

途中のシアトルにて、領事館に勤務する齊藤和夫人で大村の妹である富江宅に泊まり、富江の手料理で楽しい夕食をともにし、いろいろ日本の話もしたと追悼録で回顧している。同家の長女の威和が生まれて 2 か月頃であった。齊藤は大村と大学時代に蛍雪庵という寮で生活しており、1901 年に富江が兄卓一のところに身を寄せた縁で結婚したと思われる。

大村は翌 1903 年にそのまま欧州に渡った。日露戦争の開戦前夜である。大村はスコットランド、ウエールズ、スカンジナ半島を横断してドイツに滞在し、ロシアに足を踏み入れた。

この年（1903 年）の 6 月、シベリア鉄道は極東に到着した。東支鉄道（東清鉄道）は完成して満洲里から綏芬河（すいふんが）、旅順、大連まで全通した（バイカル迂回線は未竣工）。当時、日露開戦との空気は蔽うべくもなくロシアは極東の軍備充実をめざしてシベリア鉄道の輸送力の増大に努めていた（1904 年に全通する）。大村は「自分の目的は世界の鉄道の視察である。こうした緊張の空気の中で、一鉄道人としてゆっくりとシベリア鉄道を視察して帰るのは、自分に与えられた使命ではないか」と、サンクトペテレスブルグに栗野全権公使を訪ね、シベリア鉄道を視察して帰国することを願い出た[27]。田邉朔郎が、1900 年に建設途中のシベリア鉄道を視察しており、その話も側聞して影響を受けた可能性も考えられる。

栗野公使は「この際わざわざそんな危険を犯さなくても、地中海から印度洋に出て帰りなさい。その方は安心だ」と勧めてくれた。大村は、「もちろん少々の危険があるかも知れないが、この際技術的方面からこれ（シベリア鉄道）を見ておくことは私の義務だと考える」と、公使を説得して、シベリア鉄道経由で日本に帰国した[28]。ここにある栗野公使とは、栗野慎一郎（1851-1973）で、1904 年にロシア政府に宣戦布告文を提出し、日露戦争が開戦と

なった人物である。

　大村は帰国の際、武官の明石元二郎（1864-1919）（後に後藤新平などの後任として台湾総督などを歴任）から日本までの大山巌参謀総長あての密書を預かっている。「相当量張った書類の束で、下帯の上にしかりとくくりつけて持参した。」と述べている[29]。当時、明石は防諜活動を行っていたと思われ、日露戦争前の緊迫した情勢の中で最新の情報を大村に託したのであろう。欧州に明石がいなければ日本はロシアに負けたとも言われており、大村も国の運命を左右する重要な一役を担ったといえる。

　なお、筆者は博多勤務の折に、香椎地区に住んでいた。当時香椎神宮の近くに瀟洒な洋館があり、明石家邸宅と聞いていた。この建物は、明石元二郎の本家、東次郎が1928年に建築されたようである。

　シベリア鉄道での道中については、洋行譚に詳細に記述している。また、各地から旧友の高岡熊雄宛に絵葉書を多数送っている。高岡熊雄については8章で詳述するが当時農政学および農業経済学の研究のためドイツ留学を命じられてベルリン大学で学んでいたため、宛先がベルリンとなっている。

　また、シカゴにおいて同窓が集まった時の写真が残っている。森広は第2代札幌農学校の校長である森源三（旧越後長岡藩士・佐幕派）の息子で、1901年に札幌農学校を卒業（第19期生）し、農商務省海外練習生に選抜されている。約8年間のアメリカ留学を終えて、1909年に帰国の際にポプラの苗木を持ち帰った。帰国後は実業界で活躍し、登別クッタラ湖養殖事業や登別軌道株式会社の設立などに尽力したが、病のために1915年2月12日に逝去した。有島武郎と同期である。仁木信雄は札幌農学校第17期生（1899年7月卒業）で、藤田昌は1897年に札幌農学校農藝化學科を卒業し、後に大日本麥酒㈱取締役、札幌送電㈱監査役などを歴任している。

　大村の海外出張はアメリカから欧州、ロシア、シベリア経由とほぼ世界一周の旅であり、北炭は大村の将来の活躍のための先行投資と考えたのであろう。現在の制度で考えても、かなり思い切った大胆な施策である。当時の北炭は将来に発展する民間会社として、西欧文明や最新技術の習得、導入に極めて熱心であったことが窺える。

　回想録によれば、随行者はいないようであり、大村の卓越した語学力、行動力、胆力がすでにこの頃に発揮されていたようだ。シベリア鉄道車内では、まったく知らないロシアの軍人と話し込み友人になるなど人懐こい性格も感じられる。この海外出張は、将来の大村の海外での活躍と飛翔の礎となったのではないか。

写真 1-19〜23　高岡熊雄への書簡（北海道大学大学文書館）

　大村が洋行後の 1904 年 2 月、
日露戦争は始まり、7 月には軍事
占領地の鉄道を運営して、軍隊お
よび弾薬、食料の輸送にあたるた
めに、野戦鉄道提理部が、東京に
編成されて大陸に乗り出すことに
なった。大村はついこの間シベリ
ア鉄道を通って帰って来たことも
あるし、野戦鉄道提理部への参加
を希望したが、会社の許可が出ず
に非常に残念に思ったと述べてい

写真 1-24　シカゴにおける同窓たち、左から森
　　　　　広、仁木信雄、大村卓一、藤田昌（北
　　　　　海道大学附属図書館）

る。この時点で、大村は初めて大陸の地を踏んだことになるが、将来満洲を含
めて大陸で長期に勤務することになるとは想像していなかったであろう。

参考文献
1) 池田貴夫 (2018)、「北海道 150 年―急速に姿を変えた北の大地」、土木学会誌、Vol.03 No.8
2) 堂柿栄輔、佐藤馨一、五十嵐日出夫 (1984)、「明治開拓期における札幌の交通」、日本土木史研
　 究発表会論文集
3) 原口征人、日野　智、今尚之、佐藤馨一 (2001)、「明治期の北海道鉄道建設と札幌農学校の鉄道
　 技術者」、土木計画学研究、Vol.18
4) 沢和哉 (1972)、「日本鉄道 100 年の話」、築地書館、p972
5) 佐藤馨一・中添眞 (2015)、「フリーゲージ・トレインが運ぶ北海道の未来―北海道新幹線を
　 200%活用する」、柏櫓舎
6) 田中和夫 (2001)、「北海道の鉄道」、北海道新聞社、p33
7) 同上、p36
8) 同上、p41
9) 宮下弘美 (1989)、「創業期の北海道炭礦鉄道株式会社：1889 ～ 1897 年」、北海道大学経済学研
　 究、39 (2)：P60-98.
10) 前掲 6)、p52
11) 同上、p53
12) 前掲 9)、p68
13) 国鉄北海道総局 (1976)、「北海道鉄道百年史上巻」、p185
14) 大村卓一 (1944)、「大陸にありて」、勝進社、p3-5
15) 大村卓一追悼録編纂会、石本秀二他 (1974)、「元満鉄総裁故大村卓一翁を偲ぶ会：其の他記録」、
　　 巻頭言
16) 同上
17) 前掲 13)、p9-11
18) 前掲 6)、p11
19) 門松秀樹 (2014)、「明治維新と幕臣」、中公新書 2294、p182-188
20) 守田久盛・坂本真一 (1992)、「北海道の鉄道」、吉井書店、鉄道路線変せん史探訪Ⅴ、P47-48
21) 島村誠、鈴木博人 (1996)、「鉄道林：成立経緯と施業の変遷」、土木史研究第 16 号.
22) 沢和哉 (1977)、「鉄道に生きた人びと・鉄道建設小史」、防災林育成こそわが命・本多静六、
　　 p110

23) 前掲 13
24) 前掲 14)、p17
25) 前掲 13
26) 前掲 14)、p19
27) 同上、p20
28) 同上、p21
29) 同上、p23
30) 北炭七十年史編纂委員会編（1958）、「北海道炭礦汽船㈱七十年史」、北海道炭礦汽船

第二章　鉄道国有化後

　国有化前の北海道の鉄道は、前述の北炭に加え、道庁による官設鉄道および私設の函樽鉄道の3者が並立していた。本章では、官営鉄道と函樽鉄道の概要について述べ、さらに大村の1906年の国有化後から1817年に東京に転勤するまでのあゆみと業績を概観する。なお、大村の業績のうち、最も重要と思われる石炭船積海上高架桟橋については、北炭時代に計画され国有化後に完成したが、次章で別途とりまとめて述べる。

2.1　北垣國道長官の北海道開拓意見書

　中央政府では全国的な鉄道の建設整備を目的とした鉄道敷設法が1892年に公布された。同法は鉄道庁長官井上勝が、国が建設すべき鉄道路線を法律で定めることを主張し、法案の段階では九州線の次に、北海道線としてほぼ現在の幹線網の全容が計画されていた。しかし、北海道の鉄道は調査不十分としてこの対象外となり、何ら規定されなかった。これは逓信省鉄道庁の下に統一した鉄道建設を進めていくという、全国の鉄道網計画に対し、北海道における鉄道の特殊性によるものであった。また、北海道庁においても全道の鉄道建設計画に対する十分な調査がなされていなかったこともある。

　さらに、政府の北海道開拓に対する考え方と、北海道庁のそれとにずれがあり、建設計画に対して十分な説得性を持たなかった。政府は北海道開拓に対する鉄道の有意性は認めながらも、開墾による入植者の生活の安定を優先と考え、開拓に先行する鉄道網の建設とそれに伴う港湾などの一括した整備は、財政上からも疑問視されていた。つまり生活の基礎を固め集落を形成した後、鉄道を建設すべきとの政府の判断に対し、北海道庁は鉄道網の建設を優先すべきと考えた。

　1892年、北海道庁長官になった北垣國道（1836-1916）は北海道の開発に意欲を燃やし、それには官設鉄道の建設が先駆をなすと考えた。北垣國道は北海道に着任早々、大本営と相談しながら鉄道網の設計に取り掛かった。第七師団が駐屯する旭川を中心としてどの海岸へも一日で軍隊が移動できる鉄道網であった。北垣國道は、「皇室の安泰」を第一に考え、これを脅かす外敵への備えを第一とし、具体的にはロシアの脅威に備えた北海道防衛を第一に考えていた。

　北垣國道は1893年、「北海道開拓意見書」を内務大臣に提出している。この

表 2-1 北垣の北海道開拓意見具申書の鉄道計画

（単位：哩（マイル）、円）

	函館－小樽間			空知太－根室－網走間		
	成功哩	建設費	利子補給	成功哩	建設費	利子補給
1894 年	測量設計					
95	25	1,250,000	62,500	測量設計		
96	50	2,500,000	125,000	〃		
97	100	5,000,000	250,000	〃		
98	150	7,500,000	375,000			
99			375,000	25	750,000	52,500
1900			375,000	50	1,500,000	105,000
01			375,000	100	3,000,000	210,000
02			375,000	150	4,500,000	315,000
03			375,000	210	6,300,000	441,000
04				280	8,400,000	588,000
05				350	10,500,000	735,000

注）「函館－小樽間」の利子補給率は建設費の 5％、「空知太－根室－網走間」の利子補給
率は 7％。

（北垣國道、北海道開拓意見具申書（1893 年 3 月 25 日））

中で彼は鉄道計画を、北海道の開拓事業の最上位に位置付けている。

　北垣國道は、1936 年に但馬国に生まれ、若くして討幕の志を抱き、農民兵
の育成に着手し、生野の変を首謀したが失敗して鳥取藩に逃げ、江戸を経由し
て長州に入り奇兵隊に参加し、後に戊辰戦争にも参戦した。戊辰戦争勝利後、
しばらく活動を休止していたが、その後新政府に出仕した。北垣の最初の勤務
地は北海道開拓使で、北海道開拓に尽力していた榎本武揚の下で働いた。小樽
の開発には二人で協力し、現在小樽の中心地に「静屋通り」と「梁川通り」
が、相対して通っている。これは国道と武揚の号をとったとの説である。

2.2 田邉朔郎の招聘と官設線建設

　北垣は 1894 年 7 月には帝国大学工科大学教授の田邉朔郎に依頼して北海道
における将来の鉄道計画の調査を進めた。北垣長官と田邉朔郎の出会いはそれ
より 14 年前の 1882 年頃で、京都府知事の北垣が琵琶湖疎水計画を推進するた
めに、工部大学校を卒業したばかりの田邉朔郎に工事主任を依頼した[1]。時の
工学部長古市公威はこれに反対したが、北垣は戊辰戦争時代の旧知である西園
寺公望文部大臣に直談判して田邉の引き抜きに成功した。

　この背景には北垣が榎本武揚などの推薦を受け（榎本は田邉朔郎の叔父であ
る田邉太一と長崎海軍伝習所時代からの旧知であった）、新卒である田邉朔郎
（1861-1944）を採用したと言われている。半信半疑の北垣であったが、朔郎に
やらせてみたら、思いの他に役に立つことが分かり、気に入った北垣は、琵琶

湖疎水工事が完成する1年前に、長女を田邉朔郎の嫁に出した。この時、榎本武揚に結婚仲人を依頼した。

　田邉は1894年から北海道庁の委員として鉄道敷設地の実測調査を進め、1895年にはその幹支線図および調査報告書を完成し、それをもとに翌年には北海道鉄道敷設法を議会に提出した。このように田邉の尽力と北海道庁による積極的な建設計画と具体化への努力により単独法として1896年北海道鉄道敷設法が公布され、北海道における鉄道建設の方針が確立された。当時の前人未踏の踏査・測量は冬期の雪上作業を含めて困難を極めた。

　田邉は1896年7月に帝国大学教授の椅子を捨て北海道に渡り、臨時北海道鉄道敷設部技師（後に部長）として、第七師団長大迫尚敏（1844-1927）と頻繁に連絡を取り合って北海道鉄道敷設法に記載された第一期および第二期線の幹線鉄道ルートの調査を開始した。全道をつぶさに踏査の上、各地の状況を復命した。特に日高山脈を越え十勝に抜ける狩勝峠ルートを自ら踏査して開発し、狩勝峠と命名した[2]。

　北海道庁に臨時北海道鉄道敷設部がおかれ、旭川以東の鉄道建設などの業務が開始された。鉄道敷設が北海道長官の管理下におかれ、監督官庁は当初拓殖務省であったが、翌年同省の廃止と共に内務省に属した。本州などの鉄道が逓信省の監督の基におかれたのに対し、内務省の監督の下に統轄されたことは、北海道の開拓の一環であるこの鉄道の特異性を示すものである。

　また、北岸（稚内）および東岸（釧路・根室・網走）に到着することを骨子とした鉄道網構想は開拓鉄道の役割りとともに国防上の見地から判断されたと思われる。

　後述する札幌農学校工学科教授の廣井勇は1893年4月から道庁技師が本務で、農学校教授が兼務となり、北海道鉄道敷設法が公布後は事務取調べ嘱託として勤務した。臨時北海道鉄道敷設部にも、札幌農学校出身者である佐藤勇技師をはじめ、工学科2期生の小野常治と窪田定次郎、坂岡末太郎、筒井彌一が参加している。また、札幌農学校工学科の卒業課題として、臨時北海道鉄道敷設部の事業も含まれ、鉄道橋梁は廣井が主に担当し、田邉と廣井の連携・協力により札幌農学部関係者も巻き込んで、鉄道建設が進められた。

　空知太・旭川間の上川線の工事は1896年に着工し、開業は1898年7月16日であった。日清戦争後の物価高騰もあり、労賃の高騰などで不調により契約ができない工事もあった。また、米国の車両会社のストライキで必要な資材の買い付け困難を極めた。第一、第二石狩川橋りょうと蛇紋岩の地質が悪い神居古潭のトンネル掘削が技術的に困難な工事で、ここに全工事費の6割が投入さ

れた。特に、道東と上川線（空知太－旭川間）の鉄道建設計画において田邉に要求されたことは、難工事が予想される神居古潭を突破するトンネル技術者としての手腕であった。

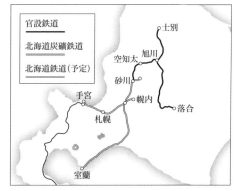

当時は河川の治水工事がまだ施されてなく、河床の地質も悪く雪解けの時期に増水して架橋の足場が流出するなど、水害との闘いでもあった。開業後の 7 月 23 日に石狩川が豪雨で氾濫し、第一石狩川橋りょうが破壊されて、31 日

図 2-1　明治期における北海道の鉄道建設　原口他（2001）、明治期の北海道鉄道建設と札幌農学校の鉄道技術者、土木計画学研究、Vol.18

に復旧したが、9 月 7 日にまた氾濫して、今度は第一、第二の両仮橋が墜落、空知川橋りょうが破損した。10 月 1 日に一部開通し、11 月 21 日に全線が復旧した。このように新線は度々災害にあい、苦闘の連続であった。

十勝線旭川・帯広、天塩線旭川・名寄間の建設工事が始まったのは、1897 年 6 月であった。旭川・落合間は 1901 年 9 月に開通した。最も困難を極めた狩勝トンネルもあり、十勝線旭川・帯広 180km が全通したのは、1907 年 9 月であった。手塩線旭川・名寄間は湿原の泥炭地などの技術的問題に直面し、1903 年 9 月から全線の営業を開始した。

釧路線帯広・釧路間は、1901 年 4 月に帯広から釧路に向け建設が開始され、1905 年 10 月に全線が開業した。

十勝線が着工 10 年目で全線開業した 1907 年 9 月 8 日、釧路停車場で盛大に全通式が行われ、功労者の田邉も招待されている。これらの官営鉄道路線は、国有化された鉄道に引き継がれた。

田邉が学んだ工部大学校土木科では、精緻な力学から積み重ねられる工学体系で教育がなされていた。レンガ造や石造の構造物、その素材からセメントモルタルの結合、その構造を用いたトンネルや土留めの構造、土圧を処理する方法が教えられている。このような技術は札幌農学校の米国をルーツとし、橋梁建造を主体とする教育にはないものであった。こうしてクロフォードがもたらし、佐藤勇が引き継ぐ路線測量・鉄道敷設と、廣井の橋梁設計、これに田邉のトンネル技術が加わって、上川線などの建設計画が完全なものとなった。当時の北海道の鉄道は、札幌農学校出身者と琵琶湖疏水事業技術者の混成により担

われたといえる。

　田邉の北海道の鉄道に対する功績として、車両の自動連結器の採用がある。田邉は米国で開発された自動連結器を北海道で採用することを決定し、1898年頃から取り付け工事を開始し、1913年頃にはほとんど完了していた。これにより作業効率が上がったのみならず安全性が大幅に向上した。日本全国において、この採用を決定したのは1919年1月であり、1925年7月1日から10日間で全国一斉に取り換えを完了した。田邉と北海道の鉄道技術の先進性を示すものである。北海道と本州では連結器の高さは、7インチ（180mm）の差があった。このため、1924年8月5日から北海道の全車両の位置下げ作業を開始し、同月16日に終了した。

　その後、田邉は1900年2月に北海道庁鉄道部長を免官し、シベリア鉄道や北米、欧州の土木施設を視察して帰国後、京都帝国大学理工科大学教授に就任している。余談となるが、田邉のシベリア鉄道調査は大山巌から命じられ、桂太郎に報告した。その調査結果に基づき、日露戦争の開戦は、1904年2月と決定されたと田邉朔郎博士60年史では記されている。1.12に述べたように、大村が大山巌への密書を携えてシベリア鉄道で帰国したのが1903年である。田邉の調査結果に加えて、大村がもたらした最新情報も重要な役割を担ったと考えられる。田邉は京都大学教授の傍ら、京都市の委嘱を受けて琵琶湖疏水の第二期工事の計画と工事監修を担当した。北垣は、第二疏水を完成するために、田邉を（北垣が京都へ誘致した第二の帝国大学）京都帝大に引き抜いたものであった。田邉は東京帝国大学に帰任したかったとの話が田邉家には伝わっているという。

　後に田邉朔郎が1926年5月に行った、北海道帝国大学50周年記念講演の「北海道鉄道由来」によれば、「1896年の北海道鉄道敷設法公布時には、北海道の鉄道は植民鉄道であり、人の通らないところに鉄道設けていくのであります。当時の北海道は中央の交通路が開発されてなく、襟裳岬の端を通過する2つの島から成り立っているといったものです。元来植民鉄道は早く安く仕上げることが主であります」と講演している[4]。また、この講演の中で1898年9月10日、未曾有の大洪水の中で、東京帝大工科実習生の今津不非登が、第二石狩川橋工事を巡察中、舟が転覆して溺死したことを述べている。その殉職を悼んだ田邉が供養碑を建て、毎年他の鉄道殉職者とともに慰霊を続けていた。この今津の慰霊祭が発端となって、各地でもこれに習い、鉄道省が鉄道殉職者祭を全国一斉に執り行うようになったことを紹介している。これは、田邉の人間としての大きさや優しさを示す心打たれる話である。

2.3　函館・小樽間の鉄道（函樽鉄道、後の北海道鉄道）

　北海道鉄道は、現在の函館本線の函館・長万部・小樽間の私設鉄道である
が、その実現までには苦難の歴史があった。

　1886年、初代北海道道庁長官岩村通俊が、平井晴二郎らに函館・小樽のほ
か、岩見沢・上川（旭川）間、岩見沢・室蘭間の路線調査や概算工事費を算出
する鉄道線路測量調査を命じた。平井は1888年7月7日、函館・小樽間の調
査結果を北海道庁長官に報告している。平井のルートは路線延長146マイル、
工費800万円で、最終的に北海道鉄道として結実するそれと、ほぼ同一であっ
た[5]。しかし、本路線は建設費が高額であり、優先順位が低いとの評価でしば
らくの間、実現への動きはなかった。

　前述のように北海道庁長官に就任した北垣國道は、1893年3月、井上馨内
務大臣に「北海道開拓意見具申書」を提出した。その中では、函館・小樽間約
150マイル、工費750万円を政府が利子補給する前提の民間資本による私設鉄
道として整備する案であった。しかし、この提案は利子補給も含まれており、
政府の容れるところにはならなかった。

　その後、日清戦争後から函館・小樽間の鉄道建設運動が本格化した。1896
年2月京都市大野嘉助ら10人の北海道鉄道、同年11月東京市岩出惣兵衛ら
11人の北海道殖民鉄道会社、1896年1月には渋沢栄一ら25人の函樽鉄道会社
の請願が出たが、いずれも利子補給を含めた請願で、すべて却下された[6]。こ
の請願は京都市在住の大野嘉助、坂本則美（高知の出身）であり、北垣國道と
きわめて近い人物が推し進めたものであり、北垣の影響があったと思われる。

　その後、1896年6月、平田文右衛門ら200人が中心となり、再び敷設免許
申請を提出し、1897年4月に待望の仮免許書が下府された。しかし、事実上
の社長となる創立委員長の人選が難航し、元日銀総裁の富田鉄之助などの候補
が挙げられたが、最終的には、同年7月26日に拓殖務省次官を辞し、京都で
静養していた北垣國道を推すことになった。本人は病気療養を理由に辞退して
いたが、北海道協会の会頭の近衛篤麿と園田実徳が京都に行き、ようやく承諾
をとりつけた[7]。ここでも北垣の北海道の鉄道に対する強い情熱の現れが感じ
とれる。

　1897年11月20日、東京にて発起人総会を開いて創立委員12人（北垣國道・
高島嘉右衛門・近藤廉平・園田実徳・坂本則美・阿部興人・高野源之助・片岡
直輝・稲垣貞次郎、監査役として対馬嘉三郎・竹村藤兵衛・平田文右衛門）を
選び、創立委員長に北垣國道を選んだ。

　さらに 1900 年 5 月 16 日に免許状が下付され、同年 11 月 22 日、社名を北海道鉄道株式会社に改め、1901 年 6 月から工事に着手した。全線の距離は256.2km で険しい地形も多く、再急勾配は 1,000 分の 21、最小曲線半径は200m で、厳しい線形であった。

　1898 年 1 月から約 1 か月間、田邉朔郎が北海道庁首席技師兼鉄道技師長として技手の山峰徳吉と庸人の原山、志茂を同行して線路実施測量を行っている。

　工事は全区間を 8 工区に分け、土木技師守下精（もりしたくわし）が建築課長として、同鉄道の測量・建設を指導した。

　1902 年 12 月 10 日に、函館（初代）・本郷間が開業して以来、1903 年 6 月 28 日に、本郷・森間が延伸開業し、1904 年 10 月に函館・高島（旧小樽中央）が開業し、1905 年 8 月に、函館・小樽間の全線が開業した。

　その後、同線は 1906 年公布の鉄道国有法により 1907 年 7 月 1 日に国有化された。

2.4　鉄道国有化法と北海道の鉄道の組織再編

　わが国の鉄道は、最初は国有主義をもって発足したが、1881 年には私鉄の建設も許したので、官営、私営の併行時代となった。1886 年以降となると、私鉄の営業キロは国鉄のそれをしのぐようになり、私主官従といわれるような時代となった。

　1887 年に「私鉄鉄道条例」が公布された。これは、政府は官設鉄道に固執することなく、北海道から九州までを縦貫する幹線鉄道を早期に完成するためのもので、北炭、日本鉄道（上野・青森）、山陽鉄道（神戸・下関）、九州鉄道（門司・熊本、鳥栖・長崎）には政府による利子補給（配当保証）などの保護が下付された。

　私鉄の隆盛に伴って、それを監督する行政と、また一方において国鉄を営業するという、全く異なった業務を同じ一つの機関で所掌するのは不可であるという議論が起り、1897 年 8 月、鉄道の監督および私鉄の免許等の行政事項を所管する内局の鉄道局と官鉄の建設運営等の作業事項を所管する省外の鉄道作業局がおかれた。鉄道作業局長官には松本荘一郎、平井晴二郎、古市公威といずれも土木のパイオニアが長官を務めたことは鉄道の建設が国家的大事業であったことを示している。同年 11 月には道庁管制の改正で臨時北海道鉄道施設部が廃止になり、北海道庁鉄道部が設置された。

　この鉄道部には、我が国のトンネル工事のパイオニアである国沢能長（1848-

1908）は、1900 年北海道庁鉄道技師となり鉄道部長として 1905 年の鉄道部の廃止まで勤務した。

　日露戦争を契機として軍事輸送の面からも鉄道の重要性が一層認識され、全国の鉄道の一貫性の必要が痛感され、1905 年 4 月鉄道国有法案が貴衆両院を通過し、鉄道国有法が 1906 年 3 月に公布された。これによって北海道官設鉄道は鉄道作業局に編入され、逓信省の所轄に属することになった。同時に札幌鉄道作業局出張所が札幌に置かれた。

　鉄道国有法によって主要私鉄 17 社は次々に買収され、わが国に巨大な官営鉄道が出現し、国鉄は全国的にその規模が拡大された。大村の所属する北炭も 1906 年 10 月 1 日に買収されて国有化となった。同じく民間資本で建設された北海道鉄道（函館・小樽間）は買収価格で協議が難航し、1907 年 7 月 1 日に買収されたが、価格が決定したのは 1909 年 5 月であった。

　国有化により 1907 年 4 月鉄道作業局を「帝国鉄道庁」に改組し、本庁に総務、建設、工務、運輸、計理の 5 部と鉄道調査所をおき、地方機関として北海道帝国鉄道管理局を設置した。岩見沢、旭川、釧路に運輸・保線事務所を置き、旭川、手宮、岩見沢に置かれていた鉄道工場を引き続き運営した。また鉄道建設全般の任に当たる北海道建設事務所を札幌に新設し、同年 4 月 20 日には旭川に移した。帝国鉄道庁の長官には幌内鉄道や室蘭線の建設に尽力した平井晴二郎が任命された[8]。

　帝国鉄道庁に改組後も国鉄の発展は著しいため、1908 年 12 月、帝国鉄道庁と逓信省鉄道局とを統合して鉄道院を設け、内閣総理大臣の直轄機関とした。初代総裁は逓信大臣の後藤新平が兼任し、副総裁には平井晴二郎が任命された。札幌には北海道鉄道管理局が設けられ、北海道建設事務所が鉄道院建設部の直轄になり、建設をこれまで以上に強力に実行する機構に再編された[9]。

　第一次世界大戦（1914-1918）後の日本経済は異常な活況を呈し、旅客、貨物の輸送量は急増した。このため国鉄の業務量は拡大した。そのため鉄道院を独立した一省とすべきであるとの論議が起こり、原敬内閣は 1920 年 5 月 15 日に鉄道省官制を公布し鉄道省が発足した。

　新設された鉄道省の機構は、従来の鉄道院の機構をおおむね踏襲したものであった。

2.5　大村の国有化後の北海道勤務（1906-1917）

　1906 年の国有化により、北炭の鉄道事業は帝国鉄道に承継（機関車 79 両、客車 102 両、貨車 1,753 両が約 3 千万円）された。また、北炭の鉄道関係職員

27 人、雇員 1,071 人、傭人 2,575 人、計 3,673 人も政府に引き継がれた。

　大村は北炭に残るか、国有化された鉄道部署に移るのか相当悩んだようだ。「会社としては私が鉄道と一緒に作業局に移るのを喜ばない。何とかして思い止らせようといろいろと引止め策を講じられた。その時は私も随分考えた。10 年もいた会社である。愛情は断ち難い上に、下手な官吏になるより、このまま落ちついている方が遥かに利益は大きいのである。だがいろいろ考えている内に、自分の天職はどうしても鉄道にある。鉄道と共に生き、鉄道と共に倒れるのこそむしろ男子の本懐ではないか。そう考えたから一切の愛情を断ちきって鉄道作業局に移ったのである」と、悩んだ末の固い決意を記している[10]。

　結局、大村は北海道鉄道作業局出張所に移り、1906 年 10 月、帝国鉄道作業局雇岩見沢保線事務所長（月給 160 円）の辞令を拝命した。前年の北炭時代の月給は 135 円だったので昇給したことになる。1907 年 4 月 1 日には組織改正により帝国鉄道庁技師高等官四等三級俸、北海道帝国鉄道管理局、岩見沢保線事務所長、同年 9 月 26 日に工務課長兼務となり、1908 年 4 月 23 日岩見沢保線事務所長兼務を免じられた。同窓会名簿によれば、大村の住所は 1907 年 2 月では石狩国岩見沢鉄道官舎であるが、1908 年 7 月では札幌区北 2 条西 12 丁目桑園鉄道庁官舎になっており、札幌に転居している。それ以降、1917 年に東京に転勤するまで同所に住んでいた。「当時我々の家は桑園の鉄道官舎で何十軒かの官舎がづらりと並んでいた。建物はそれ程でもなかったが敷地は滅法広い。父は工務課長で一番広い処を占領していたので、今考えると 5・6 百坪位はあったのではなかろうか」と長男の博は回想している。冬には庭に雪を積み上げ、ゲレンデを作ってスキーを楽しんだことや、馬も飼っていて競馬レースにも出場したようだ。

　大村は 1911 年には高等官三等と昇進し、1913 年には技術課長になっている。また、1915 年 6 月 5 日北海道管理局長井出繁三郎が神戸鉄道管理局長に栄転した際、同月 23 日鈴木鑑次郎が同局長に任命されるまでの 18 日間は、大村は古参課長を以って局長心得を命じられており、組織においても中心的な地位を占めていたと思われる。

　岩見沢市史によれば、1906 年 2 月に町制が施行され岩見澤町となり、高柳広蔵が初代町長に就任、町の人口は 19,812 人とある（北海道の人口は 1,289,151 人）。同年 10 月 1 日には北炭の新会社「北海道炭礦汽船株式会社の本社が、岩見澤から室蘭町大字札幌通り 208 番地へ移転した。これにより町勢沈滞に向かう」と同市史にはある。前述のように、大村はこの頃まで岩見沢に住んでいた。

最初の頃の組織は鉄道作業局と言ったが、別に鉄道局もあって作業局と鉄道局の並立時代であった。国有化後の北海道における鉄道関係職員数は、1907 年には8,389 人であったが、1939 年には21,911 人と倍以上に増加している。

鉄道管理局庁舎が北 5 条西 4 丁目に移転するに際しては、大村が新庁舎建築委員長として設計監督にあたり、1915 年起工して翌年1916 年 9 月 17 日に移転を完了した[11]。

この頃の北海道鉄道管理局長は野村彌三郎 (1868-1943) であった。野村彌三郎は 1868 年、京都府舞鶴に生まれ、1890 年東京帝国大学法科大学卒業。法制局、鹿児島県造士館教授、第三高等学校教授兼舎監を歴任後、1896 年 5月臨時北海道鉄道敷設部に入り田邉朔郎の部署の事務官となり、そ

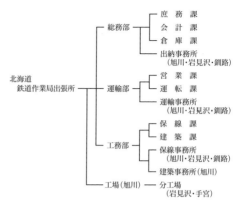

図 2-2　北海道鉄道作業局出張所組織図
(1906 年)
(北海道鉄道 100 年史)

写真 2-1　北海道鉄道管理局庁舎
(北海道鉄道 100 年史)

の後、経理課長兼庶務課長、1907 年 4 月北海道帝国鉄道管理局長の局長に任ぜられ、以後 6 年の長きにわたってその職にあった。自ら北門の鉄路王と豪語する剣道の達人であったと言われている。

野村の業績として札幌北 3 条西 4 丁目の鉄道集会所の開設、苗穂工場敷地内の北海道鉄道殉職碑の建立がある。北海道鉄道殉職碑は、前述の供養碑を作った田邉朔郎の提言もあり 1913 年 10 月に、完成した高さ 64 尺の鋳造製の全国最高の殉職碑であった。戦時中の金物ブームで、盗難にあい現存していない。現存していれば国鉄最古の大宮工場内の殉職者追悼碑 (1911 年建立) に次ぐ由緒あるものであった。

国有化で併合された鉄道施設は規格が不統一であり、急増する輸送需要などのために複線化や線路の補強工事、設備更新などの輸送力の強化が必要であ

り、一方で鉄道空白地域では軽便鉄道を含めて新線建設の要望が多く出されていた。大村の旧友である古藤猛哉（1901年に東京帝国大を卒業後1902年に札幌農学校の教授として札幌に赴任。その後1907年には鉄道に入る）の回想によれば、1913-4年頃、床次鉄道院総裁の時に、国有化後には北海道全体の鉄道を経営する必要があり、全道の拓殖の計画を考えるために12年計画を大村が中心となってとりまとめている[12]。北海道の開拓として、どういうことを鉄道としてやったらよいかを調べるのに、北海道庁の拓殖部および土木部に事前に調査を依頼していた。尾崎晃[13]によれば、「北海道の開拓に道路とともに大きな力となったのが鉄道である。始まりは日本で三番目の早い時期であったがその後の延びははかばかしくなかった。道東・道北方面への現在の幹線の骨格が形成されたのは1897年頃からで、（中略）。この年（1906）に鉄道国有法が成立し全線が国有となる。この当時札幌鉄道管理局工務課長の職にあったのが大村卓一であった。国鉄一本に纏った道内鉄道のその後の基本計画はすべて彼の手になる」としている[14]。

　特に、旭川・小樽、砂川・室蘭間の2大輸送力の増強、そして北海道の中央部にあたる小樽・函館間の大改良が急がれた。また、次章に述べる手宮・室蘭の石炭積出施設の完成も急増する石炭輸送の対策として重要であった。大村は北炭時代の鉄道技術者としての豊富な経験や知識を活かして、国有化後の北海道における鉄道の将来計画を策定し実行に移した。これらの実績は、後に朝鮮半島や大陸での鉄道計画策定でも活かされることになる。

2.6　後藤新平との出会い

　1909年の夏、逓信大臣で鉄道院総裁兼務の後藤新平（1857-1929）が北海道を視察した。その際、大村が北海道育ちで地理その他一般の事情に詳しいというので案内をつとめた。管理局長の野村彌三郎は伊藤博文が当時10歳前後の朝鮮李王垠（ウン）殿下（大韓帝国最後の皇太子）のお供をして北海道見学の案内を担当することで、大村にその役が回ってきた。鉄道院からは野村龍太郎（1859-1943）（後に鉄道院副総裁、満鉄総裁などを歴任した）などが随行した。

　北海道の夏は一年のうちで一番美しい季節である。その頃の北海道の旅は鉄道を一歩外れると馬を用いる以外に交通機関がなく、後藤伯は東京からちゃんと馬を用意して新冠御料牧場さし回しの素晴らしい駿馬で旅行されることになった。苫小牧から新冠御料牧場に出かけた時も、大村は2、3の人々とお供に加わり特に打ちとけて話す機会が多かった[15]。

　大村は終始、後藤伯と馬首を並べ説明役を務め、村に入れば村の地名、山や

川の名前、草木の名前、目に触れるもの全て後藤の豊富な知識欲で質問の種に
なる。大村はジョン・バチェラー博士（1854-1944、英国聖公会宣教師）のア
イヌ語辞典で事前に研究しており、地名の由来などを流暢に答えた。バチェ
ラー博士はキリスト教伝道のために来道され、アイヌに限りない愛情を寄せ、
共に生活することを数 10 年、そのアイヌ研究の業績は世界的な権威として認
められていた。

　さらに、宿屋では後藤の遠大なる植民地政策論を聞き、大村は北方ばかりで
なく、アメリカや太平洋航路の地政学的な北海道の重要な位置づけを述べ、鉄
道や港湾もそれに相応しい整備を目指すべきとの持論を展開した。「登別温泉
において泊まったときなどは、浴衣がけで後藤伯が大村らの部屋に来て議論を
闘わせる有様で、北海道、樺太、千島の新天地開発についても我々の忌憚のな
い意見をとりあげていただいたものであった」、「伯は青年の意見によく耳を傾
けられ、青年の思想を愛される方であったから、我等も向こうみずに実にいろ
いろな議論を闘はしたものである」と、懐かしい思い出として回顧してい
る [16]。

　これらのことから、後藤の形式にこだわらない開明的な人柄もさることなが
ら、大村の若い時からの豊かな構想力と、人を選ばずに堂々と持論を展開する
人好きで、議論好きの側面がうかがえる。

　これが縁でその後、後藤伯が東京市長になられた時、大村を東京市の道路局
長にと懇願されたことがあった。その時大村は鉄道省から派遣され中国に行っ
ていたが、「東京市の道路改良の事業は、一鉄道局の局長などよりもっと大き
な複雑な仕事で、1 つ引き受けろ」と後藤伯は説かれた。大村は熟慮の末、
「なるほどそうかもしれない、ただし私は鉄道を離れて私の生活はないという
のが持論であるから即座にお断りしたのであった。今日まで至ってもこの考え
方は過らなかったと思っている」と回顧している [17]。

　その後 20 年を経て、大村は後藤伯の何代か後の満鉄総裁を引き受けること
になった。大村は、「誠に不思議な因縁とも申すべきであるが、こうして伯の
歩まれた道に立ってみると、伯の生涯がいかに偉大な存在であったかを痛感さ
れ、敬慕の念を禁じえなかった」と述懐している [18]。

　後藤は台湾総督府民生局長から満鉄総裁を経験し、逓信大臣と鉄道院総裁を
3 度にわたって務め、広軌改良計画の策定と推進、職員中央教習所（のちの中
央鉄道学園）、常盤病院（のちの鉄道病院）を整備して、職員の育成や福利厚
生を充実させ、総裁官房研究所（のちの鉄道総研）を発足させるなど、鉄道の
分野でも大きな足跡を残している。また、関東大震災後の帝都復興院総裁と

なった後藤は、多くの優秀な人材を鉄道省に求め、土木部長に太田圓三、橋梁課長に田中豊、道路課長に平山復二郎、隅田川出張所長に釘宮磐、経理部長に十河信二を起用した[19]。

2.7　余市川鉄橋の応急復旧

1911 年 8 月、まだ東宮殿下であった大正天皇が北海道に行啓遊ばされた。殿下は 8 月 19 日夜軍艦「香取」で青森湾を午後に出発し、20 日函館に上陸以来 20 数日にわたって道内各地をご巡啓された。

ちょうど明日東京駅を立ちになる日になって、折から関東、東北一帯に降り続いた豪雨が、非常な暴風雨となって北海道を襲ってきた。そのため北海道から函館から小樽に至る沿線一帯は大洪水になったが、特に余市川の氾濫が凄まじく、鉄橋は片側の橋元（橋台）と三基の橋脚が洗われて傾斜し、墜落してしまった。

大変だというので当時技術課長であった大村が、夜中早速現場に出かけて洪水の中を視察して回った。ところが、その被害が意外に甚大であって、とても殿下こちらにお着きになるまでに復旧することは難しいと見て取った。同時に北海道長官を通じて出発のご延期を願うように宮内庁に申し出たのであったが、宮内庁では明日のご出発を今更になって変更はできないとなり、殿下はご予定通り出発した。

そうなるともう仕方がない。否応なく殿下のご到着まで、鉄橋を元通りに仕上げるのは大村の責任である。大村は悲壮な決意を持って、文字通り全員協力、不眠不休で部下を督励すること 3 日 3 晩、突貫工事を指揮し、殿下が通る 4 時間前にいたって、とうとう試運転までこぎつけることができ、自ら機関車を運転して万歳を叫んだ[20]。

このときの土木部長は後に朝鮮総督府殖産局長になった西村保吉（1865-1942）であった。1925 年に大村が朝鮮鉄道局長に就任した時、同氏と大村は再会したという。

大村はこの時の経験から、「同僚の一致協力は、いかなる事業も必ず完成させることを固く信じるに至ったのである。」と述べている[21]。

また、1916 年 5 月 8 日午後 2 時に、函館本線空知川に架設した橋りょうが、融雪期に際し、前日来の降雨のために増水し、第一橋脚の基礎が洗堀され、ついに転倒し、径間 200 フィート（60.96m）橋桁が河中に墜落した。このため復旧工事として 60 本の基礎杭を打ち、木製の仮橋脚を造成し、橋桁を引揚げ破損した部分を応急修理し、5 月 23 日午前 3 時に線路を開通した。このよう

に、わずか2週間で大規模災害で不通になった橋りょうを応急復旧できたことは、大村を含めて当時の技術陣が余市川などの経験などを含めて高い技術力と判断力を有していたことが分かる。

大村は、この時代に多くの業務を遂行し、1916〜1917年に、「小樽埋立水射式土工に就て」[23]、「北海道線第一空知川橋梁災害応急工事概況」[24]「隧道修築工事-北海道に於ける隧道修繕工事の概説」[25]などの多くの論文を土木学会に投稿している。その技術分野は多岐に亘り、大村の幅広い鉄道技術者としての力量がうかがえる。

前述の古藤猛哉は「要するに大村さんの生涯において、北海道の三十年は実にちっ伏（ひそんで隠れること。とじこもること）の時代で、多大な業績を挙げられた一方、ひたすら自己の錬磨研鑽に没頭した時代であった」と、大村卓一翁を偲ぶ会で語っている。

2.8 小樽埋立水射式土工

大村は小樽の埋立工事で当時最新の水射式土工を採用して、その詳細な記録を残している。水射式土工とは、水力をポンプにて放射して山地を削り泥土の自然流下により、地表の土砂を目的地に押送する工法で、アメリカのカリフォルニアの金山などで発達したものである。機械的施設にて土取場と埋築地間に土砂を大規模に運搬する工法で、ポンプは蒸気または電気を使用するものである。

米国において、労働経済の見地から大規模土工に対して同工法を採用して大いに成果をあげた。工学士吉川三次郎（1860年大垣氏に生まれ、1876年4月に工部省工学校に入学、1882年4月に卒業。日本鉄道の建設工事、碓井峠のアプト式鉄道の採用とその工事の横川方の担当）などが、採用について熱心に主張して、請負業者堀内簾一がこれを聞いて、人を現地に派遣して視察、調査し、これを小樽停車場拡張に要する埋立工事に試用した[26]。

当地の土質は腐食した凝灰岩で、表層以外は水射での掘削は困難で時々発破を用いたこともあり、工事は1913年8月2日から1914年9月23日までを要し、その半分の期間を器機の修繕などに費やした。施行結果についてコスト分析を行い、普通の土工法に比べて経済的であり、大規模および適切な地質条件での同工法の適用可能性を示唆している[27]。

この工事を大村とともに担当したのは工学士三浦宇佐郎、得業士（日本の旧制高等学校や旧制専門学校において授与された称号）の池田一郎とある。当時の資料を見ると、諸外国の新技術や動向にして文献や現地への視察者の詳細な

報告なども多く、技術者は新技術の導入に勉強熱心であったことがわかる。大村らの旧弊にとらわれず、世界の最新情報・技術を勉強して果敢に新しい工法に挑戦する気概を感じることができる。

2.9　室蘭本線長万部・東室蘭間の建設計画

大村の功績として特筆すべきものとして、現在の室蘭本線の長万部・東室蘭間の計画・建設がある。

国有化時代の北海道鉄道管理局の営業線は、旧北炭社線と道庁の鉄道部線、旧北海道鉄道会社線及び国有後の建設線の寄合世帯であった。

旧北海道鉄道会社線は、元々民間資金で建設された路線であり現在函館線と称する函館と小樽を連絡する部分である。同線は、ほとんど山岳地帯を縦断した路線で線路の起伏が著しく、制限勾配や急曲線の連続で、その上建造物は甚だしく粗雑であった。このため、線路改良は容易でなかった。国有化後、著しく危険個所とりあえず改築し、年々改良費を要求して改築していたが、全線を改良するには 2,000 万円を要し、完成まで何年かかるかが分からないという状態であった。

1912 年 7 月 1 日当時、本州から室蘭へは札幌まで行き、室蘭行の列車に乗換の必要があり、東京から室蘭までの到達時分は、47 時間であった。これは朝鮮半島の釜山 37.10 時間よりも長く、平壌の 50.47 時間とほぼ同じくらいの時間距離であった[28]。大陸の諸都市が地理的な距離は近いとはいえ、北海道の諸都市が津軽海峡を挟んで、東京からの時間距離としていかに遠かったが実感できる。

大村は、それまでの発想を変えて、代替え案を考えた。それは、函館線の長万部と室蘭線の輪西間とを連絡する線路（当時は長万部線と呼ばれていた）を建設することにより、上述の困難を打開する案であった。

長万部線は長万部から噴火湾に沿って渡島半島と胆振平野を連絡するもので、途中 1 カ所だけ礼文華峠の難所があるが、これはトンネルを掘れば平坦な鉄道路線が得られる。そうすると函館から札幌もしくは小樽まで、渡島、胆振、石狩の 3 平野を通じる連絡線ができあがる。これを幹線として、旧北海道鉄道会社線を補助線とすれば輸送困難の杞憂は解消するという構想であった。さらには、倶知安付近の鉱山から産出される鉄鉱石を室蘭の製鉄所へ輸送する目的もあった。

前述の北海道時代の旧友である古藤猛哉は、「この長万部線の建設費は、函館線の改良費 2,000 余万円なのに比較して、約 900 万円で足りると概算されて

いた。長万部線を建設費から支弁するとなると、議会の協賛を得て鉄道敷設法に繰り入れるので第三期線以降の建設線とならざるを得ない。ちょうどその頃、後藤新平さんが別段のお役目なく、たまたま北海道に来訪されることがあったので、大村さんは早速その気を捉えて後藤さんをお迎えして長万部線建設の必要を解き、その助力により長万部線は敷設法の第一期線に編入され、大村さんが北海道を去られた後、昭和の初めに開通して完成した」と述べている[29]。

　同区間は国有鉄道時代に長輪線（おさわせん）と呼ばれ、1919 年 3 月、法律第 21 号により、北海道鉄道敷設法の第 2 条の予定線の追加により、鉄道省告示第 16 号によって、北海道建設事務所の所管となり 1919 年に建設が開始され、1923 年 12 月 10 日に国有鉄道長輪線として、長万部駅・静狩駅間（10.6km）が開業した。1925 年に輪西・伊達紋別間が部分開通した。その後、1928 年 9 月 10 日に静狩駅・伊達紋別駅間が延伸開業し、長輪西線・長輪東線を統合して長輪線に改称し、函館駅・稚内駅間（長輪線・室蘭本線経由）の急行列車が新設された。長輪線は室蘭本線と改称された現在でも、北海道の最重要幹線を成している。

　この背景には関連線区の胆振鉄道が 1909 年に実測を終えて拓殖鉄道として軽便鉄道計画が具体化したが、1910 年に有珠岳が爆発して計画が頓挫したことも影響している。

2.10　北海道鉄道敷設千マイル

　大村が北海道を離任する前年の 1916 年 5 月 29 日、札幌中島公園の北海道物産陳列所の西側特設会場で北海道鉄道 1 千万哩（マイル）記念祝賀会が行われた。北海道の鉄道が開業以来 37 年間で、一千マイルに達したのを機に、これを祝するとともに、北海道の交通と拓殖の状況を全国に紹介する趣旨であった。参加者は鉄道協会員 275 人、道外一般 84 人、道内一般 134 人の計 493 人で、経費は有志および札幌区をはじめ道内 8 地域の公共団体の寄付を仰ぎ、その総額は 9,700 円に達した。大村も主催者の一員として、この記念すべき準備や当日の手配などを担当したと思われる。

　この祝賀会は幌内鉄道開業の貢献者である松本壮一郎らの発起で、社団法人帝国鉄道協会（1898 年に鉄道事業の進歩改良を研究する目的で設立）が担った。鉄道協会はこの年の年次総会を札幌で開催することにし、北海道庁に働きかけた結果、「北海道鉄道一千マイル記念祝賀会」を北海道庁と札幌区が中心となって開催することが決まった。祝賀会の会長は俵孫一道庁長官であっ

た[30]。

祝賀会の前日の５月28日、帝
国鉄道協会第13回総会が北海道
庁議事堂で開催され、野村龍太郎
副会長が議長として評議員の改選
などの議事進められた。総会後、
講演会をひらき東北帝国大学農科
大学長佐藤昌介（演題：北海道文
明史）と坂岡末太郎教授（演題：
旅客停車場に就て）の講演があっ
た。佐藤昌介は後に述べるが、札
幌農学校の１期生であり、坂岡末
太郎は大村より２年先輩の札幌農
学校工学科４期の卒業である[31]。
後に述べるが札幌農学校は1907
年に東北帝国大学農科大学とな
り、1918年に北海道帝国大学と
なっている。

５月29日の祝賀会は、中島公
園で午前11時から開催された。
「正面は緑葉を以って之を飾り、

表2-2　道内鉄道延長マイル数

官設鉄道区間別延長マイル（1916年度末）

線　名	区　　間	マイル
函 館 本 線	（函館－旭川間）	265.4
室 蘭 本 線	（岩見沢－室蘭間）	86.7
釧 路 本 線	（滝川－釧路間）	194.0
網 走 本 線	（池田－網走間）	120.4
宗 谷 線	（旭川－中頓別間）	106.7
留 萌 線	（深川－留萌間）	31.1
富 良 野 線	（下富良野－旭川間）	33.9
幌 内 線	（岩見沢－幌内間）	8.5
	（幌内－幾春別間）	4.5
歌 志 内 線	（砂川－歌志内間）	9.0
手 宮 線	（小樽－手宮間）	1.7
夕 張 線	（追分－夕張間）	27.2
	（紅葉山－登川間）	4.8
上 磯 軽 便 線	（五稜郭－上磯間）	5.4
岩 内 軽 便 線	（小沢－岩内間）	9.3
万 字 軽 便 線	（志文－万字炭山間）	14.8
湧 別 軽 便 線	（野付牛－下湧別間）	50.6
官設鉄道　計		974.0^{マイル}

私設鉄道区間別延長マイル

会社線名	区　　間	マイル
美唄軽便鉄道	（美唄－沼貝間）	5.1
苫小牧軽便鉄道	（苫小牧－佐瑠太間）	25.1
私設鉄道　計		30.2^{マイル}

鉄道合計	1004.2^{マイル}
	（1615.7^{キロメートル}）

（田中和夫（2001）、北海道の鉄道、北海道新聞社）

廻らすに慢幕を以ってし、その中央に高く国旗を交叉せり」とその様子を記録
している。正午から俵孫一道庁長官の式辞、鈴木鑑次郎副会長の報告、野村龍
太郎副会長の祝辞と大隈総理、添田鉄道院総裁などの祝電披露があった。午後
１時から園遊会、午後６時から旗亭幾代庵にて官民２百余名を招待して宴席が
設けられた。

祝賀会が終了後、臨時列車を仕立て、道内の視察・案内を行った。当初の総
会に出席の申し込みが520人ほどであったので、臨時列車イロハの３種類を準
備していたが、実際の参加者は道外からは270人ほどで想定より少なかったの
で、ロ号は取りやめ、イ号（旭川・釧路・網走・室蘭・小樽・函館）とロ号
（旭川・釧路・室蘭・小樽・函館）の２列車の運行となった。イ号の団員は５
月31日に、札幌の農科大学、植物園と博物館、真駒内種畜場、農事試験場、
物産陳列場、札幌麦酒会社、札幌製麻会社を視察した。ロ号の団員は５月30
日に出発し、30日は旭川、31日は釧路、６月１日は札幌に戻り、６月２日は午

前 6 時に札幌を出発し、午後 1 時 25 分室蘭着、室蘭から御崎（みさき）間は汽船を利用し登別に 5 時 10 分着、3 日は小樽、その日の夜行列車で翌朝の 4 日は函館に到着しその日のうちに青森まで、東京には 5 日の午前 8 時 10 分に到着する長旅であった。「当日、室蘭町にては戸毎に国旗を掲げ、停車場前には歓迎燈を点じ、煙火を打揚げ、誠に歓迎の意を表せり」と、当時の一般市民を含めた歓迎ぶりが記されている[32]。

　草創期の北海道鉄道に多大な尽力をした前述の田邉朔郎は、この記念祝賀会に招待され出席予定であったが、京都帝国大学で火事があり出席できなかった。このため、夏季休暇で北海道に赴き、鉄道を視察して 8 月 19 日釧路に入った。釧路は田邉が東部北海道の鉄道起点として選定した思い出の土地であった。田邉は北海道一千マイルを記念して、その記録を銅箱に入れて埋め、永久に保存するために「鉄道記念塔」を自費で建立する旨を関係者に説明し、場所の選定や手続きを行った。額石は田邉が北欧から取り寄せたエメラルドパールで自ら揮ごうし、1927 年 1 月に鶴カ岱の高台に完成した。この記念塔はその幸町公園に移設された。田邉は自己の人生そのものである北海道の鉄道建設記録を永久に残したかったのであろう[33-34]。

　日本国内の主要幹線網はおおむね大正末期に形成されたが、この時点で北海道の主要都市は鉄道で結ばれ、青函連絡航路も開設され、炭鉱と港を結び路線も整備され、道内の鉄道ネットワークは概成し、拓殖鉄道として発展してきた北海道の鉄道は、この頃から産業鉄道として発展する様相を示している。

2.11　妻の死とキリスト教への入信

　後の大村は宴会にも出ず、酒も飲まず専ら聖書を読んでいたと言われているが、札幌時代には毎晩晩酌を楽しんでいたようだ。透明の硝子の銚子に 3 分の 1 位のお酒を自宅で楽しんだ。正月には知人友人も 20 人ほど集まり、カルタ大会であった。板のカルタを飛ばして怪我をした人もいた。冬は庭で雪遊びなど、つかの間の家族団らんの一時であった。

　しかし、妻の潤は 1914 年 3 月 13 日四男潤四郎を出産し、逝去する。享年 37 年の若さである。長男の大村博は、追悼録の中で、「オーイオーイと母を呼ぶ父の声が我々の寝室にひびいてきた。何事ならんとねどこの中で息をこらしていたのであるが、やがて我々一同母の枕頭に呼ばれた。その時はすでにこときれていたのである。父は『今まで母さんにいっていたことは今後は父さんに言ってくれ何でもしてあげる』と言ったのを今でも記憶している。13、4 歳の姉をかしらに生まれたばかりの赤ん坊迄 6 人が取り残されたのである。当時

我々子供は無我夢中であったが、父のショックがいかに大きかったかは想像するに余りある」と記述している[35]。

大村博によれば、「母の葬儀は仏教で行われた。（中略）父はいつ頃からクリスチャンになったのかはっきりしないが、母の死後であるのは確かである。幼い子供をたくさん残され、心のより処を基督教に求めたのでないかと想像される。」と述べている[36]。

働き盛りの時期に、6人の子供たちを残して妻に先立たれた大村の心情は、察するに余りあるものである。その後、大村は 1915 年 5 月 18 日に雪子と再婚している。

雪子とはクリスチャンで旧友である札幌独立教会の竹崎八十雄牧師[37]の夫人の紹介により結婚したようだ。年譜によれば、雪子は松山市櫛部漸[38]次女とある。竹崎夫人と雪子は旧友であった。

大村のキリスト教への関心はすでに、学生時代に芽生えており、恩師廣井勇の影響が大きいのではと思われる。実際に札幌独立教会に入会したのは東京に移る直前の 1915 年である。それは雪子と再婚した直後である。

年譜によれば、上京後の 1922 年の「6 月まで在京、日曜毎に内村鑑三の説教を聞く」とあり、内村鑑三（1861-1930）からも強い影響を受けていたと思われる。内村は 1919 年から関東大震災の 1923 年まで、藤井武の尽力により大手町衛生会館講堂を借りて、毎日曜日聖書講演会を開き、毎回聴衆 7 〜 800 人を数え、盛大を極めた[39]。大村も後に述べる東京に転勤時に内村の講演会に熱心に参加していた。

廣井勇は内村鑑三と札幌農学校の同期で生涯の友であり、お互いに強く影響し合っていた。内村鑑三は、1928 年 10 月 4 日の廣井勇逝去の際の弔辞で、「廣井君在りて明治大正の日本に清きエンジニアを持ちました。（中略）君の工学は君自身を益せずして国家と社会と民衆とを永久に益したのであります。廣井君の工学はキリスト教的紳士の工学でありました」と述べている。内村鑑三は「後世への最大遺物」の中で、「私は土木学者ではありませぬけれども、土木事業を見ることが非常に好きでございます。一つの土木事業を遺すことは、実にわれわれにとっても快楽であるし、また永遠の喜びと冨とを後世に遺すことではないかと思います」と、人生にとって一番大事なことは、子供や孫のためになるような仕事をすることこそ、人生の生きがいとの考えを述べている[40]。

大村は、廣井勇、新渡戸稲造や内村鑑三から強い影響を受け、クラーク氏のフロンテア精神を引き継ぎ、キリスト教徒としての強い使命感を持ち鉄道技術者としての生涯を過ごすことになる。

　しかし、鉄道技術者として卒業以来の約20年間を北海道開拓鉄道に捧げてきた大村であったが、時代は大きく変わりつつあり、その活躍の舞台も北海道から大きく飛躍することになった。

参考文献・注
1) 田邉康夫 (2018)、「明治維新による京都の危機、それを救った徳川／薩長の琵琶湖疎水建設」、柳営31号、2008年
2) 田村喜子 (2004)、「田辺朔郎著「北海道鉄道由来」に寄せて」、北海道開発土木研究所月報、No.608
3) 原口征人、日野 智、今尚之、佐藤馨一 (2001)、「明治期の北海道鉄道建設と札幌農学校の鉄道技術者」、土木計画学研究、Vol.18
4) 田辺朔郎、「北海道鉄道由来 (大正15年5月北海道大学50年記念講演復刻)」、北海道開発土木研究所月報、No.608、2004年1月
5) 渡邉恵一 (2003)、「北海道鉄道 (函樽鉄道) の成立」、日本鉄道史の研究第7章、八朔社、P215
6) 田中和夫 (2001)、「北海道の鉄道」、北海道新聞社、p84
7) 前掲5)、p232
8) 前掲6)、p102
9) 前掲6)、p102
10) 大村卓一 (1944)、「大陸にありて」、勝進社、P35
11) 日本国有鉄道北海道総局 (1976)、「北海道鉄道100年史」、上巻、p767
12) 大村卓一追悼録編纂会、石本秀二他 (1974)、「元満鉄総裁故大村卓一翁を偲ぶ会：其の他記録」、p229
13) 廣井勇の流れを受け継いだ北海道大学工学部港湾工学教授として、北海道の港湾計画、海岸工学の発展に貢献、田村喜子 (2002)、「土木のこころ」、山海堂の中でも紹介されている。
14) 尾崎晃 (1982)、「北海道の土木事業と工学」、北大百年史、通説
15) 前掲10)、p41
16) 前掲10)、P245-247
17) 前掲10)、p41
18) 前掲10)、p249-250
19) 小野田滋 (2017)、「鉄道人物伝、初代鉄道院総裁後藤新平」、RRR、Vol.74、No.4
20) 前掲10)、p42-45
21) 同上、p45
22) 帝国鉄道協会会報 (1916)、「空知川橋梁径間200呎構桁引揚応急工事概況、彙報 (いほう)」、第17巻、p438
23) 大村卓一 (1916)、「小樽埋立水射式土工に就て」、土木学会誌2巻、6号、p1733-1739
24) 大村卓一 (1917)、「北海道線第一空知川橋梁災害応急工事概況」、土木学会誌3巻、1号、p194-202
25) 大村卓一 (1917)、「隧道修築工事—北海道に於ける隧道修繕工事の概説」、土木学会誌、3巻、1号、p211-218
26) 野澤房敬 (1916年)、「請負業者の眼にしたる鉄道工事」、工学会報、第412巻、p919
27) 前掲23)、p1733-1739
28) 帝国鉄道協会 (1912)、「東京より各主要駅に到る列車到着時間」、帝国鉄道協会誌、第13巻、p656
29) 前掲12)、北海道時代の大村さん (古藤猛哉)、P229
30) 前掲6)、p140
31) 帝国鉄道協会会報第17巻 (1916)、「第13回定時総会余禄」p454
32) 同上、p532
33) 西川正治郎 (1924)、「田辺朔郎博士60年史」、山田忠三、p193-196

34）沢和哉（1998）、「鉄道の発展につくした人々」、レールアンドテック、p115

35）前掲 12）、父の生涯をかえり見て、大村博、p343

36）同上、p343

37）竹崎八十雄（たけざきやそお）（1875-1950 年）は、熊本県に生まれ、1897 年札幌農学校予科を卒業し米国留学後、海老名弾正の推薦で、1907 年に札幌独立教会の牧師に就任する。1912 年に内村鑑三が 3 度目の札幌伝道に行った時に、内村たちと意見が合わず、1917 年に札幌独立教会を辞任する。1923 年に熊本の祖母竹崎順子が創設した熊本女学校（旧熊本フェイス学院高等学校）の校長に就任し、学校再建に尽力した。海老名弾正は熊本バンドのメンバーで、横井小楠の長女みや子と結婚している。

38）櫛部漸（くしべ すすむ）（1845-1887）は、伊予国桑村郡上市邑に生まれた医師で、1862 年横浜に行き西洋医術を学ぶとともに洗礼を受け、築地居留地に施療所を建設中のヘンリー・フォールズに出会い、協力者になり、1875 年築地病院を開院する。東京基督公会（新栄教会）に転入し長老となり、伝道にも仕える。

39）砂川萬里（1965）、「内村鑑三・新渡戸稲造―日本の代表的キリスト教者―」、東海大学出版会、p118

40）内村鑑三（1946）、「後世への最大遺産」、岩波文庫

第三章　石炭船積海上高架桟橋（室蘭・小樽）

　本章では、大村の北海道時代の業績の中で特筆すべきプロジェクトとして、同氏が計画、設計、施工を担当した小樽と室蘭の石炭船積海上高架桟橋について述べる。

3.1　石炭船積施設の計画

　筆者は室蘭で生まれ育ち、SL がまだ活躍する時代の室蘭駅の石炭運搬列車と船に積む桟橋の風景を見て育った。港の陸上部で貨車からホッパーに落とす際、山元の水洗選炭による水切りが十分にできないため、冬季に輸送途中で凍結し、この石炭をテコでたたいたり、突いたりして時には 1 車の取卸しに 1 時間もかかった。このテコなどでたたくガンガンいう高い音が、「ガンガンたたき」として室蘭の冬の風物詩として知られていた。

　その積出設備もエネルギー革命による石炭輸送の激減で使われなくなり、国鉄改革でこれらの構造物はすべて撤去され鉄道用地は売却され、今は運動施設などとして使われている。この積出設備の高架橋はコンクリート製であったが、その一つ世代前に木製の積出設備があり活躍したことを文献で知った。その木製の積出設備の設計などを担当したのが大村卓一であった。

　当時の北炭は、北海道内陸部の石炭を小樽や室蘭の港への輸送することを大きな使命としていた。石炭輸送において陸上部の鉄道輸送に加え、港における船積をいかに効率的に行うかが大きな課題であった。その頃の日本の船積みは、戸畑のブラウン式船積機および大牟田における三池の積込機があるのみで、多くは親船が沖で待っていて艀（はしけ）で陸と連絡する手積み法であった。石炭はバラ積み（竹の皮でパイスケを造りこれを人夫が天秤でかつぐ）や叺（カマス）に入れられ、人の肩で運搬された。大村は何とかして小樽や室蘭に石炭を直接積込める海陸連絡設備を作る必要があるということで研究を重ね、米国などの先行事例にならい木材を使って両港に高架桟橋を計画・設計し、北炭が国有化後に完成させた。前述のように、この背景として九州炭および常盤炭との輸送時間や価格競争を強く意識したものであった。

　余談となるが、土俵の鬼と言われた相撲取りの初代若乃花、花田勝治（1928〜2010）が戦前の若い時に室蘭港で石炭積込の作業員（パイスケ担ぎと呼ばれていた）をしており、この重作業を通じて足腰が鍛えられ、後に大横綱になったと伝えられている。

　大村は、「私が最も力瘤を入れた仕事は石炭の船積設備である。その頃の日本の船積は全部親船が沖で待っていて艀（はしけ）で陸と連絡するやり方であって、僅かに若松に英国から買った水圧式炭積クレインがあった。北海道の石炭輸送を太宗とする鉄道としては、何とかして小樽、室蘭両港には石炭を直接積込める、海陸連絡設備を作る必要があると前々から考え、いろいろ研究を重ね、木材ばかりを使って、室蘭、小樽両港に現在も残っている高架桟橋を整備したのである。このためには海蟲の浸食から木材を防ぐために、日本で最初のクレオソート注油工場を作ったりした苦労譚もあるが、……」と、回顧録で述べている[1]。大村は、前述の 1902 年の欧米鉄道出張時に、米国で多くの高架桟橋式による石炭積出港を視察しており、事前に文献などで事例を研究して訪問地や視察先を選定し、技術資料なども入手して参考にして設計したものと思われる。

　なぜ木製の桟橋で計画されたかについては、工事記録などにも記載されていないが、それまでの桟橋が規模が小さかったものの木製であったこと、幌内鉄道の建設時から工期短縮と工費削減のために木橋が多用されており、木橋の設計施工についてのノウハウが北炭内には蓄積していたと思われる。官営八幡製鉄所が完成したのは、1901 年であり、鋼材は国産化が図られたもののまだ貴重品であり、北海道に産出する豊富な木材資源を有効活用して経済化を図ったものと思われる。なお、コンクリートは防波堤工事には使われていたが、鉄筋コンクリート橋は 1903 年に琵琶湖疎水に架けられたものが日本で最初であった。

　工事報告では、「1906 年鉄道国有の当時に於て鉄道経営上諸般改良工事と相俟て両港（小樽、室蘭）終端設備の改良拡張を企画し石炭船積の施設に就いては両港現在の情勢と経済上の損得とに鑑み各国の事例に照し高架橋桟橋漏斗式の設計を適当と認め 1907 年 7 月大体方針の認可を得先以て停車

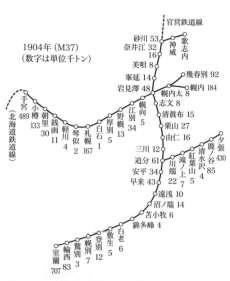

図 3-1　北海道炭礦鉄道の貨物駅配置と取扱トン数
（上楽隆（1993）、鉄道貨物輸送と停車場東神堂）

場構内の埋築拡張工事を起し其の
進捗するを待て 1909 年 12 月（小
樽は 9 月）詳細設計の認可得
1910 年 2 月中桟橋の工を起し
1911 年 12 月落成使用を開始する
に至れり」とある[2]。小樽、室蘭
ともに港町であり、平坦な土地が
少なく、停車場構内の用地を確保
するために、港湾の埋立て事業か
ら着手する必要があった。

写真 3-1 小樽港桟橋（1892 年頃）
（北海道大学附属図書館）

室蘭市史によれば、「大村は 1937 年 1 月 3 日室蘭を訪れ、室蘭駅構内設備、
その他を視察した」と記述している[3]。年譜では満鉄副総裁時代の 1937 年に
「墓参のために、北海道に渡る」とあり、その折に室蘭にも立ち寄ったと思わ
れる。

3.2 内務省との対立と交渉

北炭は室蘭港の海面埋立工事や小樽港の港湾工事改築の必要上、井上馨の推
薦により、元内務省土木局長で大阪府知事としても港湾治水に経験が深い西村
捨三（1843-1908）を 1893 年下期から 1897 年上期まで社長に迎えている。

1906 年は、国有化後の北海道における拓殖鉄道、港湾計画に着手した時期
であるが問題が多かった。大村らは、函館、小樽、室蘭、釧路などの埠頭をは
じめ、臨港施設はすべて鉄道の海陸連絡設備としてこれを自ら施工し、鉄道港
湾の一貫運営を実現しないことには、道内資源の開発を担う拓殖鉄道の使命は
完遂されないものだと考えていた。

ところが内務省側から、大反対が巻き起こった。鉄道が港湾を経営するのは
役目違いである。埋め立てなどの事業は、都市側で行うべしという議論であっ
た。

前述の通り、後藤大臣が、1907 年の夏に北海道を訪れた時に大村らは自分
たちの主張を大臣に直訴した。後藤伯はすでに満鉄経営の経験によって、鉄道
が埠頭、港湾を一貫経営することがいかに便利で、拓殖鉄道として不可欠の条
件であることを理解していた。

そこで後藤伯は地方問題として放置しておけば、なかなか埒が明かないこと
を見てとられて直接中央に戻って持ち出すようにと言われた。後藤が東京に帰
るとまもなく中央の問題として取り上げられ、関係者は東京に招致されること

となった。そして鉄道側から大村が状況説明にあたることになり、内務省は河島醇北海道長官が上京した。その結果北海道の主要港湾は鉄道に移されて小樽、室蘭の石炭桟橋の建設が進行し、青函連絡の桟橋も函館が真っ先に完成し、引き続き青森を起工することになった。「これはまさに北海道の拓殖の進展と、鉄道及び鉄道と港湾の一貫運営に留意された後藤伯の絶大な支援の賜物ということができる」と大村は述べている[4]。

　当時の河島北海道長官と後藤は同じような時期にドイツ留学をしており、両者に何か問題があったようで仲が悪く、札幌で開催された官民合同の後藤大臣の歓迎会に河島長官が顔を出さなかったとのエピソードも残っている。

3.3　開業当初の石炭荷役作業

　大村により、木造による海上高架桟橋は小樽と室蘭において若干の設計の違いはあるものの、ほぼ同様の構造で計画、設計、施工された。ここでは、主に室蘭駅における石炭輸送水陸連絡設備の推移について概観する[5]。

　1892年8月1日、室蘭・岩見沢の営業運転を開始時の室蘭停車場は、現在の輪西駅の北西に開設され、イトツケレップには貨物専用駅の石炭積出用の木製仮桟橋は設置された。これは室蘭港が1890年1月3日、勅命をもって第5海洋鎮守府の位置に定められていたためにやむなく終着駅を輪西瑞の江の位置にしたためであった。その後、海軍省が室蘭港は鎮守府港とするよりも、石炭積出港とするほうが良いと判断して方針を変えたため、1894年には特別輸出港に指定された。室蘭市史によれば、軍港指定の解除については、地元の本多新などが連署で総理大臣に陳情書を出すとともに、北炭井上角五郎や札幌麦酒の植村澄三郎がサッポロビールをシンガポールに販路拡大するために、室蘭を輸出港とするように運動を熱心に続けた結果とされている。1894年4月には井上馨内務大臣が北海道祝祭の中で室蘭に2日間立ち寄り、井上角五郎も案内者の一員として参加している。1895年には海陸運輸の便を図るために輪西・室蘭間の鉄道延長が北炭に許可された[6]。1897年には、輪西から仏坂下まで線路を敷設、停車場を新設して「室蘭停車場」とし、従来の室蘭停車場は「輪西停車場」（現在の東室蘭）とした。

　その後、港湾の埋立て工事の完成に伴い（1901年6月まで58,900

写真 3-2　室蘭エトヌケレップ桟橋
（北海道鉄道100年史）

坪の埋立をしゅん工した）、1903
年には貨物専用駅が新設され、仏
坂下の停車場は旅客専用駅とな
り、1912 年には現在保存されて
いる旧室蘭駅の位置に室蘭駅を移
転新築した。

　現在も保存されている旧室蘭駅
舎は 1912 年に建造され、北海道

写真 3-3　旧室蘭駅

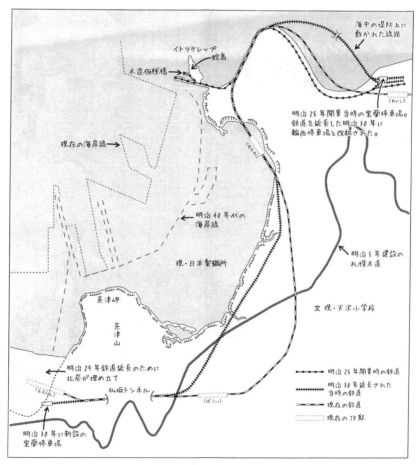

図 3-2　母恋付近の鉄道の変遷
（広報室蘭、2012 年 5 月）

内の駅舎の中では、最古の木造建築物であり、札幌時計台と同じく、屋根面が四方に傾斜する寄棟造りで、明治の洋風建築の面影を残している。この駅舎は、1999 年 7 月には国の有形文化財に登録され、現在は観光協会の建物として一般にも公開している。

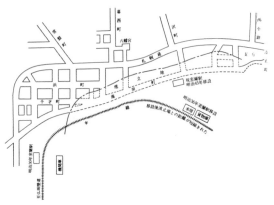

図 3-3　室蘭埋立図（1900 年）
（室蘭駅史）

　鉄道の開通時の室蘭港における石炭荷役作業は、人肩荷役時代年〜1912 年）と区分され、イトツケレップ桟橋を設け、石炭専用線を室蘭停車場から敷設し、船積みする石炭はここからハシケ積で本船に曳航して沖荷役が行われた。この桟橋は、幅約 24m、長さ 300m で、約 300 トン級の汽船が横付けされる木造桟橋であった。石炭は

図 3-4　室蘭港（1911 年）
（日本国有鉄道（1958）、鉄道技術発達史）

バラ積み（竹の皮でパイスケを造りこれを人夫が天秤でかつぐ）や叺（カマス）に入れられ、人の肩で運搬された。

　1897 年に室蘭まで鉄道が延長され構内の東部貯炭場および岸壁が完成（1901 年）した後は、地上 14 線が敷設され、明治末期には貯炭場線は 1 線おきに高架式となり、7 線が高さ 7m の木造桟橋に改造され、石炭の貨車取卸し作業は相当改善した。

　石炭荷役量に増大に伴い、石炭の積み卸しにより室蘭も活況を呈し、石炭荷役業者として当初からの佐々木市造に加え、日本郵船の代理店として荷役の経験と実績を持っていた栗林五朔、北炭井上角五郎と同郷広島の楢崎平太郎など

も参入して、経済界、市政界でも活躍した。例えば現在も活動を続けているナラサキ産業は、この楢崎平太郎が、1902年に個人経営で石炭の積込作業や回漕を開始したことが始まりである。

3.4　木造による海上高架桟橋

前述の人肩荷役方式では経費の面からも、作業能率の面からも増大する石炭輸送に対応できなくなったため、大村が研究を重ね、当時の最先端技術を用いた海上高架桟橋を採用することになった。

1907年から室蘭停車場構内埋立て拡張工事（約204,000坪）に着手し、1913年に完成した。この埋立ての進捗を待って1910年2月海上高架桟橋の建設工事に着手し、1911年12月室蘭、手宮の2カ所が同時落成し、翌年1912年3月から使用開始した。一方、海底を土砂容量111,500立坪（669,000m³）を浚渫して水深を干潮水面下26フィート（7.0m）以上として、巨船が直ちに桟橋にけい留できるようにした。さらに、停車場前の旅客乗降用桟橋から北西一帯の沿岸、小橋内川河口付近までの間における水面約43,638坪（144,005m²）の埋立てを行い、これに貨物上屋、共同荷揚場、木材置場などを設置し、軌道を延長して一般貨物の取り扱いを便利にした。

同様に手宮停車場についても、手宮停車場構内埋立て拡張工事（約26,000坪）に着手し、1910年2月海上高架桟橋の建設工事に着手し、1911年12月に落成している。

このように鉄道側で平地の少ない室蘭、小樽において大規模な埋立て事業を行い、その一部は港湾用地や道路用地として鉄道以外の公共機関などに譲渡されたのは特筆されるべきである。

室蘭の桟橋は茶津付近の埋立地先の北方海面（北10度西）に水面部延長360.8m、陸上部延長約221.8m、幅は上部躯体で約17.55m、下部21m、高さは満潮海面上約18.89m、斜桶口（石炭を積み込む桶）は最高位平均潮面より8.8mで、

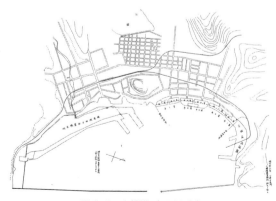

図3-5　小樽港（1909年）
（日本国有鉄道（1958）鉄道技術発展史）

西側上床面に石炭到着線各1線を敷設した。約3階建ての巨大な木造構造物である。

写真3-4　手宮駅　高架桟橋（1912年）（太田幸夫（2010）、鉄道による貨物輸送の変遷、富士コンテム）

停車場地上線から高架桟橋床上に達する連絡線路は構内後方に突起する丘陵を利用し、これに沿って1,000分の20のこう配で桟橋床上に接続し、桟橋上に91mの水平部を置き、ここから桟橋先端に向かって1,000分の6.7のこう配で漸時降下、先端の車止付近で1,000分の12.5の上りこう配をつけ、還送線こう配は1,000分の20及び1,000分の18.2で構内地上線に接続された[7]。貨車は構内後方から桟橋上に押し上げられ、桟橋上を自走して止まり、穴の上でバケットを開けると石炭が落ち、スロープを通して横づけした貨物船に入る仕組みであった。空になった貨車は折り返し、中を通り戻ってくる。類似の構造を持つ石炭桟橋は、すでにアメリカで発達していたが、往路を押し上げ、復路のみに重力を利用する方式は日本独自の方法であった。

工費43万8,263円、レール、その他を加えると50万余で、使用木材の総量は丸太材8万5,771立方尺、角材74万3,289立方尺で、ほとんど北海道産のエゾマツおよびトドマツで、基礎杭は長さ16.5mのものが使われた。

桟橋から船積する石炭の正確なトン数を表示するため、桟橋上および側軌道の水平部分の床下に40トンを衡量する軌道計重台各一基を据付け、盈車連結のまま進行中の石炭車を衡量する機器については、英語の仕様書が用意され海外から調達された。同様に杭打機、桟橋両側に配置した漏斗部の船積機（自然落下であるが船の高さや石炭の滑走を加減する）についても英文の仕様書があり、最先端の技術を大村たちが研究して海外から調達したものと思われる。

桟橋の木材には海蟲の浸食を防ぐために防虫薬液クレオソートを注入するこ

写真3-5　手宮駅　高架桟橋（1937年）（太田幸夫（2010）鉄道による貨物輸送の変遷、富士コンテム）

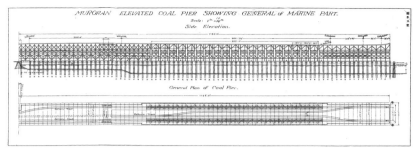

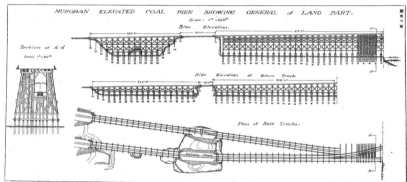

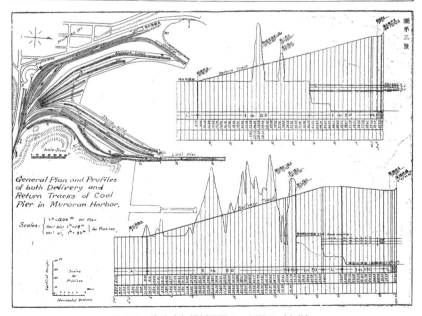

図 3-6　海上高架桟橋平面図、側面図（室蘭）

（大村卓一（1912）、小樽及室蘭石炭船積高架橋工事報告、帝国鉄道協会会報 No.13 巻、5 号）

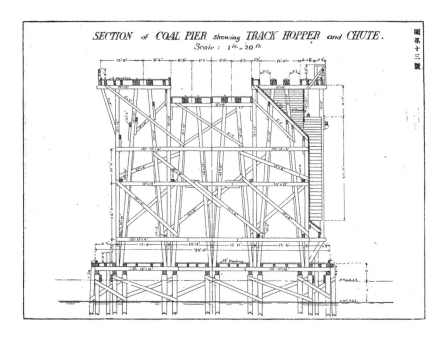

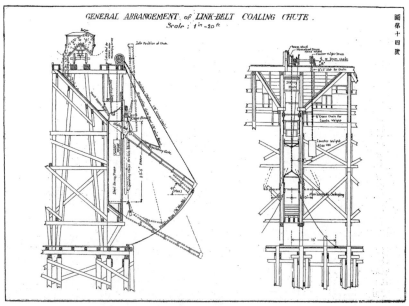

図 3-7　海上高架桟橋断面図、側面図（漏斗部）
（大村卓一（1912）、小樽及室蘭石炭船積高架橋工事報告、帝国鉄道協会会報 No.13 巻、5 号）

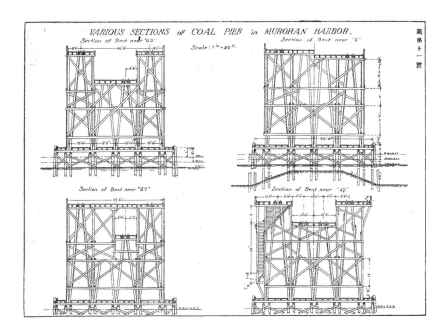

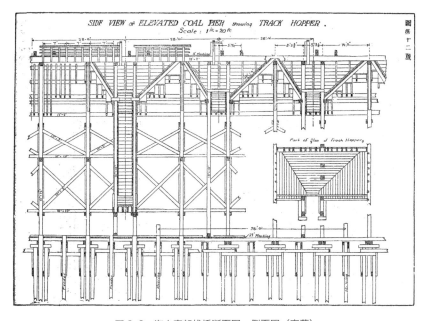

図3-8　海上高架桟橋断面図、側面図（室蘭）
（大村卓一（1912）、小樽及室蘭石炭船積高架橋工事報告、帝国鉄道協会会報 No.13巻、5号）

とになり、砂川駅構内石狩川河岸の
鉄道用地内に、日本で最初の木材防
腐工場であるクレオソート注油工場
が、1910年に完成した。事前に様々
な樹種の注入試験も行っている。同
工場には札幌農学校出身の近藤修平
が従事し、同氏は後に満鉄の防腐工
場に行った。また、技術課勤務の笠
井幹夫が「臨海工事用材を喰害する
海蟲に就て」という研究報告書を
1911年5月に出版している。砂川
の防腐工場は高架桟橋工事終了後、
枕木のクレオソート注入に使用され
ていたが、鉄道院本庁で全国の枕木
注入のために東京の本所に設備を移
転した[8]。

写真 3-6　室蘭石炭桟橋（室蘭駅史）

写真 3-7　石炭貨車（室蘭駅史）

　高架桟橋の完成もあり1912年頃
から、石炭輸送専門貨車セキ（貨車の下方が開き石炭が自然落下可能な専用貨
車、当時24トンであったが、後に30トン積みとなった）が使用されるように
なり、貨車の形式も統一された。

3.5　高架桟橋の経済効果

　この高架桟橋の完成によって室蘭港は効率的な積込が可能となり、汽船の接
岸荷役時代を迎えた。大村は高架桟橋積込法による利点として、以下の点を分
析している[9]。

1）積込費の低減
2）積込力の増加
3）積込量の正確
4）積込みの際、石炭の海中に落下するもの全く無く、在来積込方法たる籠積
　　み及び叺（カマス）積法によるときは落下するもの2分を見込むを通例と
　　すと云う。故にこれにより荷主は船積費用以外に1トンにつき約10銭内外
　　の利益を生じる

　大村は室蘭における試運転時に、手宮丸の船積（石炭3,950トン）について、
2,232トンについては高架桟橋を用い、残りの1,718トンを従来の積込方法によ

表 3-1　各種石炭積込方法の経済比較

石炭積込方法	1トンの積込費用	積込船1隻に対し1時間の積込トン数	所 要 人 員
高 架 桟 橋 積	25銭	500トン	140人
籠 積	37銭	240トン	470人
叺（カマス）積	43銭	170トン	600〜800人

（明治後期の室蘭港、（1967）、室蘭市立図書館）

り行い、各々の時間、人数などを実測している。これによれば、所要人員が大幅に削減され、1時間当たりの積み込み能力が飛躍的に増大することが明らかになった。これらを数値化して1トン当たりの積込費用を算定し比較している。それによれば、叺（カマス）積（43銭）、籠積（37銭）に対して、高架桟橋積では25銭と大幅なコスト減が実現できた。

　大村は工事報告の中で、「桟橋の耐久年限は15箇年以上にして相当の修理を加え漸次橋杭其の他局部の取換へを施工するに於いては之を永続せしむるは決して難きに非ざると雖も今仮りに12箇年を以って使用年限と定めこの間における営業収支を試算するにこれを内輪に見積るも表の如く室蘭小樽桟橋ともに優に建設費を償却し盡して尚多額の利金を剰すことになる」として、建設の投資効果を詳細に数値で分析している。

　このため、小樽および室蘭の年間石炭積出高は急増し（1927年で小樽149万トン、室蘭220万トン）、そのうち海上高架桟橋経由で積出された割合は、小樽で48.2％、室蘭で68.7％となっている。1925年の室蘭海上桟橋の利用実績は541隻で、その8割は北炭、三菱、大倉、楢崎、山下汽船の扱いであった。

　室蘭からの石炭移輸出の推移（1923年から1927年まで）を見ると、水陸連絡設備の整備に伴い、本州移出や海外輸出が大幅に増大している。当時の蒸気船は石炭を動力源としており、津軽海峡を通過して太平洋を横断する船舶の石炭補給基地としても、室蘭は好位置にあった。特に、夕張炭は発熱量に富み、遠洋航海船の燃料に適していた。

3.6　石炭輸送の鉄道ネットワーク

　北海道の貨物輸送は石炭と林産品、農産品のウエイトが高かった。鉄道の建設が進んだ結果、輸送量は1911年167駅で発着トン数722万トンが、1921年には265駅で1,623万トンと2倍以上に急増した。特に、手宮と室蘭の伸びが大きい。

　このため、南小樽・岩見沢間の複線化工事が1907年から始められ1912年5月に完了している。室蘭線についても室蘭・輪西間を1910年中に、夕張支線

表 3-2　室蘭港石炭積出トン数

年	外国輸出	鮮満移送	本州移出	道内樺太移送	合計	船舶焚料	総計	海上高架石炭桟橋利用トン	割合(%)
1923	13,850		1,264,029	550	1,278,429	300,040	1,578,469	986,050	62.5
1924	47,625		1,466,971	630	1,515,226	371,554	1,886,780	1,214,259	64.4
1925	102,880		1,475,724	3,270	1,581,874	337,606	1,919,480	1,327,002	69.1
1926	48,721	3,175	1,707,591	5,552	1,765,039	420,624	2,185,663	1,463,473	67.0
1927	62,737	1,660	1,789,732	6,339	1,860,468	350,802	2,211,270	1,518,330	68.7

（鉄道省運輸局（1929）、北海道の鉄道輸送上より見たる石炭に就いて、貨物月報第 5 巻、第 2 号）

表 3-3　小樽港石炭積出トン数

年	外国輸出	鮮満移送	本州移出	道内樺太移送	合計	船舶焚料	総計	海上高架石炭桟橋利用トン	割合(%)
1923	14,344		467,618	4,242	486,204	592,800	1,079,004	499,949	46.3
1924	18,540		542,739	7,728	569,007	731,938	1,300,945	556,988	42.8
1925	39,033	2,915	569,713	63,864	675,525	631,892	1,307,417	674,915	51.6
1926	34,402		610,559	65,655	710,616	758,320	1,468,936	699,835	47.6
1927	16,580		637,270	52,869	706,719	785,457	1,492,176	719,951	48.2

（鉄道省運輸局（1929）、北海道の鉄道輸送上より見たる石炭に就いて、貨物月報第 5 巻、第 2 号）

表 3-4　北海道港湾着石炭発駅線トン数（1926 年）

線別	発送総トン数	室蘭港	小樽港	函館港	釧路港	留萌港
夕張線	1,714,143	1,352,026	159,633	8,564		
萬字線	415,727	105,092	139,415	39,240		
幌内線	527,427	126,790	185,646	36,250		
砂川美唄線	1,410,070	356,326	603,525	75,246		
歌志内線	646,706	158,401	140,149	13,680		
上芦別幌倉間	479,404	130,522	213,806	4,502		
上尾幌浦幌間	153,289				65,198	
留萌線						1,150
その他	91,464	690	423			
計	5,438,230	2,229,847	1,442,597	177,482	65,198	1,150
省線によらざるもの（春採及雄別）	217,813				189,894	

（鉄道省運輸局（1928）、北海道石炭の将来と港湾積出施設に就いて、貨物月報第 4 巻、第 12 号）

についても清水沢・夕張間を 1912 年に複線化工事を完了している。

1919 年から 1926 年度までの炭鉱別発送数量を見ると、夕張系が第一位で 34％を占め、第二位は美唄および上砂川系の 22％、第三位は歌志内系の 12％、第 4 位は幌内系の 11％、第 5 位は万字系の 8％、第 6 位は芦別系の 6％となっている。炭業者別では三井が 62％、三菱が 20％、山下 6％、その他 12％となっている[10]。

北海道の石炭は一部の小規模のものを除き、鉄道による輸送が 95％を占めていた（1926 年）。鉄道輸送ののうち 75％は港湾送りで、そのほかは鉄道および道内工場などの消費である。港湾までの輸送距離が九州では平均 45km（28 マイル）に比較して、北海道では平均 138km（86 マイル）と長いため販売政策上多少不利であった。1926 年における北海道発送総トン数に含める石炭港湾着割合は室蘭 41％、小樽 28％と太宗を占めている。室蘭はその位置から太平洋岸方面の輸送において有利であった[11]。

1931 年度の商工省鉱山局の調査によると、全国の石炭埋蔵量 1,912,300 万ト

表 3-5　主要駅貨物取扱数量の増加

駅　名	1911(M44)	1921(T10)	記　事
函　　館	21 万トン	47 万トン	
札　　幌	25 万トン	46 万トン	
小　　樽	42 万トン	60 万トン	（中央小樽、小樽、南小樽、小樽築港）
旭　　川	20 万トン	37 万トン	
釧　　路	20 万トン	42 万トン	
苫　小　牧	9 万トン	43 万トン	（1910 年王子製紙の進出）
石炭山元（九駅）	87 万トン	（三駅）253 万トン	
（幌内、歌志内、夕張等）		（上記のほか万字炭山、上芦別等）	
石炭船積港駅			
手　　宮	84 万トン	133 万トン	
室　　蘭	102 万トン	186 万トン	

（上楽隆（1993）、鉄道貨物輸送と停車場、東神堂）

表 3-6　港湾輸送送りとその他各地の輸送送りトン数（同上）

年　度	港　湾　送　り						基　他 各地送り	合　計
	室蘭港	小樽港	函館港	釧路港	留萌港	計		
1921	1,445,209	890,353	114,062	60,283	6,453	2,516,360	930,670	3,447,030
1922	1,732,952	1,250,652	143,856	102,527	4,658	3,234,645	904,304	4,139,029
1923	1,792,163	1,179,304	159,659	94,136	2,357	3,227,619	1,066,972	4,294,591
1924	2,014,262	1,362,919	162,688	116,882	1,375	3,658,126	1,157,268	4,813,394
1925	2,045,942	1,411,402	164,444	95,511	980	3,718,279	1,428,597	5,146,876
1926	2,229,847	1,442,597	177,483	65,198	1,150	3,916,273	1,521,955	5,438,230
平　均	1,876,729	1,256,205	153,702	89,098	2,829	3,378,550	1,168,308	4,546,860
％	41	28	3.4	11	0.6	75	25	100

（鉄道省貨物月報（1928）、北海道石炭の将来と港湾積出施設について）

ンに対し、北海道は 800,900 万ト
ン（42％）を占め、この内石狩炭
田（夕張・空知両山地にある炭
田）の埋蔵量は 590,000 万トン
（74％）を占めている。1935 年度
の、札幌鉄道局管内の運賃収入の
概算は 5,384 万円で、内 70％の
3,741 万円が貨物収入であり、更
にその 45％が石炭で占められて
いた。この現象は、全国の各鉄道
局にその類例を見ないもので、札
幌鉄道局の輸送業務において、石
炭がいかに重要な部分を占めてい
たかが窺える。

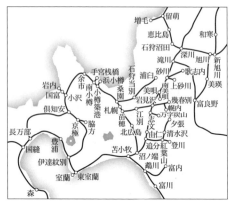

図 3-9　日本国有鉄道　北海道線路図（部分）
（1950 年 3 月末）
（貨物鉄道百三十年史（2007））

　港湾発駅石炭に対する炭鉱系別送出割合を見ると、室蘭港には夕張の 79％、
万字の 25％、幌内の 24％、砂川美唄の 25％、歌志内の 24％を占め、小樽港は
夕張の 9％、万字の 34％、幌内の 35％、砂川美唄の 43％、歌志内の 22％を占
めている。炭鉱の場所により、輸送距離が異なることも影響しているものと想
定される。

　室蘭駅から積出される石炭は、主として石狩炭田より産出されるもので、そ
の輸送のため室蘭本線を基幹線とした産炭地への鉄道網が明治・大正時代から
整備されていた。戦後の 1950 年の線路図を見ると、夕張線（紅葉山〜登川）、
万字線（志文〜万字炭山）、幌内線（岩見沢〜幾春別、三笠〜幌内）、歌志内線
（砂川〜歌志内）、函館本線の枝線（砂川〜上砂川）などの密度の高い鉄道路線
があった。

3.7　岩見沢駅、追分駅のヤード機能の整備

　北海道の貨物輸送上の中心となったのが岩見沢駅である。1912 年の一日当
たり 450 車であったが、1920 年には繁忙期の貨車取り扱いが 1,500 車を超える
ようになり、1922 年に函館本線と室蘭本線に挟まれた三角地帯に、貨車仕分
線の拡張工事を行い、1926 年取扱規模 1 日当たり 1,600 車の岩見沢操車場が新
設された。戦後、1957 年には 1,800 車、1962 年には 2,500 車対応に増強された
が、1972 年にはヤード機能（貨車を方面別に仕分けする）を廃止した。

　また、夕張炭田から集まる石炭の貨車を集約していたのが、室蘭本線と夕張

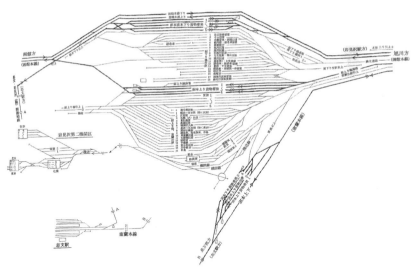

図 3-10　岩見沢駅（操車場）配線略図（1972 年）
（太田幸夫（2010）、鉄道による貨物輸送の変遷、富士コンテム）

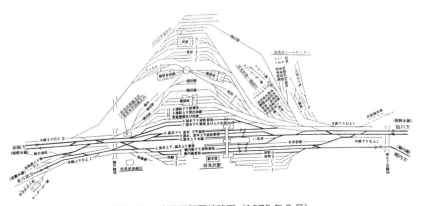

図 3-11　岩見沢駅配線略図（1975 年 3 月）
（太田幸夫（2010）、鉄道による貨物輸送の変遷、富士コンテム）

線（現在は石勝線）のジャンクションである追分駅の貨物ヤードであった。このヤードから室蘭までの室蘭本線は勾配が緩く（最大 5‰ 下り）長い直線区間が存在するため、1918 年には 2,700 トンけん引列車試験が行われた。戦後の1949 年には 2,800 トンけん引列車試験が行われ、夏季に限り牽引定数 2,800 トンの石炭集結列車が運転されていた。これはわが国における 1 列車としての最大牽引重量の記録となっており、30 トン積みの石炭車 62 両と車掌車 1 両の 63両編成にもなっていた[12]。このため追分駅のヤードの着発線は有効長を長く

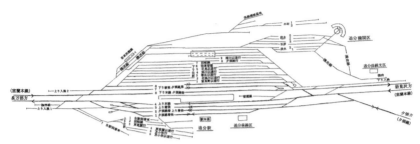

図 3-12　追分駅配線略図（1975 年 10 月）
（太田幸夫（2010）、鉄道による貨物輸送の変遷、富士コンテム）

とっており、上り着発線の有効長
全てが 600m 以上で最大は上り本
線の 719m であった。分岐駅であ
る砂川駅や滝川駅も、明治以降、
貨物取扱の線群など増強が進めら
れた。

写真 3-8　2,700 トンけん引列車（太田幸夫（2010）、
鉄道による貨物輸送の変遷、富士コンテム）

3.8　その後の機械荷役時代（室蘭）

　木造高架桟橋は、建設後 8 年目ごろから腐朽が著しくなり、補修材として巨
木を求めることもむずかしく修理のための費用も年平均 10 万円を要すること
となった。さらに石炭取扱量の増大に伴い、設備増強の必要性が高まった。こ
の室蘭港における設備増強のための埋立計画には東部案（輪西）と西部案（小
橋内）が浮上し、市政界ばかりでなく商工会議所も含めて二派に分れて抗争が
続いた。結局、鉄道側は 1928 年までに西部に陸上高架橋 1,032m を二期新設
し一時貯炭場とし、輪西等は第三期計画に繰りのべ、当面は室蘭駅裏に施設す
ることに決定した。1925 年 8 月より 1927 年 12 月まで鉄道省工作局中村健吾
技師、札鉄局工務部鈴木一（1880 年に京都に生まれ、京都帝大理工科大学土
木科を卒業後、鉄道作業局に入り米独留学などを経て札幌鉄道局工務課長とな
る）が欧米などへ派遣され調査した結果、機械式の荷役設備を国産で設置する
こととし、1928 年に着工して 1933 年 12 月 17 日に落成式と公開試運転を行っ
た。初冬の候で肌寒く招待者は、数両の客車に分乗し、札幌鉄道局長はマイク
で一同にあいさつを行った。約 2 か月間は試運転とし 1934 年 3 月 1 日から料
金を徴集した。1934 年 7 月には全工事を完了した。同様の施設が小樽築港に
も整備され、使用開始は 1934 年となっている。
　その後、室蘭地区発着の貨物量が増大し戦時下の海上輸送の陸送転移のた

め、1942年東室蘭下り方鷲別地区に貨物ヤードの建設に着手し、1944年に取扱規模一日1,300車の操車場が完成した。戦後さらに改良工事を進め取扱規模1日2,000車となった。

これらの鉄道省による先導的な荷役機械の国産設計・製作が、その波及効果として日本の鉄道ばかりでなく港湾などの荷役機械の技術水準を大きく向上させた。大村の計画・設計・建設した木製海上桟橋は、取り壊され次の世代の施設に置き換わったが、先駆的な機械化による積込方法が初代のものを継承・発展させたといえる。

その後、第二次世界大戦中に取扱量が減少したが、戦後になって1954年はマントロリー式橋型起重機1基、1957年には押出しコンベヤー1式、1958年にはローダー1基が増設された。この近代化システムによるカーダンパー方式による石炭船積み方式は、山元から直送してきた石炭車を機械により転倒し、関連機械によりそのまま船倉内に積込まれ、高度経済成長時代の石炭積出の拠点として整備された。

この近代化システムによるカーダンパー方式による石炭船積み方式は、山元から直送してきた石炭車を機械により転倒し、関連機械によりそのまま船倉内に積込まれる。構成する主な機械は次の通りである。

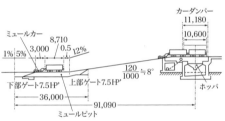

図 3-13　ミュール（室蘭駅史）

ミュール：前後に鋼索を取付け、これを1,000分の120の勾配線を巻上機で走行させる装置。

カーダンパー：強固な円形の枠で組立てられ、この中央に貨車を入れると、カーダンパーの上部から固定金具を突出して貨車を固定して155度回転し、石炭は下部のホッパー内に落下する。なお、本機械の基礎は、埋立地のため鋼矢板締切工で

写真 3-9　カーダンパー
（室蘭駅史）

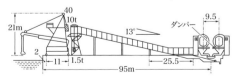

図 3-14　ローダー（石炭積み込み機）
（室蘭駅史）

構築した。

ローダー：石炭の積込みを行
う機械設備で大きな船舶に
積込む場合は移動できるも
のを用いる。

トランスポーター：高架桟橋
から取り卸された石炭を貯

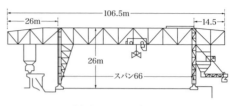

図 3-15　4 橋型クレーン（マントロリー式）
（室蘭駅史）

炭場の適当な場所に運搬したり、貯炭された石炭を再び船積みや貨車積み
する橋型クレーン。

　なお、前述の木造の高架桟橋は機械荷役設備が完成したこともあり、1935
年には解体が決定し 9 月 6 日に撤去工事がはじまり 1936 年 2 月 11 日に撤去を
終えた。

表 3-7　室蘭駅石炭船積機械一覧

機械名	設置位置	据付年月	1 時間の技能力	けい船能力	製造所	備考
橋型クレーン 1 号	1 号貯炭場	1934（S9）.7	300 トン	機帆船	K.K 日立製作所	
橋型クレーン 2 号	1 号貯炭場	1954（S29）.2	300 トン	機帆船	K.K 石川島	
橋型クレーン 3 号	2 号貯炭場	1931（S06）.5	300 トン	機帆船	K.K 石川島	S30.1 マントロ取替
橋型クレーン 4 号	2 号貯炭場	1931（S06）.5	300 トン	機帆船	K.K 石川島	S31.3 マントロ取替
石炭積込機 1 号	2 号貯炭場	1933（S08）.7	600（最大 800 トン）	8000 トン	K.K 石川島	
石炭積込機 2 号	2 号貯炭場	1933（S08）.7	600（最大 800 トン）	8000 トン	K.K 石川島	
ミュール 1.2 号	2 号貯炭場	1933（S08）.11	330 両	—	日立・〔車〕東京工場	
カーダンパー 1.2 号	2 号貯炭場	1933（S08）.11	30 両（900 トン）	—	安治川鉄工所 K.K	
コンベア 1.2 号	2 号貯炭場	1933（S08）.11	ローダー 12 に同じ	—	日立・東京工場	
融炭装置	盈車流下線側	1933（S08）.11	30 両	—	高砂熱学工業	S28.2 重油式改造
2 号押出設備	2 号貯炭場	1957（S32）.11	船積 600 トン ビン詰 300 トン	— —	大洋、富士、三宝、山口	
3 号押出設備	3 号貯炭場	1959（S34）.03	200 トン	5000 トン	大洋、富士、三宝、山口	

（室蘭駅史）

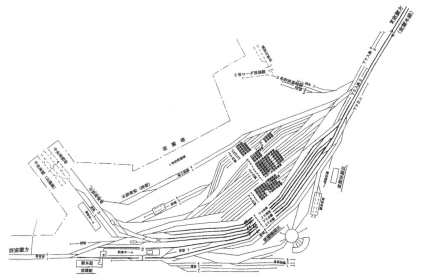

図 3-16 室蘭駅構内配線略図（1964 年 1 月）
(室蘭駅史)

写真 3-10 ハンプ線を中心とした
室蘭駅構内（1955 年
頃）(室蘭駅史)

写真 3-11 輸送本部を中心とした
室蘭駅構内（1955 年
頃）(室蘭駅史)

3.9 室蘭に誕生した日本製鋼所の技術顧問に就任

　1906 年、鉄道が国有化され、北炭は鉄道を失うと同時に北海道炭砿汽船会社と改称し、本社を室蘭に移転した。しかし、会社は鉄道の外にもいろいろな仕事をしており、夕張、幌内、歌志内などの炭鉱も経営し、汽船もあった。その他、室蘭に日本製鋼所の建設計画もその時点に具体化しつつあった。北炭は国有化によって多大な資金を得て、かねてから企画していた製鋼業界への進出を果たした。

　この日本製鋼所は炭砿汽船会社と、英国のアームストロング、ヴィッカース

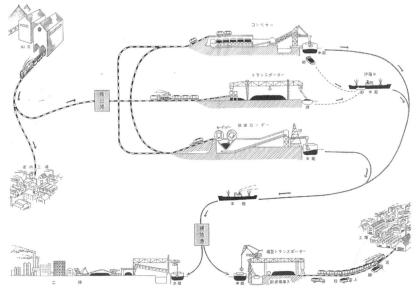

図3-17　石炭輸送系統図
(北炭70年史)

　両社の3社による日英共同出資で計画され、呉工廠長山内万寿治海軍中将を所長とし、工場建物から機械設備等一切アームストロング社の設計製作品を英国から輸入し、英国は技師とか職工を必要に応じて連れてきた。商業上の秘密とか専売特許権は無償で使用させようという約束で出来上がった。鋼鉄材料一切から兵器、弾薬、商船、軍艦まで作るという話で、北炭の売却資金をもとに、大砲・軍艦用鉄鋼の国産化を強く望んでいた海軍と当時の日英同盟の産物であった。山内万寿治（1860-1919）は広島藩士の子として生まれ、後に述べる斎藤実と海軍兵学校出身6期の同期である。

　大村は、「こういう会社が建つにつけても、その土木臨海工事などの計画に人がいない。そこで、大村にさせようという話などもあって、何とかして思い留まらせようといろいろと策を講じられた」と回想している。

　前述のように、大村は最終的に北炭を去ることになったが、この室蘭製鋼所の建設にあたっては、前々からの関係もあり継続して工事監督の手伝いをすることになった。工場の敷地は海の埋立工事により造成する必要があった。このため、大村は北炭が国有化された後も帝国鉄道院技師として、1907年12月から1910年1月まで、山内万治中将などの海軍の技術者とともに嘱託職員として同事業の支援を行っている。室蘭製鋼所の宿泊施設の1号役宅の芳名録によ

れば、大村は 1913 年 5 月 17 日、1915 年 9 月 3 日にその名前が残されており[13]、完成後も何度か現地を訪問したものと思われる。

　この埋立工事を請負ったのは橋本店店主橋本忠次郎（現在の株式会社橋本店）で母恋富士から埋立て用の土砂を一部はダイナマイトを使用して掘削し、工事用軌道や高架桟橋も活用して約 2 年で完成した。

　日本製鋼所は、1907 年 2 月 27 日に日英共同事業に関する基本案に仮調印し、1908 年 5 月から工場の基礎工事にかかり、工場の建設は 1909 年鍛冶工場からはじめられ、1911 年までに機械、鍛錬、鋳造、模型、鍛冶などの主要工場のほとんどを完成した。1909 年 5 月には運転開始式を行い、一部営業を開始した。全工場が完成して正式な営業を開始したのは 1911 年 1 月であった。

　さらに、北炭は当初の鉄づくりに意欲を燃やし、1906 年の臨時株主総会で製鉄所建設を承認し、1907 年 4 月に輪西村の一角に着工した。輪西製鐵場は、1909 年、自社の石炭を使用して、噴火湾の砂鉄と鉄鉱石との混合による日本最初の製鉄を開始した。この輪西製鐵場は、輪西製鐵所、日本製鐵㈱、富士製鐵㈱、新日本製鐵㈱、新日鐵住金㈱など何度もの変遷を重ね、2019 年 4 月 1 日に日本製鉄株式会社に商号を変更し今日に至り、鉄のまち室蘭の基盤が形成された。

　井上角五郎の自伝によれば、2.6 で述べた 1909 年 8 月の伊藤博文と韓国太子殿下は北海道視察に際して、8 月 16 日には室蘭に到着し、井上角五郎などの案内で日本製鋼所の準備工事ならびに一部完成の工場を見るなどして 2 日間滞在した。その返礼として井上に宮中から銀盃一組、韓国宮中から洋盃一対、金銀製花鉢一基が贈られた。その年の 10 月 26 日、伊藤博文はロシアに向う途中のハルピンで暗殺された。

　室蘭の地に製鋼所や製鉄所を作ったのは、前述の北炭専務取締役であった井上角五郎が大きな役割を担った。井上は北炭入社と同時に農商務省の臨時製鉄事業調査委員に任命された。井上は製鉄所の民営論を主張したが、実現せずに 1897 年に官営製鉄事業が九州の八幡村に着工、1901 年には八幡製鉄所の火入れをみた。井上にとっては製鉄ないし製鋼事業は、国の近代化の根幹と考え、一つの執念であった。井上は室蘭の製鋼所および製鉄所設立に尽力し、「室蘭製鉄業の祖」と呼ばれている。

　井上は若い頃に朝鮮半島に渡り、ハングルによる漢城周報の発刊などに尽力し、その後京釜鉄道、南満洲鉄道の設立にも関わっており、朝鮮半島を含めた大陸の国際情勢なども熟知していたと思われる。大村は井上と北炭で同じ時期に働いており、井上の鉄道経営手法や発想法などの影響を受けたものと想定さ

れる。井上の北炭における石炭輸送、製鉄業などと鉄道整備を組み合わせた鉄
道経営と地域開発思想は、大村が後年勤務する朝鮮半島や満洲においても生か
されたのではないか。

　北海道の開発は、石炭輸送とそれを活用した製鋼・製鉄業の発展により工業
分野での開発が進み、さらに加速されることになる。

3.10　北炭と南満洲鉄道

　北炭と南満洲鉄道（満鉄）はその経営形態や成り立ち、その後の組織の変遷
などを考慮すると、多くの共通点が見られる。どちらの鉄道も民間の経営形態
であるが、地域開発や経済発展をめざす開拓鉄道としての公的な役割を持って
いる。北炭は、幌内鉄道が整備したインフラを北有社経由で引き継ぎ、満鉄は
ロシアが建設した路線を承継している。全くのゼロからの出発でなく、既存イ
ンフラを如何に活用するかが重要であった。さらに、炭鉱や鉄鋼業も鉄道と関
連して会社経営の重要な位置を占めている。

　このように、大村が最初に入社し、長年勤務した北炭は民間企業として単に
鉄道事業だけでなく炭鉱事業も含めて多角的な経営を行った。これは北海道の
石炭を港に輸送する機能を業務としており、炭鉱経営と鉄道輸送という両輪で
経営が成り立っていた。多くの日本の鉄道が官設官営で営業を開始したのと異
なり、北炭はその運営を民間鉄道という柔軟な組織体制で発展した。その後、
北海道の鉄道も北炭の国有化によりその組織形態は統合されることになる。一
方で炭鉱や製鉄などの関連した産業が分離発展し、北海道ばかりでなく日本の
社会経済の発展に大きく寄与することになる。

　後の章で詳述するが、満鉄についても、鉄道を基軸としてその付属地や炭鉱
等の関連する産業を備えた大きな植民地統治機構であった。その後、満洲事変
を契機としてその機能を鉄道に特化するという大変革が行われた。しかしその
原点として、地域開発と産業発展という大目的のために鉄道を運営するという
大きな組織機構としての役割を担っていたことになる。

　大村は北炭という民間企業の自由な発想の中で、鉄道を単なる輸送機関とし
ての機能だけでなく、地域や国土を開発するツールとしての複合的な機能に当
初から着目し、それらを大陸の朝鮮半島や満洲における鉄道整備と開拓に大い
に活用したと思われる。特に北海道の民間企業の北炭のビジネスモデルは、そ
の後の大陸などの開拓鉄道のモデルケースとなったのではないか。

3.11　石炭産業の北海道開発および日本経済への寄与

　北海道の開発の歴史の中で石炭産業は大きな役割を果たし、その積出港としての室蘭と小樽は重要な位置を占めていた。特に室蘭は石炭積出港としてのインフラが整備された後に激変して大きな発展を遂げた。現在の室蘭の主要産業である製鉄所や製鋼所は、北炭が鉄道の国有化に伴う売却利益で石炭需要喚起のために創設された。このように港町、鉄の町と言われる室蘭は、これまで石炭輸送と石炭資本により発展したといえる。その中でも大村が先駆的に導入した室蘭駅と小樽駅の石炭輸送のための水陸連絡設備は、昭和初期には大規模な機械化が図られ、積込作業能率の向上、料金の低減、炭質損傷防止を図り急増する石炭輸送需要に対応してきた。このような大規模な石炭輸送のための水陸連絡設備は、日本国内では室蘭と小樽のみであり、多くの困難を克服して国産化を図ったことは画期的であった。

　北海道の石炭産業は 1929 年の世界恐慌の影響で足踏みを続け、6 百万トン代で推移していたが 1931 年頃から新鉱開発と既存炭鉱の生産強化により飛躍的に増大した。

　特に戦時期の 1940 年から 1944 年には戦争の遂行のために新鉱開発と増産が続けられ、全道の石炭生産量は一時的に約 13 百万トンに達した。鉄鋼生産も軍需鉄鋼も含めて生産高が増大した。

　戦後、一時出炭量は低迷したが、石炭産業へ優先的に資源を投入して復興を果たそうとする傾斜生産方式が強力に推進され、1952 年には炭鉱数 158（そのうち石狩炭田が 2/3 を占める）となり、1960 年前後には戦前の水準である約 1,000 万に達した。1960 年代に入ると石油が急激に普及して、エネルギー革命が進行したが、運搬系列の効率化、採炭方式の機械化で合理化を進め、1960 年代には石狩炭田の出炭量は 16 百万トンを超え、筑豊炭田の生産量を抜き、わが国最大の産炭地となった。

　北海道の石炭は船積みされ、大量消費地である京浜地区などに輸送された。例えば、1959 年の室蘭駅到着石炭総量は、501.4 万トンに達し、小樽築港駅の約 2 倍であり、全国の鉄道による石炭輸送量の約 17％を占めていた。

　室蘭駅史によれば、1954 年の室蘭駅職員数は 428 人で、年間石炭到着は 501 万トンで、到着客貨車両数は 247,188 両となっている。直通石炭列車の列車本数は、1960 年 7 月 1 日改正の室蘭駅構内作業ダイヤを見ると、到着が 14 本で出発が 11 本となっている。到着列車のうち 10 本は 20:00 から翌朝の 7:00 過までに集中して到着しており、直通石炭列車の取卸し作業は夜間が主であった

ことが窺われる。港風が吹きすさび、時には雪が降りつもる厳しい北国で 24 時間体制で危険と隣り合わせの貨車の入れ替え作業や石炭の積込作業を休むことなく続けていた先人の苦労が偲ばれる。

　しかし、1960 年代後半から石炭生産量も減少傾向となり、1963 年に苫小牧港に石炭埠頭が開設されたこともあり、明治以来石炭積出港として機能してきた室蘭港、小樽港の受入量は激減し、1975 年で実質的に終焉を迎えた。

　この他に道内では、石炭積出港として留萌港、釧路港も重要

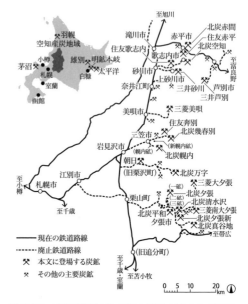

図 3-18　空知産炭地域と炭鉱の位置（吉岡宏高（2012）、明るい炭鉱、創元社）

な役割を果たした。このように北海道の炭鉱と石炭を円滑に輸送する鉄道設備（港の積替設備を含む）は、明治から大正、戦時下、戦後とエネルギーの安定的な供給を図ることにより北海道の経済発展、さらにはわが国のエネルギー資源の円滑配分による日本全体の経済発展に貢献したといえる。

　大村が構想し建設した室蘭と小樽の海上高架石炭桟橋は、これらの石炭一貫輸送の基盤をなすものであり、その後取替を含む石炭積出設備の改良、増強が図られることにより北海道および日本のエネルギー供給と経済発展に大きく寄与したといえる。

3.12　開拓鉄道と北海道開発の進展

　作家の田村喜子は、「明治中期、田邉朔郎がはじめてみた北海道は、おびただしい蚊虻がはびこる果てしない原野と、そこに新天地を求めて移住した人びとの恵まれない暮らしだった。この地に縦横の鉄道を走らせることによって、蝦夷と呼ばれていた北海道を文明の地に改造する。それは土木を志した人間にとって、生命を賭しての使命であったと同時に、情熱をたぎらせる仕事にちがいなかった。北海道は鉄道の建設に伴って開拓が進み、産業が発達し、多くの人間が住むようになった。北海道は鉄道によって、飛躍的な発展を遂げたので

ある。明治期の土木技術者が描いた理想は達成されたと言えよう」と、その著
書の中で記している[14]。

明治維新における北海道は、未開発の原野であり、北方警備の必要性も含め
て士族移民や屯田兵などにより、その開発が進められた。その目的を達成する
ためにインフラ整備に重点が置かれ、人、物を輸送する鉄道による交通網の整
備が不可欠であり、重要な施策であった。初期の鉄道整備が開拓使によるお雇
い外国人の雇用、官営鉄道としての幌内鉄道の開業、民間資本の北海道炭鉱鉄
道の成立などにより進められた。

大村が東京に転勤となる 1917 年頃の北海道の鉄道は、主要幹線がおおむね
完成し、既存路線の重軌条化などの線路強化や複線化、設備更新、さらに石炭
船積桟橋の完成により、輸送の需要もそれに伴って大きく増加した。開拓鉄道
として発展してきた北海道の鉄道が、このころから産業鉄道として変容して大
きく発展する転換期であった。

自動車交通が未発達な明治時代においては、鉄道が開拓の入植のためにも、
また産出する農産物を輸送する上でも不可欠なインフラであった。北炭は開拓
に直接関係のある移住民は無賃とした。また、内陸部に産出する膨大な量の石
炭をいかに効率的に港まで運搬して、消費地に届けるのかは大きな課題であっ
た。このように北海道の鉄道は、開拓と入植を進め石炭を港などに円滑に輸送
することにより、道内各地の炭鉱都市の形成による石炭産業の興隆、さらには
わが国のエネルギー資源の円滑配分による日本全体の近代化を支え経済発展に
貢献したといえる。

また、室蘭に 1906 年に設置された製鉄所は景気低迷などの影響で苦難の時
代が続いたが 1931 年には日本製鋼所から分離して、輪西製鉄とし、満洲事変
の勃発もあり生産を拡大した。1934 年には日本製鉄として官営八幡製鉄所な
どと合併して銑鉄だけの生産から製鋼一貫体制に設備も増強され、1941 年に
は日産 700 トンの高炉が完成した。1943 年には粗鋼生産 26 万トン、従業員数
13,412 名と戦前のピークに達した[45]。また、北海道の石炭を利用して人造石油
を製造するため、1938 年に北炭などの出資により北海道人造石油株式会社が
設立され、1939 年に滝川工場の建設を開始した。同社は 1942 年に製造を開始
し、1944 年には他社と合併し日本人造石油株式会社となり、1945 年 10 月まで
に 14,040 キロリットルの石油を製出した[16]。

開拓使の設置された 1869 年、5 万 8 千人に過ぎなかった北海道の人口は、
鉄道ネットワークの内陸部、東部、北部への拡大とともに、北海道庁が設置さ
れた 1886 年に約 30 万人になり、以後 1900 年に 98.5 万人、1910 年には 161 万

人、1920年には236万人、と急ピッチで増加している。その多くは東北地方や北陸地方からの農業移民であり、本州の小作化した農民の受け皿となった。また、生産価額も急増し、特に農業、工業に加えて鉱業の全国生産額に占める割合は約2倍となっており石炭産業の役割が大きかったことがわかる。

　北海道はその開拓から150年余が過ぎ、豊かな自然環境に恵まれ、今は日本の農水産の一大生産地として我が国の食料の国内生産量の約20％を産し、産業の立地や外国人観光客の増加など、文化的にも経済的にも大きな発展を遂げた。北海道の鉄道は先日たちのたゆまぬ努力と献身的な尽力により、今日の北海道の開発のための社会インフラとして重要な役割を果たしてきた。

　一方で、北海道開拓を開拓史観や拓殖史観と別の視点から、辺境論や内国植民地論として捉える研究もある。朝鮮・台湾などの「外地」植民地と対比して、北海道開発を内地の植民地としてとらえ、先住民族アイヌに対する支配や

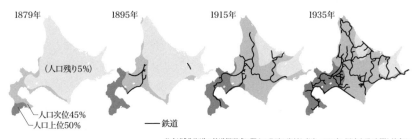

1879年　　1895年　　1915年　　1935年

（人口残り5%）

━━人口次位45%
━━人口上位50%

━━鉄道

谷内達「北海道の鉄道網形成に関する若干の資料と考察」1979年・国連大学／人間と社会の
開発プログラム研究報告p30-32の図表をもとに、人口分布と鉄道網の部分を抜粋して作成

図3-19　北海道の鉄道発達と人口分布の変化
（炭鉱の記憶推進事業団編（2019）、北の産業革命「炭鉄港」）

表3-8　北海道経済主要指数

	1886年	1900年	1910年	1920年	1930年	（単位）
人　　口	303	985	1,610	2,359	2,812	（千人）
来住人口	9,609	48,118	58,905	80,536	60,126	（　人　）
往住人口	747	7,847	13,925	23,543	26,235	（　人　）
田	2,250	9,984	37,903	83,846	201,881	（　町　）
畑	23,061	231,326	500,131	755,224	636,930	（　町　）
鉄　　道	91	203	1,165	1,860	2,808	（　km　）
生産価額	6,027	38,107	92,496	500,594	440,917	（千円）
移　輸　出	5,678	35,604	82,478	279,958	511,044	（千円）
移　輸　入	5,626	47,426	76,817	259,492	501,254	（千円）
会　社　数	18	155	400	1,766	2,155	（　社　）
払込資本金	─	25,218	66,799	148,241	146,714	（千円）

1900年の会社数、払込資本金は、1901年の数値である。
（「北海道統計」、「新北海道史」第九巻により作成）

表 3-9　北海道産業の全国生産額に占める地位

(単位%)

年　　次	農　　業	林　　業	水産業	鉱　　業	工　　業	総生産額	人口
1912(T元)	2.9	11.4	20.1	7.0	1.9	3.9	3.6
1919(T8)	3.8	12.8	21.3	12.6	2.4	4.5	4.1
1924(T13)	4.2	10.9	17.8	12.2	2.5	4.5	4.2
1929(S4)	4.5	12.6	17.4	14.1	2.3	4.3	4.1
	農　業粗生産額	木　材生産量	漁獲量	鉱　業生産額	工　業出荷額	総生産	人口
1978(S53)	8.4	24.1	16.9	28.0	2.5	4.4	4.8

(「北海道統計」、「北海道の開発」により作成)

移民の集積などを分析している[17-18]。

　また、御厨貴によれば、「当時の政府としては、将来、植民地を獲得する前提で北海道を経営していた節があります。通常の自治体の長は内務大臣に属する知事でしたが、北海道は北海道庁長官で総理大臣直属でした」と北海道開発の特殊性について述べている[19]。

　これらの大村の北海道開発鉄道の経験・知識は、その後の大村が朝鮮半島、満洲などでの勤務時に大いに活用されることになる。

参考文献
1) 大村卓一 (1944)、「大陸にありて」、勝進社、P18
2) 大村卓一 (1912)、「小樽及室蘭石炭船積高架橋工事報告」、帝国鉄道協会会報、13 巻 p536
3) 室蘭市史編さん委員会 (1983)、「新室蘭市史」、第三巻、p584
4) 前掲 1)、p245
5) 高津俊司 (2009)、「石炭輸送のための室蘭駅における水陸連絡設備の推移に関する考察、土木史研究論文集 Vol.28
6) 札幌鉄道管理局 (1980)、「室蘭駅史」、p41
7) 同上、p11
8) 古藤猛或 (1987)、「大村卓一君の思い出」、北大工学部土木の源流、北大工学部土木一期会、p154 前掲 19、p18
9) 前掲 2)、p602
10) 鉄道省運輸局 (1928)、「北海道の石炭の将来と港湾積出施設について」、貨物月報、第 4 巻、第 12 号
11) 国鉄北海道総局 (1976)、「北海道鉄道百年史中巻」、p178-179
12) 貨物鉄道株式会社 (2007)、「貨物鉄道百三十年史中巻」、p502
13) 駒木佐助 (1972)、「1 号役宅の芳名簿(1)」、室蘭地方史研究第 6 号、室蘭地方史研究会
14) 田村喜子 (1986)、「北海道浪漫鉄道」、新潮社、P216
15) 炭鉱の記憶推進事業団編 (2019)、「北の産業革命『炭鉄港』―本邦国等を現地に観よ！―」、炭鉱の記憶推進事業団、炭鉱の記憶ブックレット 4、p13-14
16) 同上、p15
17) 田中　修 (1988)、「開拓期北海道の産業と社会」、現代社会学研究第 1 号、P36
18) 内藤隆夫 (2011)、「北海道近代史研究のための覚書」、北海道大学経済学研究 61-3、p163-177
19) 御厨貴 (2018)、「明治期における殖産興業政策と土木事業」、土木学会誌、Vol.103 No.8

第二部　大陸にて

第四章　鉄道院での東京勤務と大陸出張

　大村卓一は、1917年から1925年の間、鉄道院の東京勤務となった。しかし、その間の日本国内の勤務はわずか1年であり、ほとんどの期間をシベリアや中国への出張を命じられ、大陸で勤務した。大村の本格的な大陸との関係がここから始まる。

　国鉄総裁をつとめた十河信二は偲ぶ会で、大村のこの時代について、「大村卓一先生の国際人としての経歴が出発し、国際社会に対する深い経験を積まれた開拓者としての経験が、次第に日本内地から海外に向かって発展し、後年大陸に活躍される余地が築かれた」[1]と述べている。本章では、大村の鉄道院での東京勤務時代と大陸出張について述べる。

4.1　鉄道院巡察官として東京へ

　大村は、1917年の鉄道院が不況対策として断行した国鉄はじまって以来という大整理を機会に、北海道を去ることになった。国有化で従業員が従前の2.8万人から8.8万人に激増したこともあり、1908年から10年間で4,800名余の人員整理が行われた。

　1915年に第14代北海道長官に赴任して来た俵孫一（1869-1944）が、「ほとんど20年近くも一か所にいて、同じ仕事に打込んでいるなんて連中は、余ほど世間知らずの処世術を心得ない人間だよ」と言った。しかし、大村にとって北海道は故郷も同然であった。「広漠たる樹海をさして斧を入れ、レールを述べ、年と共に拓かれて行く喜びをこの目で見、この心で感じて来たのである。愉快といえばこれ以上の愉快はあるまいではないか」と思う一方、「私は中央の人々とあまり面識もないし、かつて親分なるものをもったことがないので、私の気心を解って貰える人もいないから、普通で行けば今回の整理では当然免職というところである」と回顧録で述べている[2]。

　その頃の鉄道院は、中村是公、長谷川謹介、古川阪次郎などが幹部であった。大村は1917年12月15日付で、鉄道院総裁官房巡察課査察官を命じられた。時の巡察課長は、長谷川謹介であった（技監との兼務）。

　長谷川謹介（1855-1921）は、山口県出身の鉄道技師であり、天竜川橋りょう、北陸線柳ケ瀬トンネルなどを担当した。後藤新平の招きで台湾総督府鉄道部技師長、同鉄道部長などを歴任し、台湾縦貫線に尽力して1908年4月に予定を2年繰り上げ竣工させた。平地には土匪が、山地には生蕃が跳梁し、しか

も風土病のはびこる台湾において、基隆から高尾までの縦貫鉄道を建設する事業は難渋をきわめたが、幾多の困難を不撓の精神と機略によって克服した。長谷川は台湾鉄道の父とも呼ばれている[3]。

　大村の仕事は、各地の鉄道を巡視して、その実況を上司に報告するのが仕事である。どちらといえば閑職の方である。大村は、「だが私にとってこんなうれしい仕事はない。私は長いこと北海道にいて、内地の鉄道に対する知識がまるでない上に、事情もさっぱり解らないのである。よし、これを機会に一つ内地の鉄道について徹底的に勉強してやろう」と、決意のほどを記している[4]。大村は約6か月間、全国をかけめぐって内地の鉄道の勉強もかねて、活動を続けた。報告書は、他の同僚が3百頁、4百頁の詳細な報告書を作成するのに対して、大村はわずか2、3枚で済ましてしまい、批判的な報告などはまるでなかったという。これには上司の長谷川も大分ご機嫌を悪くしたようだ。大村によれば、「私のやり方が災いしたと見えて、シベリアに追いやられることになってしまった」とある[5]。このようにして、大村と大陸との関係が開始されることになる。まさに、人間の運命とは予測不能である。

4.2　シベリア出張（シベリア出兵前線視察）

　1917年にロシア革命が勃発しロマノフ王朝は滅亡した。これに関連して1918年から1922年までの間に、連合国（日本、英国、アメリカ、フランス、イタリアなど）が、「革命軍によって囚われたチェコ軍を救出する」という大義名分でシベリアに出兵した。日本からも大谷喜久蔵将軍が総司令官となって、1918年8月2日第12師団を動員した。アメリカは8月3日にシベリアの派兵を決定したが、派兵にあたって日米間にシベリア鉄道と東支鉄道の管理問題が生まれた。

　1918年、大村は軍隊の出動が決まると同時に、シベリア線および東支線の破壊状態を視察し、その復旧の見通しをつけるために鉄道院からシベリア出張（8月1日に辞令が出て、8月17日出発）を命じられた。鉄道院と満鉄の共同班は大村卓一、石田太郎技師（後に神戸鉄道局長や神戸市電気局長などを歴任）、満鉄から武村（後に沙河口工場長や満洲国技術院長を歴任した機械系専門家）、飯田、藤井（通訳）であった。一行は朝鮮経由で満洲に入り、東はウラジオストックから西は後バイカル線一帯にかけて、軍用の貨物車に乗り、あるいは徒歩で前進した。チタからイルクーツク方面まで、敵の退却の後をたどるようなもので、橋りょうなどの破壊状態も甚だしく、沿線の給水設備（当時は蒸気機関車であり、給水設備は列車運行に不可欠であった）も破壊されてい

た。あるときには敗残兵の出没におびやかされたりして、一行は苦難をなめた。「荒涼たる戦乱のシベリアに破壊から破壊と、敵の暴状の跡をたどるのは随分とわびしい、心細い旅であった」と、大村は回顧している[6]。途中のボルジア駅で旭川第7師団の札幌25連隊の福島少佐と出会って、温かき晩餐の饗応を受け更に陣中に北海タイムスの近号を接見したと記している。

　1918年の秋、一行は報告のためにハルピンに引き揚げ解散し、大村は一旦帰国（10月21日帰朝）した。

　北炭時代に欧州からシベリア鉄道を利用した経験のある大村にとって、戦禍で荒廃した鉄道施設を視察するのは危険を伴い辛い業務であったと思われる。しかし、この出張が大村と大陸の鉄道との本格的な係わりとなって、後の大村の人生を大きく左右することになるとは本人も想像してはいなかったであろう。

4.3　東支鉄道管理委員会

　1918年に大村は改めて東支鉄道管理委員会に参加することになった。11月12日に出張命令が出て、11月18日には出発しているので、日本には2か月も滞在していない。大村は1920年4月13日までの間、東支鉄道管理委員会の長尾半平委員代理として列強各国委員とわたりあうことになった。長尾はクリスチャンであり、大村とは家族同士も始終往来している昵懇の間柄であったこともあり、長尾が膝詰談判で同委員会へ大村の参画を口説いたと言われている。

　当時、ロシアにより建設された東支鉄道（時代に合わせて中東鉄道、東清鉄道、北満鉄路あるいは北満鉄道と呼ばれていた）は、満洲里からハルビンを経て綏芬河（すいふんが）へと続く本線と、ハルビンから大連を経て旅順へと続く支線からなる。後に述べるように、1858年に清国とロシアの間で結ばれたアイグン条約によって、アムール川黒竜江から北はロシア領になり、1905年日露戦争の勝利の結果、東清鉄道南部支線のうち長春以南を日本がロシアから譲り受け南満洲鉄道となった。

　1917年ロシア革命後、ペテルスブルクの東支鉄道理事会は機能を停止し、現地の最高責任者であるホルヴァート管理局長が実権を握った。連合国の軍隊によって行われたシベリア出兵により、東支鉄道は1919年から1922年にかけては、日米などが参加した連合国鉄道管理委員会がその経営に干渉し、連合国の共同管理下となった。

　東支鉄道管理協定は、関係各国で1919年3月18日に締結された。鉄道の最高監督機構は連合国鉄道特別委員会で、管理委員会の日本代表は長尾半平鉄道院理事（1865-1936）（村上出身で工部大学校から帝国大学工科大学土木工学科

を卒業。内務省、台湾総督府、後藤新平の招きで鉄道省に移籍した鉄道技術者）であった。

鉄道管理委員会のメンバーは日本、イギリス、米国、フランス、イタリア、ロシア、支那（中国）で、シベリア鉄道の保安、運転の確保であるが、実態は自国の利益を代表して権益伸張の攻防衛策であった。

委員会には軍事輸送部と技術部が設置され、委員会はおよび軍事輸送部はウラジオストックに置かれたが、他方、米国のスチーブンス（John Frank Stevens）（1853-1943）が部長に就任した技術部はハルピンにあって、実質的な共同管理の実権を握るところとなった[7]。大村も最初はウラジオストックに行き、1919 年にはハルピンに移った。

列国の管理下にあったロシアの鉄道は、東支鉄道 1,519km（944 マイル）、ウスリー線 885km（550 マイル）、アムール線 2,092km（1300 マイル）、ザバイカル方面 1,641km（1,020 マイル）、総計 6,138km（3,814 マイル）であったが、実際にはザバイカル以西は過激派の跳梁に阻まれて管理の手は廻らなかった。これを方々に地方管理局という現業機関をおいて、管理局長の手で実際の管理をやって行くという方法をとり、鉄道運営に必要な資金や資材は、全部日米が折半して出している上に、技術者もほとんど両国人によって占められ、管理局は日米両国で分割することになった。

大村らは東支鉄道とウスリー鉄道は日本の管理下に置くべきと、鉄道院総裁や軍事輸送部長の武内徹中将、国際政務委員会日本代表の松平恒雄などに進言した。しかし、外交交渉はモーリス公司と幣原外務次官により進められ、日本はわずかに、ウスリー線および東支南線の管理となった[8]。この結果、大村はハルピンの地方管理局長となって長春・ハルピン間の東支南線の実際的運営に当たった。大村のハルピンでの生活には、石田太郎、伊澤道雄、青木信一、青木秘書役など、鉄道院と満鉄から約 30 人ばかりが一緒であった。宿舎はハルピン駅構内の軍用バラックでの共同生活であった。

当時、アメリカ人は軍服姿であったが日本人の服装は皆ばらばらであったことから、大村が発案して現地の独断で制服を洋服屋に作らせた。事後報告を鉄道院にすると、官史の制服は勅令で交付されるもので勝手に制定して官給するのはけしからんと大問題になった。大村は処分されるのを覚悟していたが、現状を追認する形で官報に公布してくれたと当時のエピソードを記している。

大村は技術委員会にて、技術委員会主任であるスチーブンスと対立しつつ、米国勢力と対峙した。スチーブンスは、鉄道会社の社長もやり、土木技師としてはパナマ運河開削の技師長として世界的な名声を博した大技術者であり、政

治家を兼ねた大物であった。

　当時の米国はハリマン（Edward Henry Harriman：1848-1909、アメリカの鉄道王と呼ばれる。ユニオン・パシフィック鉄道社長、サザン・パシフィック社長）が日本から南満洲鉄道の管理権を譲り受け、いずれはシベリア鉄道と結び、世界一周交通と実現したいと考えていた。また、ストレート（Dickerman Willard Straight、初代のアメリカ奉天総領事、アメリカの投資銀行家）による中国における錦愛鉄道（渤海湾の錦州から経て、黒竜江岸の愛輝に至る）の借款工作、ベーリング海峡を鉄道で結ぶ計画など、アメリカは鉄道建設を通じて中国への進出を目論んでいた。太平洋戦争の開戦前に、満洲の地でもアメリカと日本の大陸政策は衝突し、両国間には溝ができ、英国は日米戦争に巻き込まれたくないため、日英同盟を破棄（1921 年）したとの見方もある。大村はそのような複雑な国際政治の渦中にあり、日本代表として孤軍奮闘していたことになる。

　この間、大村は米代表の土工掘削の世界的権威であるスチーブンスを撫順炭礦長井上匡四郎に紹介し（時の満鉄理事長國澤新兵衛の依頼による）、露天掘り拡大の意見を求めた。スチーブンスは熱心に耳を傾け、多忙の中を 10 日余りも現地調査を行い、助言を行った[9]。撫順炭鉱の露天掘りは 1914 年頃から着手していたが、その当時は小規模でほとんど手掘りに近いやり方であった。スチーブンスの意見が拡張計画の中に参考意見として織り込まれたと思われる。その時の議論で問題は上部のはぎとり土の処理であったが、後に一部分の油母頁岩から油が製産されたと大村は述べている。

　国レベルでは利害が対立する日本とアメリカの技術者が、技術論では意見を素直に述べて相互交流があったことは、大村の技術者としてしての力量と人間性を裏付けるエピソードとして興味深い。

4.4　支那鉄道の技術統一委員会顧問

　大村は、1920 年 4 月 19 日に内閣の出張命令で、中国鉄道の技術統一委員会顧問として 4 月 13 日にハルピンを引き揚げ、4 月 22 日に再び出発した。一週間ほどしか日本に滞在していない忙しい出発であった。日本では官制改正で鉄道院が廃止されて鉄道省が生まれる頃であった。5 月 15 日には官制改正に伴い、鉄道技師（二等三級）を命じられた。

　中国の鉄道（中国鉄路）は、清朝時代の 1876 年にイギリスによって敷設された呉淞鉄道（上海－呉淞間 14.5km）が始まりである。日本の東京・横浜間の開通の 4 年後である。しかし、この鉄道は 1877 年末には撤去される。

　その後 1881 年に唐山の石炭を港に運ぶために唐山・胥各荘間 9.2km に標準軌の鉄道が敷設された。この路線の天津への延伸などを含めて各地で建設が進められたが、日清戦争の敗北もあり列強からの借款により多くは利権争いの場となった。

　1920 年頃には、合計で中国の鉄道路線は、11,402km（7,085 マイル）であったが、ベルギー、アメリカ、英国、ドイツ、フランス、日本などの諸外国の資本と技術で建設されたため、機関車、車両なども含めて各国の規格であり、運転方法から賃率まで、それぞれ不統一であった。

　そこで辛亥革命後の段 祺瑞（だん きずい）政府は、国有線全線の規格を統一し、中国鉄道の総合的な運営に乗り出そうと考えた。このため、政府は新たに鉄道規格の統一委員会を設け、借款利権国へそれぞれ交通部鉄道顧問の派遣方を要請した。当初日本には派遣要請がなかったが、日本政府は北京の小幡公使を通じて、日本側からの招聘を決定した。

　鉄道院は人選を進め、当時中国に駐在していた大村の派遣が決定した。英国からはジョンソン博士（土木出身の豪州のニュー・サウス・ウェールズ鉄道総裁）、フランスからはパンルベーというクレマンソー内閣時代の国務総理をやった機械技師、ベルギーからは当時京漢鉄道の技師長であるデチュー博士、アメリカからは、車両などの標準規格を決める専門家でバルチモア・オハヨー鉄道の汽車部長が来た。いずれも技術者としても政治家としても手腕家そろいであった。日本としても廣井勇博士とか、田邉朔郎博士の案もあったが、鉄道書記官の金井清が内命を含めてシベリアへ出張させて、直接大村を説得した。大村は、悩んだ末に「そこで私も大いに考えた。このまま金井君を帰らしては大変気の毒だ。自分は今長靴を穿いて、昼夜現地で真黒になって働いているもので、支那政府の顧問として、外国技術者の間に交じって檜舞台に立つ自信はないが徒らに私が躊躇逡巡して会議に後れるのも日本の立場を不利にするばかりである。何はともあれ思い切ってぶつかつて見よう、そう最後の決心が出来た」と承諾した[10]。

　金井清（1884-1966）は、1884 年に長野県諏訪市に生まれ、東京帝大大学法科大学を卒業後、1920 年に鉄道院に入省。その後、帝都復興院復興局文書課長、朝鮮総督府鉄道局参事などを歴任し、戦後諏訪市長となっている。金井は入省早々に特命を受けて大陸に来たことになる。

　大村としては日本の国益や金井の立場もよく考えて、大局的な判断で引き受ける決心をしたようだ。何度も繰り返される大村の自ら地位や名誉を求めないが、状況を考えて難題も引き受けるこの辺の思い切りのよさは、大村の技術者

としての使命感もあるが、天性の資質であろう。

　当時の大村の中国鉄道に対する所感を「支那の鉄道に就て」として、1922年4月5日の台湾日日新聞に寄稿している[11]。この中で、大村は当時の中国鉄道の課題について私見を交えて詳述している。

　「支那鉄道の管理方法の将来については目下民国内の一大問題として、又投資関係国の重要案件として種々に論議せられているが暫く政治上の関係を別として支那鉄道の現在及将来に鑑み交通機関としての其能力を充分に発揮せしめ公共運輸機関としての責任を完からしめんとする点を論じて見たい」

　「鉄道に対する投資の方法が如何であろうと政治上の問題が如何であろうと、何人が之を建設し何人が之を所有しようと、鉄道は或る範囲に於て国家の機能を実行するもので、公衆に対し平等なる利便を与うるを目的とし、且つ条件とし其行う業務は即ち国家の職分であることは、運輸機関としての原則上動かすべからざることである、故に支那鉄道に、之等の目的を果す為め、最善と認むる方法に依り画一整理し、中央政府に於て之を監督し遂行せしむべきものであることは、何人も異論のなきところで、斯くすることは支那鉄道に取りての利益は勿論之を利用する公衆一般の利便を増進する所以である」

　大村は鉄道の技術基準と運賃の不統一を課題としてあげ、「支那鉄道当局者其人に乏しからず、先年来鉄道建設及業務上の技術的統一の必要を認め先に諸外国より招聘せし専門家を加え国内各鉄道線より主脳者を集めて鉄道技術委員会を設け、現在及将来に於ける支那国有鉄道の建設運輸営業に関する規範を制定画一する目的に向って著々歩を進めつつあるは慶賀すべきことである」

　「支那国有鉄道の技術的統一は茲に実現の道程に上りつつあるのは慶賀すべきことである、政治上の問題が如何であろうと兎も角支那の鉄道をして其公共運輸機関たる機能を発揮せしむる為に、其建設及業務の画一改善を計ることは鉄道に従事する専門家の責任範囲であって政治家の容喙を恃むまでもない次第である」

　「思うに支那鉄道当局者には東西の新智識を有する専門家に乏しとせない又共に事に当っておる有能なる外国人も尠くないのである之等の専門家が上下相協力一致して速に之を実行し自他の利便を増進すべきは世人の期待してやまぬところであると信ずる」と述べている。

　この委員会では支那鉄道が採用すべきレールの重量や型式、材質ならびに橋りょう、鋼材の購入仕様書や強度などを議論した。各国の意見が対立したが、大村は日本の経験から各国の長短を厳正に評価して、中国側からも理解者が増加した。大村は、このような顧問時代を約1年間勤めている。

　大村は自著の中で、「シベリアの現場にあって学問的風行から遠ざかっているのだから、日進月歩する学会の新研究などにも通じていないし、最初は甚だ懸念したものである。だから、北京に着くと私は猛烈に勉強した。虚心坦懐に、誠意を以って支那のために終始し、何国と限らずとも最も低廉で、最も優秀な品物を各方面から仕入れる必要があると考えていたのであるから、非常に坦懐明朗な気持ちで列国委員の対立にのぞみ、常に穏健な裁決をなすことに努力した」と回顧している[12]。

　日本に一時帰国した時には、丸善で大きな洋書をたくさん買っていた。この頃、大村は心魂を打ち込んで勉強したため、頑健な肉体が壊れ出した程で、後述する裸体操をその時の健康保持から始めたようだ。その時代はまだ裸にならず、我流で手を動かし足を動かす程度であった[13]。

　日本は植民地支配を受けなかったこともあり、鉄道技術については主にイギリス人の指導により建設された。一方で、北海道は米国、九州はドイツの指導により建設されたこともあり、統一された技術基準や規定がなかった。鉄道敷設法の成立もあり、1900年に公布された鉄道営業法第一条の規定により、建設線路の構造規格を統一するため同年8月10日逓信省令第33号をもって鉄道建設規定が制定された。その後の技術の進歩により1921年10月14日鉄道省令第2号をもって新たに国有鉄道建設規定が制定されている。このような日本での鉄道規格統一の技術的な議論や知見についても軌道間隔などの違いはあるものの、参考にされたものと推定される。

　しかし、委員会は各国の利権を争う場となり結論が出ないまま約1年間が経過した。

4.5　黄河橋りょう設計審査委員会に参加

　1921年の春に京漢鉄道の黄河橋りょうの改築という問題が起こった。この橋りょうは黄河で最初の鉄道橋で、1903年に着工し1905年に完成した延長3,015mの橋りょうで、設計・施工はベルギーの技術者によって行われた。1918年の水害で橋脚が変形したことや、耐用年数が限られていたこともあって架け替えが計画された。黄河橋りょうは橋長2,800m、中国交通部の設計示方書に準拠することと工費を低減すること以外に制約条件を定められず、構造形式や径間長、工期の設定などは応募者の自由な提案に委された。第一優等設計入札者には工事を請負、第二位には8万元、第三位には2.5万元、第四位には1.5万元の賞金が与えられることになった。今日の国際競争入札のデザイン・ビルド契約方式のような設計コンペである。

　国際設計競争として日本、英国、ベルギー、フランスの5か国の橋りょう専門家の顧問招聘を申入れ、黄河橋りょう設計審査委員会を設けることになった。京漢鉄路局長の兪人鳳を委員長として、審査員に京漢鉄路副技師長・王寿棋をはじめアメリカのワデル博士（J.A.L.Waddel）（以前東京帝国大学の教授をして日本にも多くの弟子を持つ世界的橋りょう学者）、英国のウイルマー（H.Wilmer）、フランスのメネザー（A.Mesnager）、ベルギーにデッシュ（L.Dethieu）、みな世界的な著書を持つ、そうそうたる技術者であった。日本から廣井博士のような権威者の案について、小幡公使に提言したが、数回の押し問答のあげく最終的に大村に決まった。5月1日、黄河橋りょう設計審査委員会に命じられた（10月30日に支那政府との庸聘契約満期）。補佐官として鉄道技師の大井上博士が送られた[14]。

　大村は現地を調査して、洪水の度毎に抗の根元をあらわれて根入れが浅くなっていることから、橋脚の根本を固めれば当面は危険でないと提言したが、聞き入れられず新設することで作業が進められた。

　1921年6月30日、入札開票が行われ、日本(2)、英国(2)、アメリカ(2)、ドイツ(3)、フランス(4)、ベルギー(1)、中国(2)、オーストリア(1)、イタリア(1)の8か国から18名の応募者があった[15]。1入札者にて2案以上を提出するものもあり総計は45となった。回顧録では、「日本からの提出されたものが2つあって、1つは東京の菅原という人のもので、もう一つは大連の東亜興業会社となっているが、実は後の満鉄副総裁の佐藤（山形県長井市出身で1939年に満鉄副総裁に就任した佐藤応次郎（1881-1951）と想定される）とその部下の福田技師の設計案だった」とある[16]。菅原というのは請負業協会の提出者で、実際の設計は日本橋や鍛冶橋の設計者と知られ、当時日本では数少ない橋りょう設計のプロとして認められていた樺島正義（1878-1949）であった[17]。

　佐藤応次郎は1907年7月に東京帝国大学工学部土木工学科を卒業とともに、満鉄に入社し、1944年に副総裁を辞任するまでの37年間を満鉄で勤務した。入社後、安奉線の改築工事を担当、1915年2月から満鉄から派遣され、山東鉄道守備軍司令部鉄道部の青島保線事務所長として、日独線で破壊された橋りょうや建造物の復旧を担当した。このため、橋りょう設計の知識と経験は有していたと思われる。なお、佐藤は製鉄所建設、撫順炭鉱露天掘り、満洲の新線建設など多くの事業に貢献し、終戦後も大陸の大連に留まり1947年3月に帰国した。

　樺島は1901年に東京帝国大学工科大学土木工学科を卒業後、アメリカの設計事務所で約4年半の橋りょうの設計修業を経て1906年に帰国し、東京市の

(a) 菅原恒覧案（日本）

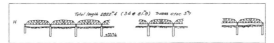

(b) 東亜土木会社案（日本）

(c) ベルギー案

(d) フランス案（その1）

(e) フランス案（その2）

図4-1 黄河橋りょう比較設計図
（小野田滋（2009）、中国の鉄道史、鉄道の礎、日本鉄道建設業協会）

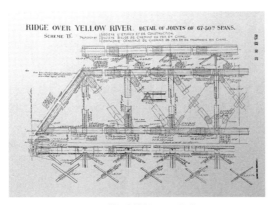

図4-2 黄河橋橋りょう設計図
（大村卓一（1922）、京漢鉄道黄河橋審査報告、木学会誌第8巻1号）

技師に就任し多くの市街橋の設計に実績を残し、1921年3月に東京市を退職して日本で最初の橋りょうコンサルタントとされる樺島事務所を開設した。樺山の事務所開設後の最初の仕事が、1924年の中国京漢鉄道黄河橋りょうの国際設計競技であった。樺島に設計を依頼したのは鉄道請負業協会である。樺島の案は、全長2,800mを37連の曲弦プラットトラス（径間長74.321m）で刻むという極めてオーソドックスな設計である。樺島は現実的かつ素直に解いたというべきで、最優秀のベルギー建設会社の案（径間長67.5mの平行弦プラットトラス40連）に比して遜色はない。しかし樺島から図面を受け取った請負業協会は、樺島の見積った建設費を約倍額に書き換えて提出し、それが他案に比して高額だったため、一次審査で外されてしまう[18]。大村は、日本から提出された二案について「全長二亘リ等径間ノ橋桁ヲ使用スル事最モ平凡ナレドモ最モ経済的ナルハ何人モ想像スル所ナル可ク又上構ハ地質ノ軟弱ナル鮎ヨリシテ橋脚沈降ノ為メ影響ヲ受クル事最モ少ナキ單構橋ヲ最適ノ型式トシテ採用ス可キモ自明ノ理ナリトス日本ヨリ提出ノモノハ両案共此ノ見地ヲ誤ラズ等径間ノ單構桁トナセルハ宜シキヲ得タルモノト云フ可シ」と評している。見積りの問題がなければ上位審査まで食い込んだ可能性は高い。

　最終的には、フランスとベルギーの案が残ったが、日米と欧州勢で意見が分かれ、結局技術的な論争に結論が出ずに、20年間そのままの橋りょうで変遷し、人為的な爆破で破壊された。大村の技術的な所見が当たったことになる。このことは、当時の日本の橋りょう技術がすでに世界的な水準であったことを示している。

　大村は「今回の設計審査に於て日米両国委員はその意見概して一致せしも英佛白委員とは意見を異にせる場合多かりき、是れ主に日本に於ては橋桁設計示方細目等概して最近米国に行はる工法を可なりとし之を斟酌採用する至れりも、英佛は古来米国式と異なる型式習慣を有し之を固執し米国流の設計を以って必要以上の材料を徒費するものなりとの意見を抱くもの多き様見受らる、是れ今回公募設計の審査に於て意見の相違を来せる主因なるべし、因みに今回公示の橋桁示方は概して米国式により制定せられたり」と、業務研究資料の追録の中で記している[19]。

　小野田によれば、「日米と欧州勢の対立は、設計に対する技術的な設計思想の違いがその背景にあり、すでにイギリス流の設計思想からアメリカ流の設計思想へと脱却していた日本にとって、ドイツを除く欧州勢の思想はもはや古典的であった。中国の利権をめぐって摩擦の絶えなかった日米関係であったが、橋りょうの設計では共同歩調をとって欧州勢に対応したと言える。この計画は

設計競技を行っただけで実現には至らなかったが、日本の橋りょう技術が国際舞台で問われる絶好の機会となり、中国の土木技術史にとっても価値あるイベントとなった」[20]と、評価している。

4.6　ワシントン会議の山東懸案細目協定委員として

　大村は1921年11月10日に帰国し、大臣官房外国鉄道調査課にて勤務し、課長の戸田直温出張中に代理も務めた。年譜によれば、しばらくは日本に滞在し、関西旅行の帰路に故郷福井を訪れ（1922年1月）、日曜毎に内村鑑三の説教をきく、東京市長の後藤新平より道路局長就任を懇願され固辞すとある。1922年には4月29日山東鉄道条約実施委員嘱託、6月10日同委員を解嘱、6月13日山東懸案解決に関する条約所定の共同委員会委員を命じられ、6月15日に出発した。

　ワシントン会議は、1921年から1922年2月6日まで開催された第一次世界大戦後の国際軍縮会議である。この会議は国際協調の高まりの中でアメリカの提唱で、海軍軍縮と中国・太平洋での利害対立の調整が図られた。この会議で日本が占領していた山東鉄道が中国側に返還されることになった。

　山東鉄道（膠済線）は膠州湾の青島と山東省の省都済南を結ぶ、山東省を横切る大動脈である。邯済線と一体となり、山西省の石炭を、青島や煙台の港へ運ぶ南ルートとしての役目も担っている。

　その沿革は、1898年3月6日に、清朝とドイツ帝国は独清条約を結び、ドイツ帝国は膠州湾を99年間租借することになり、山東省の鉄道敷設権も認めさせた。1899年6月1日には、ドイツはベルリンにおいて山東鉄路公司を独清条約に基づいて設立し、1899年に建設着手し、一部地元農民の反対で中断するものの1901年4月8日、青島から膠州までが開通し、1904年6月1日に全線開通する。後に、ドイツ国鉄総裁や運輸大臣を歴任したユリウス・ハインリヒ・ドップミュラー（1868-1945）が、この路線建設の技師長として活躍している。

　その後、同線はドイツにおける管理が続いたが、1914年の日独戦争の勝利により、日本が膠済線を占領することになった。1919年のヴェルサイユ条約で鉄道などの権益をドイツから日本に引き渡すことが認められたが、中国はこれに反対して調印を拒否し、さらに五・四運動などによって反日感情が高まることになった。

　ワシントン会議において、山東省のドイツ租借地と山東鉄道（青島・済南間および支線）の返還が決まり、1922年2月4日山東還付条約が日本と中華民

国との間に結ばれ、日本がドイツから奪ったドイツ租借地および膠済線の返還が定められた。具体的な細目については、1922 年に山東懸案細目協定委員会が設定された。大村はその鉄道関係委員として引き続き、大陸の北京での勤務が続くことになった。

　会議は 1922 年 6 月 26 日午前 10 時から北京の外交部にて開始された。課題は租借地返還により生じる行政方面の問題（第 1 委員会）であり、他は山東鉄道の移管に伴う経済的な問題（第 2 委員会）であった。特に山東鉄道の買収評価額については、中国と日本間で厳しいやりとりが続き、日本に 15 か年償還の利率 6 分、4,000 万円の国庫証券払いで決着した。会議は第 1 委員会が 50 回、第 2 委員会が 21 回開催され、12 月 5 日には全部の細目協定に署名をして委員会は終了した。最後の買収評価額の差額（わずか 35 万円）の調整には相当難航したが、日本側の提案が認められ合意に達している。戸田直温の回想によれば、普段はおとなしい大村が、「夜店のたたき売りじゃあるまいし、そうたたかれちゃ困る」と、えらく怒ったことがあった。あとで通訳官が夜店のたたき売りなんて何て訳していいか困ったとのエピソードを記している。

　この間、大村は中国側の委員とも公式、非公式のつきあいがあり、最後の頃には個人的にも親しい友人となった。「こんな風に、私は支那の人達とも友人として随分沢山交際してきたが、その私の経験から考えて見ると、支那人個人個人には本当に真面目な、尊敬するに足る人が多いにも拘わらず、周囲の動乱に禍ひされ、環境に害され随分気の毒な運命に遭っている人が多いのは全く同情にたえない」と述べている [21]。

4.7　山東鉄道の引渡と経営支援

　前述の細目協定に基づき、1923 年 1 月 1 日に山東鉄道の引渡しが実施された。当日の心境を大村は手記の中で、「天気もよく波も静かである。対岸の海西岬が眼前に迫り、黄島が眠ったように海面に泛（うか）んでいる。グランド・ホテルから洋車を馳せながら私は全く感慨無量であった」と述べている。大阪毎日新聞（1923 年 1 月 3 日）は以下のように報道している [22]。

　「膠済鉄道の改良【青島特電一日発】一般市民は屠蘇に酔うて居る一日の正午から山東鉄道の引継式は山鉄本部楼上会議室に於て挙行された、支那側代表顔徳慶氏外交通次長労之常等二十三名出席、日本側は秋山引継委員長代埋大村卓一氏、入沢鉄道部長外合計十四名出席先ず大村委員の挨拶あり次で顔徳慶、労之常二氏の山東鉄道受取の辞あり最後に両国委員握手を交換し別室にてシャンペンの盃を挙げ入沢鉄道部長中華民国万歳を、労之常氏日本帝国万歳を三唱

して二十余年間外人の手に管理された二百四十哩の山東鉄道は今日一月一日を以て支那側に引渡された此の日風寒く鉄道部附近には人影も少なく只会議室の入口に山東第五師派遣の軍人巡警など数名淋しく立って居たのみであった。

支那接収委員長顔徳慶氏の挨拶

　大村委員長、私は本日貴委員長から山東鉄道本支線並びに一切の財産を我国政府にお引渡しになり私が其の接収の局に当るのは光栄の至りとする所です、これを細目協定の条項に照して一日も早く接収事項を完了することを希望する次第であります、本鉄道は八年間の歳月を費して貴国に於て改良したもので鉄道今日の盛況はこれみな貴国従業員の努力の賜であります。

支那政府代表労之常氏の挨拶

　此の鉄道が今日の発展を来たしたのは偏えに諸君の賜である、我国は今後貴国の経営法を模範として両国のため本鉄道の発展を図りたい、私共はなるべく引継ぎ期間三十一日までに引継ぎたい方針であるから諸君も速かに引継ぎ出来るよう御努力を願いたい

大村委員長の挨拶

　昨年十二月五日北京に於て調印せられた鉄道細目協定によって茲に本日をもって膠済鉄道及び附属財産の一切を貴国にお引渡しすることは本委員の光栄とするところであります、顧れば過去八年に於て日本が管理経営して来た間に、時代の要求に応じて其の設備を充実し運転能力を倍加し今や一箇年約四百万人の旅客と二百万噸の貨物を輸送して沿線の商工業の発達に多大の貢献をなした、全長二百七十八哩の膠済鉄道は線路として敢て長いとはいわぬが一方に青島の開港場を控え支那の他の鉄道に類例のない海陸交通連路上至便の形勝にある此の鉄道は決して山東省一部分の地方的鉄道でなくして大陸内部に通ずる鉄道に延長連絡して其の豊富な物資を呑吐すべき重要な幹線鉄道となるべきである。此の鉄道は今日支那の管理に移ったのであるが賢明な政策の下に沿線や海港の発達を助長し日支両国の経済関係を密接ならしめ世界進運のため此の鉄道の使命を果されん事を願望して止まない。」

　山東鉄道は中国側の手に移って、膠済鉄道と名前も改められた。条約で日本側は鉄道の運営と経理の指導者として日本人の運輸主任（事務処長）と会計主任（会計処長）を決めて派遣する必要があった。交通部の顧問として、平井晴次郎が鉄道院副総裁として現職のまま肩書を持っていたこともあり、なかなか人選が難航して、結局、大村は半年の期限付きで運輸主任に応じることになった。引継ぎ当時 1,557 名の日本人従業員がおり、その再就職先の確保などに奔走した。結局、その任期は 2 年に及び、膠済鉄道の改良にも努めた。一時は運

輸主任の正式就任契約がないまま6か月ほどが過ぎ、大村から鉄道省の中川正左運輸局長に「小生は依然友誼的援助の形式にて（中略）何等の支障もなく職を執り居候」と書き送っている[23]。

その後、1928年に至り日本の利益確保の必要上、土木関係（橋りょう改修および線路監視）および工作関係（機関車改修）ならびに会計処員が増員された。この中の鉄道技師の鈴木一は、前述の北海道の機械式荷役設備の調査をしたが、1930年11月から約2年間にわたりペルシャ（現イラン）の縦貫鉄道建設に携わり大きな功績をあげた。これらの派遣者は1938年7月を最後として解任帰国した[24]。

日本人に代って約3,000人以上の中国人が採用されたが経験不足もあり運転事故など多発した。1923年2月26日には、雲河鉄橋を通過途中の2つのアメリカ製蒸気機関車が、橋りょうの崩壊のため大破し、火夫2名が負傷し、機関手1名が死亡した。このため中国、アメリカ、ドイツ、日本の調査団（当時大学教授になっていた田中豊など）が1,150の各橋りょうを調査し、3年間にわたって橋りょうを改築した[25]。ドイツの建設した路線なので技術規格、規程、運賃制度などもドイツの影響が大きくドイツ式と日本式が混在していた。

大村の離任近くの1925年2月8日には、沿線で不積同盟によるストライキに入り、大村はその対応などに追われた。これらの民族運動は、軍閥、一般民衆、従業員の団結した根強い運動であり、その後青島における日系紡績工場のゼネラルストライキを組織して、日本による在留邦人保護の名目で、1927年から3次にわたる山東出兵を招来することになる。その後、同線は1937年頃の日中戦争に際して日本軍が再占領し、国策会社である華北交通の運営となる。この頃に建設時の出資母体の違いから接続されていなかった京滬線と膠済線の接続工事を行う。同線は、1945年8月の終戦とともに、中国の管理運営になった。

大村は大陸で鉄道路線の引渡という困難な業務を責任感を以って円滑に遂行した。事前の協議、調整に始まり、列車運行を休むことなく、財産、要員を引継ぐことは、綿密な計画調整を要し、困難な業務であり。さらに、引継後も責任を以って、鉄道経営と技術面での支援を継続したのは大きな功績である。これらの経験、知見は後に満洲での東支鉄道の承継業務などにも活かされることになる。当時は軍閥が数多く存在し勢力争いが続いており、軍用の貨車の徴集や人事の介入など混乱した様子を大村は回顧録の中で生々しく記している[26]。

青島では妻雪子をはじめ末の子供たちが一時住んでいた。グランドホテルの2階の部屋を占めていた。1924年の夏休みに上の子供たちが遊びにきて、海水

浴などで楽しんだようだ。つかの間の家族揃っての時間であった。9月1日に
関東大震災の報道が青島にも届き、男の子は帰りなさいと言われたという。

4.8　大陸出張時代の業績

　大村は出張とはいいながら、約7年間も大陸で様々な業務に従事した。この
間、東支鉄道管理委員会、技術統一委員会、黄河橋りょう設計審査委員会、山
東懸案細目協定委員会など国際的な重要な会議の複数の各国主要メンバーの中
で日本の代表としての活躍が目立つ。当時は列強諸国にとって、鉄道敷設が中
国進出の足掛かりの重要な手段であったため、各国は技術的にも政治的にも大
物を代表に送り込んでいる。

　大村が自ら望んでではないものの、よくその職責を全うし、技術的な判断や
助言はもちろんのこと、難しい輻輳した交渉もこなしている。その発想の根底
には、日本の国益というよりも、中国の立場で最も適切な助言や行動である。
これは鉄道技術者としての強い使命感や大局感とともに、これまでの鉄道専門
の知識・経験と高い倫理、鍛えられた語学力、そして日々の精進が発揮された
成果と考えられる。

　また、東支南線に加えて、山東鉄道の引継ぎ後も現地に残り運輸主任とし
て、実際の鉄道経営を担っている。ストライキなどの動きもあり苦労を重ね、
海外における鉄道運営と経営の様々なノウハウを学んでいる。これらの経験を
通じて多くの中国側関係者との公式、非公式のつきあいがあり、個人的にも親
しい友人ができたとある。

　大村の常に相手国のことを考え、分け隔てなく人とつきあい、技術者として
最善を尽くす姿勢が、相互の信頼関係の構築に寄与し、次々と新しい任務が与
えられたのではないか。これらの経験と実績がその後の大陸での大村の大きな
飛躍への布石になったと思われる。

参考文献
　1)　大村卓一追悼録編纂会、石本秀二他（1974）、「元満鉄総裁故大村卓一翁を偲ぶ会：其の他記録」、
　　　北辺開拓の先覚者、十河信二、p224
　2)　大村卓一（1944）、「大陸にありて」、勝進社、p46-47
　3)　渡辺利夫（2020）、「台湾を築いた明治の日本人」、産経新聞出版、p233
　4)　前掲2)、p48
　5)　同上、p48
　6)　同上、p59
　7)　井上勇一（1990）、「鉄道ゲージが変えた現代史　列強は国家権力を乗せて走る」、中公新書992、
　　　p212
　8)　同上、p75-77

9) 同上、p74
10) 同上、p93
11) 神戸大学経済経営研究所、新聞記事文庫
12) 前掲2)、p98
13) 同上、p96
14) 同上、p106
15) 大村卓一（1922）、「京漢鉄道黄河橋梁審査報告」、土木学会誌第8巻1号
16) 前掲2)、p109
17) 中井祐（2005）、「樺島正義の仕事と橋梁設計思想」、土木学会論文集、No.800、IV-69、P67-86
18) 大村卓一（1921）、「京漢鉄道黄河橋梁審査」、業務研究資料第09巻11号、p110
19) 同上、p105
20) 小野田滋（2009）、「中国の鉄道史（総集編）」、鉄道の礎、日本鉄道建設業協会、最終記念号別冊、p26
21) 前掲2)、p123
22) 神戸大学経済経営研究所、新聞記事文庫
23) 前掲2)、p132
24) 日本国有鉄道編（1969）、「日本国有鉄道百年史」巻7、p302-30
25) 林采成（2021）、「東アジアのなかの満鉄」、名古屋大学出版会、p300-310
26) 前掲2)、p237-240

第五章　朝鮮総督府

　大村卓一は、1925年5月末に朝鮮総督府鉄道局長として赴任し、約7年間の長期にわたり現地で勤務した。本章では、大村の朝鮮総督府時代について述べる。

5.1　朝鮮半島と日本

　現在も南北の国家に分断された朝鮮半島と日本は隣国であり、長い文化的、歴史的な関係を有する。仏教などの文化が日本に伝来したのも朝鮮半島経由であり、その後古代の白村江の戦いや豊臣秀吉の朝鮮出兵などがあり、江戸時代の日本は鎖国政策をとっていたものの朝鮮通信使が来るなどの交流が続いていた。

　明治維新となり、朝鮮は清国やロシアとの利害も複雑にからんで、日清戦争により、朝鮮と清国の宗属関係は断たれ、日露戦争を経て日本の韓国総督府が設置された。その後、日本の影響力が増し1910年8月には、日韓併合条約が結ばれ、日本は朝鮮総督府を設置し、朝鮮統治を開始した。日本の朝鮮統治は、1910年から1945年までの35年間続いた。

5.2　朝鮮半島の鉄道

　朝鮮半島における鉄道は、日清戦争中の甲午改革において日本が李氏朝鮮に対し1894年に暫定合同条款が日朝間で締結されたことに始まる。これによって朝鮮の内政改革を進めることと合わせて、日本は京城・釜山間、京城・仁川間の鉄道敷設権という特殊権益を手にした。その後、朝鮮政府は1896年3月29日にアメリカ人ジェームス・アール・モールス（J.R.Morse）に京城・仁川間の鉄道敷設権を与える。日本政府はこれを暫定合同条款違反として抗議したが、モールスに与えた敷設権を奪うことができなかった。しかし、モールスは資金調達に失敗し、敷設権を日本に譲渡する旨の打診が行われた。1997年4月2日には渋沢栄一や三井、三菱の有力資本によって京仁鉄道引受組合が結成され、同敷設権を買収した[1]。なお、渋沢栄一は京釜鉄道についても発起に際しての委員や創立委員長、会社創立後は取締役、取締役会長などを歴任している。

　朝鮮半島の最初の鉄道は、京仁線の一部である鷺梁津（ノリヤンジン、漢江西岸）・済物浦間の鉄道を1899年9月18日に開通させたことに始まる。この

路線は翌年7月には韓国の首都である京城と首都近傍の貿易港である仁川を結ぶ京仁線となった。

写真 5-1　鴨緑江橋りょう
(帝国鉄道協会会報、第 14 巻 1 号、鴨録江橋工事報告)

京義線（京城・新義州）は1902年に宮内府に設置された西北鉄道により建設が開始された。その後、日露戦争勃発による日本軍の兵站輸送の必要性から、工事の主体は日本の臨時軍用鉄道監理部となり、鹿島組や間組の請負によって建設が進められ、1906年に開通した。1911年には鴨緑江橋りょうが完成し、京義線と満洲の安奉線と連結された。

一方、京釜線（京城・釜山）は、1898年4月に西・ローゼン協定でロシアの京釜鉄道建設への干渉を消滅させ、1898年9月に京釜鉄道合同条約が日本と韓国政府間で調印され、それを受けて1901年6月に、日本の手によっ

図 5-1　鴨緑江橋りょう図
(帝国鉄道協会会報、第 14 巻 1 号、鴨録江橋工事報告)

て京釜鉄道が設立された。京釜線の調査は後に鉄道大臣、満鉄総裁となる仙石貢（1857-1931）が測量や路線計画を行い、その後、古市公威総裁（1854-1934）、大江卓取締役（1847-1921）、久野知義技師、笠井愛次郎（1857-1935）（京釜鉄道の技師長）、大屋権平工事長（1861-1923）などが活躍し、1905年1月1日に京城（永登浦）・草梁間が完成し、1908年に釜山までの全線が完工した。京城・釜山間275マイルは直行列車に食堂車がつき、「蒲団付三等車」を連結して12時間余りで走った。それまでは10日間を要したので、鉄道により大幅に所用時間が短縮された[2]。

これらの鉄道路線は、朝鮮半島の基軸交通としての機能だけでなく、日本本土と大陸を結ぶための通過交通としての役割が既に考えられていた。1906年12月1日に日本国内の山陽鉄道が国有化されると、それまでの山陽汽船が始めた下関と釜山を結ぶ関釜連絡船も国有化され、日本と大陸を結ぶ主要ルートとなった。

　当初、京釜線の軌間は日本の鉄道作業局と軍部が日本と同様の狭軌を主張したが、笠井愛次郎（1857-1935）が中国やヨーロッパにつながる世界鉄道の幹線として、国際的な軌間を主張して標準軌として建設することが決定した[3]。笠井は日本において、後に関係の教育を目的として鉄道学校の設立を主唱し、日本最初の鉄道学校である岩倉鉄道学校を設立した。同校は今では岩倉高等学校として、多くの鉄道関係の人材を輩出している。

　1906年2月1日、韓国総督府に設置されると、陸軍臨時軍用鉄道監部の建設した軍事鉄道は総督府鉄道管理局に移管され、総督府において経営された。その後、同年3月3日に国内の鉄道公有化法案と京釜鉄道買収法案が衆議院に提出され、同27日に貴族院で可決成立し、9月1日、朝鮮半島の鉄道は朝鮮総督府鉄道管理局に移管された。韓国併合よりも4年前のことである。

　初代土木学会会長の古市公威は日本国内において1903年3月鉄道作業局長官に就任後、官僚を辞めてから1904年に京釜鉄道総裁に就任した。同氏はその後、朝鮮統監府鉄道管理局長官にそのまま留任し、1907年6月に長官を辞任して帰国した。古市は1905年に大陸鉄道の経営や技術を研究する東亜鉄道研究会を設立して理事長となった。

5.3　満鉄への経営委託とその解除

　総督府の鉄道は内閣鉄道院に移設されるなどの変遷を経て、1910年の日韓併合により、朝鮮総督府鉄道局が管理運営することになった。

　その後、1917年7月31日、朝鮮における国有鉄道（朝鮮総督府鉄道）が南満洲鉄道に経営委託されるとともに、朝鮮鉄道局官制が廃止され、朝鮮総督府総督官房に鉄道局が置かれた。1919年8月20日、朝鮮総督府官制改正（勅令第386号）により鉄道局を鉄道部に改め、長を部長とした。この経営委託の背景としては満鉄の大連中心主義があった。満鉄は奉天から大連・営口・安東（新義州）の対岸までの貨物運賃を同一に設定していたが、鴨緑江橋りょうの完成で、鉄道で釜山まで直通することが可能となり、運賃の割引をどうするかで満鉄と鉄道院で意見が対立したことが影響していた。

　その後、1925年3月末日をもって朝鮮総督府鉄道の南満洲鉄道への経営委託が解除され、総督府直営となるとともに、朝鮮総督府の外局として朝鮮総督府鉄道局が新設され、総督官房鉄道部は廃止された。4月1日、朝鮮総督府鉄道局官制（勅令第84号）が施行された。

　直営復帰について朝鮮総督府側では、「産業の開発に関する鉄道機能の発揮、私設鉄道の監督、経費緊縮、事務簡捷等の諸点を考察して従前の如く総督府に

於て管掌するを、最も有利便益」なりとしている。全般的に満鉄は朝鮮の鉄道に対する関心が薄かったのがその要因であった。

5.4　朝鮮総督府鉄道局長に就任

大村は朝鮮総督府2代目鉄道局長として、1925年5月26日から1932年9月20日までの約7年間を勤務している。大村の着任は、朝鮮総督府鉄道が南満洲鉄道への委託運営から解除され、総督府直営となる時期であった。回顧録では「5月中旬北京で開催された、国際鉄道連絡委員会議に支那側最高委員として出席したのを最後に、5月24日辞表を提出、大連経由で、6月7日京城に赴任した」とある[4]。これらは海軍出身の斎藤実が第3代朝鮮総督（1919年8月13日-1927年12月10日）および第5代朝鮮総督（1929年8月17日-1931年6月17日）であった時期に重なる。1919年の3・1独立運動の結果、日本の朝鮮統治方針は「文化政治」へと大きく転換し、総督府は経済開発の必要性を強調した。斎藤は従来の憲兵警察を廃止して普通警察制度とし、府協議会、面協議会、学校協議会などを設け、自治制度の一歩を踏み出した。同時に産米増殖計画、産業開発、貿易振興に努めた。

斎藤実と後藤新平は、ともに現在の岩手県奥州市水沢区出身の同郷であり、7.3章で詳述する胆沢県大参事の安場保和にその才能を認められ、後に同一の内閣（第一次・第三次桂内閣）にも入閣しており、両者で交わされた多数の書簡が残っており、親交が相当深かったと思われる[5]。斎藤は後に総理大臣となり、内大臣を努めていた1936年、2・26事件にあい凶弾に倒れることになる。

下岡忠治政務総監（1870-1925）は全道産業開発の経論を助け、赤字鉄道として欠損ばかりを続けていた朝鮮鉄道を背負って、新鉄道局長として新線建設に、あるいは既成鉄道の改良に過渡時代を乗り切れる人物を探し、鉄道省と相談した。下岡は1870年に兵庫県広根村（現在の猪名川町）に生まれ、1895年に帝国大学法科大学を卒業後、内務省、熊本県、京都府などに勤務後、1906年には秋田県知事になり、その後農商務次官などを経て1915年に衆議院議員として当選し、1924年7月朝鮮総督府政務総監に就任した。政務総監とは総督に次ぐ地位で、軍事権を除く行政、立法、司法の実務を総括した。下岡は、「まず山水を治め根本策を立てよ、気象と地味と豊に恵まれた半島」と京城日報1925年4月19日版で抱負を述べている。

当時、下岡の親戚で種田虎雄（1883-1948）（一高時代に十河信二と知り合い、後に親友となっている。1909年に鉄道院に入りその後大阪電気鉄道に移り、近畿日本鉄道の社長を歴任）が鉄道省の運輸局長をしており、同氏が大村

表 5-1　鉄道経営主体の変化と鉄道局長[7]

時　期	鉄道管理主体	鉄道局長	特　徴
1905 年～ 1909 年	統監府鉄道管理局	古市公威	学者、官僚、京釜鉄道会社社長、土木工学博士（フランス留学）
1909 年	統監府鉄道庁	大屋権平	幹線鉄道完成（湖街線、京元線）、土木工学博士
1910 年	韓国鉄道管理局鉄道院	大屋権平	東京大学（1883 年卒業）、鉄道省技師
1910 年～ 1917 年 8 月	総督府鉄道局	大屋権平	1917 年 7 月日本帰国
1917 年 9 月～ 1923 年 5 月	満鉄京城管理局	久保要蔵	日本中央大学卒業　高等文官試験（官僚）
1923 年 6 月～ 1925 年 4 月	満鉄京城管理局	安藤又三郎	1903 年鉄道作業局満鉄理事を兼務
1925 年 5 月～ 1932 年 9 月	総督府鉄道局	大村卓一	札幌農学校　北海道炭礦鉄道会社　鉄道建設 12 年計画策定　南満洲鉄道株式会社総裁（1939 年）
1932 年 10 月～ 1938 年 4 月	総督府鉄道局	吉田浩	東京帝国大卒業　1910 年鉄道院入社（官僚）　1929 年東京鉄道局長
1938 年 5 月～ 1939 年 6 月	総督府鉄道局	工藤義男	
1939 年 7 月～ 1943 年 11 月	総督府鉄道局	山田新十郎	
1943 年 12 月～ 1945 年 8 月	総督府交通局	小林利一	東京帝国大卒業　高等文官試験（官僚）

（鮮交会（1986）、『朝鮮交通史』、p294-97：森尾人志（1936）、「朝鮮の鉄道経営」、日新印刷、74）

を推進したようだ。最初、大村はこれを辞退したが、幣原外務大臣から「有力者間に、貴兄を朝鮮鉄道局長に推薦する向きあるところ、今回は小生も至極賛成なり。この際は、右局長を引受けられては如何。何分の儀電報乞ふ」と直接電報が来て、とうとう決断したようだ[6]。幣原喜重郎（1872-1951）は、外交官として活躍し、終戦後の 1945 年 10 月 9 日に、東久邇内閣の総辞職を受け内閣総理大臣に就任し終戦および戦後処理において重要な役割を果たしている。大村に外務大臣から直接就任要請があったことは、当時の日本において朝鮮半島の鉄道の重要性を物語るものである。

　大村の追悼録の年表によれば、「1923 年 1 月に朝鮮総督府有吉政務総督のとき『朝鮮鉄道会社』社長就任の勧誘を断る」とある。大村の実力は、その頃すでに大陸方面では多くの人々に周知であったと思われる。

5.5　朝鮮鉄道 12 年計画

　大村の功績としては、今日の朝鮮半島の骨格となる幹線鉄道網の形成に寄与した朝鮮鉄道 12 年計画を立案して、実行に移したことがあげられる。

表 5-2　鉄道延長および人口面積比較

(1927 年三月末)

地　方　部	線　路　延　長　哩				人口十萬人に對する線路哩程	面積十方里に對する線路哩程
	國有鐵道	地方鐵道	軌　　道	計		
北　海　道	1472	288	74	1834	72.3	3.1
奥　　　羽	1399	208	185	1792	29.0	4.1
関　　　東	983	638	400	2021	15.1	9.7
中　　　部	1226	916	282	2424	21.5	5.6
近　　　畿	851	495	300	1676	16.7	7.8
中　　　國	753	299	38	1090	21.2	5.2
四　　　國	232	122	41	395	12.4	3.2
九　　　州	1092	372	318	1782	19.6	6.2
小　計	8008	3338	1668	13014	21.5	5.2
樺　　　太	165	118		283	13.9	1.2
台　　　灣	519	327	635	1481	37.1	6.4
朝　　　鮮	1342	525	49	1916	9.8	1.3
累　計	10084	4308	2352	16694	20.9	3.8
(主要府懸別)						
東　　　京	111	92	164	367	8.2	26.6
京　　　都	200	16	57	273	19.4	9.2
大　　　阪	62	93	131	286	9.4	24.9
神　奈　川	114	61	49	224	15.8	14.5
愛　　　知	122	223	68	413	17.8	12.6
兵　　　庫	270	124	89	483	19.7	8.8
福　　　岡	237	132	213	582	25.3	18.3

(懸川久一（1929）、帝国鉄道地理概説、博政館)

　当時の朝鮮鉄道に対する日本の認識は、軍事的および国防的見地からの価値だけしか見ていなかった。朝鮮鉄道の発達は、日露戦争の軍事鉄道として始まり、産業開発の見地からは、あまり重要と思われていなかったようである。

　大村は、「由来朝鮮の鉄道はその出発点が、当初政治上または軍事上に起因するものが多く、随って天然の資源を求め経済地点を辿りて漸次発達したる底の鉄道と少しく其の趣を異にし」と特徴を述べている[7]。

　表 5-2 は 1927 年 3 月末の人口、面積当たりの鉄道延長を日本国内の各地、樺太、台湾、朝鮮を比較したものである。例えば朝鮮の線路延長は人口当たりや、面積当たりで見ても、北海道と比較して少ない数値であり、いかに当時の朝鮮半島の交通網の整備が遅れていたことが理解できる[8]。

　大村は、朝鮮には無限の資源がありその開発の見地からも鉄道建設は非常に重要な措置であると考え、軍事鉄道から産業開発線への転換を唱えた。

　また、国境警備の観点から、その必要性を論じている。「朝鮮と満洲の陸接国境は、白頭山を中心に豆満江と鴨緑江に沿いて 1,300km の長きに及びこの流域範囲は朝鮮側だけでも北海道の一倍半に当る。その長い国境には朝鮮の火

田民と支那の馬賊の出没が盛んで常に不安と危険に直面し、一度出現を見るや警備力の手薄と交通の不備なるため孤立無援に陥り時には尊き犠牲の血が流される。

　この地域の人口は少なく、大部分の森林はあれ放題に任され、地下資源も豊富だとわれるものの、放置されている。こういう状態は満洲側も同じでわずかに開かれているのは間島、安東の両方面だけ、後は匪賊の世界であった。総督府も匪賊防備には頭を悩まし、国境各所に分遣隊を駐在させ、1 千万円近くの警備費を使っていた。しかし、何分にも交通の不便なため、警察官の駐在所同士の連携が取れず、ずいぶん多くの犠牲者を出して苦労を重ねていた」[9]。

　大村は、朝鮮に行ってからの一年は、事務的な仕事は戸田直温理事に頼んでほとんど外に出て全土を歩き回った。「今度来た局長は鉄道のない地方ばかり視察して回る、変な局長という噂があったほど、北海道の昔に帰って、朝鮮半島内をくまなく視察した」と、当時を回顧している[10]。

　その結果、立案したものが 3 億 2 千万円の予算からなる朝鮮鉄道建設 12 か年計画である。最初は 5 か年計画、次に 8 か年計画次に 10 か年計画に変更したが中央政府の承認が得られず、ついに 12 か年計画で話がまとまって予算を作成した[11]。そしてパンフレットを描く、産業地図を作る、講演などの宣伝的なことまでして、関係者の説得に努めたが、それがなかなか理解してもらえなかったようだ。

　当時は政党政治で、我田引鉄と言われるほど、地元の代議士がある線の建設の陳情や応援をしたが、朝鮮にはそのような応援団が不在であった。

　小川平吉（1870-1942）が鉄道大臣の時に大村が、大臣官邸に説明に 2 日間も行ったが、さんざん待たされた挙句に、結局会うことができず、「鉄道大臣も地元の陳情者の機嫌を損じたら、次期の当選に差支へるから朝鮮くんだりの吾々などかまっていられない」と大いに憤慨し、政党政治の弊を痛感したエピソードを述べている[12]。小川平吉は 1869 年、長野県諏訪郡富士見村に生まれ、1892 年東京帝国大学法科大学仏法科を卒業し、弁護士となり、1903 年から衆議院議員となり当選 9 回、政友会の幹部として政界に重きをなした。鉄道大臣には 1927 年 4 月に就任し、日本八景の選定、駅名の右横書き平仮名名使用などの業績もある。

　大村らは事前に大蔵省主計課長に説明して了解を得た。その後、国会の両院委員会における政府委員として湯浅政務総監、大村局長、林財務局長が出席し、「愚問であっても愚答であってはならない」という低姿勢で議会通過まで粘り強く対応した。ある貴族院委員は、「朝鮮には今でも虎が棲息しているの

か」などの質問をしたが、丁寧に答えたという。

　朝鮮鉄道 12 年計画案は、1927 年の第 54 議会で承認された。1927 年の国有、私有を合わせた鉄道延長 2,897km（1,800 マイル）を、1938 年には 5,632km（3,500 マイル）に拡張するという鉄道線路倍増計画で、線路と車両の改良に 3 億 2 千万円を投資する計画であった。

　この背景には、当時の下岡忠治総監が朝鮮開発に対して特別の熱意と見識を持ち、思い切った度量と激励で大村らの仕事を援助したことがあげられる。下岡忠治は前述のように秋田県知事などを歴任した元来が立憲民政党の大幹部で、本来なら時の内閣に閣員として参加されるべき人であったが、自らの意見を実施するために好んで斎藤総督の下で政務総監として活躍した。

　下岡は朝鮮の産米増殖案を推進し、日本の食糧難を緩和したばかりでなく、広く朝鮮の産業開発に努力を注いだ。同氏は、「朝鮮統治の要諦はまず民度を高め、人心を安定することにある」と説かれたという。「鉄道のことを私には少しもわからない。一切あなたの好きなようにやっていただきたい。責任を私が負います」といった調子で、大村らを激励され、少しも官僚的でない太っ腹の人であった。下岡は惜しいことに 1925 年の 11 月に現職で逝去された。

5.6　徹底した事前調査と綿密な計画策定

　朝鮮鉄道 12 年計画は、徹底的な事前調査が行われており、技術的な検討に加えて経済性を基礎として地域開発、産業振興の視点で路線が選定されている。

　大村の着任前に、「鉄道建設に先立ってその必要性線路の価値、鉄道網の適否等を調査するいわゆる路線調査は、従来も年々わずかの予算をもって実施されていた。しかし朝鮮鉄道網の画期的充実の基礎となったのは、1922 年度に新たな鉄道部に線路調査予算が配布され陣容を整えて発足して以来であって、これがいわゆる朝鮮鉄道 12 年計画の事実の着手となったのである。時の工務課長は新田留次郎技師で、その下に岡本清技師がおり、その指導の下に私（佐藤周吉）（朝鮮鉄道局技師、関東軍交通監督部工務課長、満鉄鉄道建設事務所長などを歴任、終戦時は朝鮮鉄道の新京事務所長）は係主任技師として任務にあたったのである」[13]と、現地踏査を含めて事前の作業が進められていたようである。

　大村は特に最も治安の悪かった朝鮮北部の地域の資源開発を重要として、一次的な目標とし、羅津・清津・雄基の 3 港と、それらを結ぶ鉄道網の整備に力を注いだ。また、鎮南浦港（現朝鮮民主主義人民共和国の西部にある港湾都

市）における当時としては最新式のベルトコンベヤーを使用した石炭船積施設の整備も大村局長の構想によるものである[14]。これらの港と鉄道を効率的に一貫輸送として整備する手法は大村の北海道時代の経験と知識を活用したと想定される。

「朝鮮鉄道論纂」（朝鮮総督府鉄道局庶務課（1930））は、大村局長の講演録や発表論文などの資料をとりまとめたのである。この中で、論策として、鉄道計画に関係して産業、燃料（石炭等）、木材、金鉱、人口包容力、食料問題について過去の地域別の細部の統計資料、今後10年後の見込みなどを示し、鉄道路線計画ばかりでなく鉄道の旅客、貨物の将来の需要予測のための詳細な分析結果が論文としてまとめて掲載されている。関係者の綿密な科学的な調査、分析により鉄道の新規計画が策定されたことが窺える。

写真5-2　鎮南浦港石炭船積施設
（鮮交会、朝鮮交通回顧録工務・港湾編）

大村は「如何なる線路を選ぶか」について、第一に「鉄道は国運営養の動脈であると共に、其鉄道自体は敷設された地方に賦存する天然の富源の開発に依って養わなければならぬ。換言すれば鉄道の敷設に依って開発され得べき富の最も大なる地方に向かって、線路を選ぶのが大切なことである。即ち鉄道自体の営業上より観又富源開発の見地よりして、何よりも先ず経済的価値の最大の地方に向かって、其普及を計るべきである」と述べている。第二に大陸鉄道としての位置から、たとえ事故

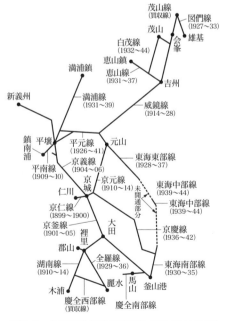

図5-2　主要朝鮮鉄道の建設期（1945年2月）
（鮮交会、『朝鮮交通回顧録（工務・港湾編）』『鉄道年報』により作成）

があったにしても、連絡を確保する迂回路を設ける必要があるとした。第三に
海港との連絡を図る。第四は都市と都市との連絡を図る。第五は国境連絡を図
る。以上が線路選定の要点であり、大村は開拓鉄道論者であった[15]。

　大村は帝国鉄道協会会報において、朝鮮国境の交通事情について、「鮮内鉄
道促進とこれに連絡する奥地の交通機関の普及により千古未開の富源の開拓が
でき、満洲、蒙古地方における無限の生産はこれに最も近距離にして低廉なる
費用を以って港口に達し、それから最も近くして安全なる日本海の横断航路に
よりて需給地に連絡するは、すなわち平時にありては大陸を原料の供給地とし
我が内地を加工場とし、さらに対岸大陸を市場とし、また有事の際にありては
日本海の制海権を確保の上に日本国民の籠城を支持するに必須欠くべからざる
交通路の拡充である」と、その産業面および軍事面での意義を述べている[16]。

5.7　鉄道網の拡充と国境連絡

　大村の策定された計画に基づき、新たな鉄道路線が建設された。予算の約7
割が新規建設費で新規5線を重点として、日本の建設業者も参画して工事が進
められた。朝鮮鉄道は当初経営不振で財政的にも厳しく、資金調達は朝鮮財政
の普通蔵入だけでは不足するため、朝鮮事業公債法を制定し、日本の金融市場
で消化された。

　この結果、朝鮮鉄道の営業キロは、1936 年には約 3,400 キロとなり、1944
年には約 5,000 キロに達した。特に、図們線は沿線の石炭、木材、農産物を搬
出するとともに、満洲国の京図線、朝開線との連絡により北部満洲と日本海側
との最短路となった。朝鮮と満洲の国境を画くした豆満江に3つの橋りょうが
建設され、1933 年8月には全線が完成した。沿線は人煙まれであり、また冬
期の極寒により、資材と労働者不足に悩まされ、1930 年頃にはゲリラの襲撃
を受けた。また、満浦線は石炭、金、銀、銅、黒鉛などの鉱物、木材資源の宝
庫で、1928 年から開始された建設は山岳地帯のため難工事であったが、1939
年9月に満浦橋の完成により全線の開通式を行い、同 10 月には満洲国梅輯線
と直通運輸を開始した。なお、満浦線の山岳部は急峻であり、平壌飛行聯隊に
航空写真測量を依頼し、陸地測量部が地上測量を行った。

　これらの北部朝鮮半島の鉄道と羅津、清津、雄基などの港は、満洲側からの
鉄道も延伸され、日本海ラインとして日本と満洲の中央、すなわち新京、ハル
ピンを日本海、朝鮮を通じて結びつけるものとなった。関東軍作戦参謀であっ
た石原莞爾（1889-1949）は日本と満洲の中央とを直結する日本海ラインを
「日本の生命線」と位置付けていた。大村にとっても故郷の福井県敦賀などへ

表 5-3　朝鮮鉄道 12 年建設費の推移

（千円）

年度	図門線	満浦線	東海線	慶全線	恵山線	合計
1927	758	10	112	15	―	895
1928	4,392	26	2,612	129	73	7,232
1929	2,944	2	1,120	987	50	5,103
1930	2,368	21	2,037	1,584	13	6,023
1931	1,792	760	2,685	1,580	853	7,670
1932	2,212	3,041	2,833	393	2,578	11,057
1933	246	3,601	3,269	953	2,284	10,353
1934	148	5,436	1,069	408	2,520	9,581
1935	122	7,061	2,116	1,301	2,512	13,112

（朝鮮鉄道状況第 27 回（1936）、朝鮮総督府鉄道局）

表 5-4　朝鮮鉄道 12 年計画線工事に参加した請負業者

線	区間	工事区間	請 負 業 者 名 簿
圓們線	10	1927.10～1931.10	荒井組、鹿島組、松本組、阿川組、間組、長門組、三木組、三宅組、小寺忠組、杉野政吉
恵山線	15	1931.5～1937.11	新井組、間組、盛陽組、楠見忠三郎、志崎工業、榊谷仙次郎、大倉土木、北陸組、日本工業、高榮社、京城土木合資会社、中島直吉
満浦線	30	1931.4～1939.10	長門組、西本合資会社、西松組、間組、鹿島組、阿川組、飛島組、龍山八寺、掘内組、志崎工業、盛陽社、大林組、楠見忠三郎、榊谷仙次郎、高榮組、三木組、銭高組、北陸組
東海線	25	1928.2～1937.12	間組、黄海組、北陸組、西本組、楠見忠三郎、西本健太郎、松本組、陣内茂吉、荒井組、清水組、三木合資会社、鉄道工業合資会社、津田組、熊城鐘三郎、中平組、三宅組、京城土木合資会社、津日組、龍山小寺、中谷廣吉、官川組、本原猪之、近江常吉、倉橋定蔵、富防有次郎、田中筆吉、渡邊惣次、大石又吉、妻木義雄
慶全線	11	1929.4～1936.12	須須権次郎、内田元治郎、三木組、鉄道工業株式会社、高榮組、阿川組、荒井組、末吉組、榊谷仙次郎、三宅組、勝呂組、柴田組、間川組、労力供給者合資会社、萩原榮三郎、大江重春、在藤熊大郎、小杉謹八、大石又吉、監谷新次郎

（『朝鮮総督府鉄道局年報』、『朝鮮請負年鑑』、東亜日報参考）

表 5-5　朝鮮鉄道建設費、改良費の推移

（千円）

年度	建設費	改良費	建設・改良費計
1925	7,158	2,749	9,907
1926	13,177	1,771	14,948
1927	15,536	2,360	17,896
1928	15,423	2,812	18,235
1929	13,676	2,291	15,967
1930	9,626	2,426	12,052
1931	10,090	2,542	12,632
1932	14,424	4,483	18,907
1933	13,917	4,789	18,706
1934	12,987	5,511	18,498
1935	16,409	7,471	23,880

（朝鮮鉄道状況第 27 回（1936）、朝鮮総督府鉄道局）

表 5-6　朝鮮鉄道の営業キロ程

（単位：マイル、km）

	1906 年 7 月 （マイル）	1910 年 9 月 （マイル）	1917 年 7 月 （マイル）	1925 年 3 月 （マイル）	1936 年 3 月 （km）	1944 年度末 （km）
京　　釜　　線	273.2	274.9	324.4	324.8	481.5	579.9
京　　仁　　線	19.4	18.4	京釜へ　—	—	—	—
京　　義　　線	310.6	309.7	361.2	369.8	609.3	705.8
兼　二　浦　線	8.7	8.9	京義へ　—	—	—	—
馬　　山　　線	25.0	24.8	京釜へ　—	—	—	—
碧　潤　渡　線	—	3.6	京義へ　—	—	—	—
湖　　南　　線			176.0	176.5	285.8	285.8
京　　元　　線			138.4	138.4	223.7	225.9
成　鏡　線　他			66.1	290.8	554.5	791.8
京　　慶　　線						382.7
（満鉄委託北部線）					(105.5)	
慶　　全　　線					433.2	276.4
平　元　西　部　線					96.5	212.6
（図　　門　　線）					(233.0)	
東　　海　　線					371.5	345.1
満　　浦　　線					176.9	343.9
恵　　山　　線					99.7	141.7
白　　茂　　線					55.9	191.6
黄　　海　　線						323.4
全　　羅　　線						198.8
合　　　　計	636.9	640.3 (1,030.2)	1,066.1 (1,715.4)	1,300.3 (2,092.2)	3,388.5	5,005.4

（前掲『朝鮮交通史』より作成）

の日本海を経由した大陸と日本間の動脈線の構築は、大きな夢であったと思われる。

　その後、朝鮮半島の鉄道は、1938 年から計画された日本国内の弾丸列車計画、朝鮮海峡トンネル、大東亜縦貫鉄道や中央アジア横断鉄道などの大陸と日本を結ぶ大構想の一部にもなった。

　また、大村の功績として軽量客車の開発がある。朝鮮は広軌鉄道で、客車の重さは 30 トン以上 35 トン、40 トンが標準であった。本線には使用されなかったが、当時広軌の 22-23 トンのボギー車を造っていた。

　大村の提案で水原、全州、慶州の駅舎の新改築に際しては朝鮮建築様式が採用された。仏国寺駅は新羅風の瓦屋根で、釉薬瓦を遠距離の会寧窯からとりよせた。

5.8　京城大洪水

　大村が着任早々の 7 月に豪雨があり、いたるところ道路や鉄道線路を破壊され京城に至る四方の交通は絶たれて孤立状態になった。大村は北鮮の視察から

ようやく京城にたどり着くことができた。洪水は堤防を越えて氾濫し、龍山の町は水中に没してしまった。

朝鮮鉄道局の従業員幹部の社宅は、ほとんど全部龍山にあるために、浸水のため家財道具なども取り出せず家族を避難させた。大村は市内の米の保有状態を調べ、白米で一週間、玄米を入れるとだいたい 12、3 日分の食料を確認した。

どんなことがあっても、その間に復旧作業を完成して、たとえ一方でも血路を開いて見せようと、まず試みたのが仁川からの船の連絡である。しかし、これは漢江の激流のため問題にならないので、これはどうしてもどちらかの鉄道を修理しなければならないことになった。

大村は自らも被災し、復旧作業に従事している鉄道関係者に対して、非常に気の毒に感じ、何とかして見舞いの意を表したいものと考えとりあえず 10 万円ばかりを支出して家族の救出に当てようと考えた。しかし、官庁というものは会社と違ってうるさいもので、その 10 万円が臨時支出となると鉄道だけにはやれないと簡単には決定しない。大村は「鉄道員は現に 8 百何軒かが家を無くして、裸のまま京城救出に活動しているのであるから、それに対して適当な救済方法講じるのは法規上ではない人道的道義ではないか」と大いに主張した。するとそれを聞いた下岡が、「もっともな話で、わたしのところへ持ってきてくれ、早速支出の手続きを取ってやる」と言って、否応なく 10 万円を出してくれた。大村は下岡を官僚臭くない、さばけた政治家だと思ったと記している。

この洪水騒ぎは鉄道従業員の一致協力した真剣な努力によって、復旧工事が進捗し間もなく雨も上がったので、危惧したほどの長い途絶期間もなく、四方の交通を回復した。

本件は北炭という民間企業に長年勤務した大村の柔軟で、官僚的でない臨機応変で、真に働く人々のことを想う自由な発想と行動が窺える。これは大村にとっても朝鮮においての最初の試練であった。

5.9 妻雪子の死

妻の雪子は 1916 年 5 月 2 日には四女多喜子、1919 年 3 月 31 日には五女和子を生んでいる。彼女はクリスチャンで、英語も堪能でピアノも演奏し、国際色豊かな女性であった。京城で活躍し、大村の英語の講演内容を訂正したり、発音を直したり大村の公的生活の面でもプラスであった。子女の回想によれば、大村がある日教会で説教をし、その淡々と述べていく説得力に聴衆が打た

れており、大村の顔が情熱に輝き、聖なる神の僕のおもかげがあったとしている。大村の説教を雪子が推敲したものと考えられる。

　しかし、雪子は 1931 年 2 月胃がんと診断され、6 月 13 日午後 6 時頃、朝鮮半島の京城南山下の官邸において、静かに永き眠りについた。享年 51 歳であった。キリスト教徒であった故人の信念としては、「死するも生くるも共に勝利なり。神吾とともに在します。吾に何の怖れもなく、何の悲願もなし。禍ひも来れ、死も来れ、何が来ても大丈夫だ。天地の主たる神、吾と共に存す。百万の悪鬼襲い来るも吾怖れず」と、最後まで我慢強く、病と苦痛に闘った [14]。

　長男の博は追悼録で、「息を引きとる時に大村は母の枕頭で『勝利であり、凱旋である』と幾度か叫んだ。信念を通し、むつかしい家庭生活を生きぬいた母に対する最期の賛辞であったのだろうか」と述べている [17]。

　大村は「今更ながら彼女に対する平素の尊敬の程度が足りなかったことを感づくのである。最早現世の生活の幕を閉じて、現在の総てのものに訣別の時近づきあるを悟りし以後の彼女は実に立派にして其平素の薀蓄（うんちく）を鮮やかに発揮して余りあり。誠に敬仰すべきものがあった。過去の平生を回想して思い当たる節も多くあった。兎も角、聖く清らかな余韻を残して去った」と、大村雪子追悼録「余韻」の中で「雪子の一周忌に当たりて」と題して記している。

　2 度目の妻も子供たちを残して病に倒れ、大村の精神的な痛手は相当のものであったと思われる。そのような中でキリスト教への帰依がますます深まったのではないか。残された 2 人の幼き女の子は、3 月に東京に帰り伯母の保護のもとに故人の希望通り成長したとある。大村は多くの子供に恵まれ、その追悼録には子供たちの、それぞれ父や母に対する思い出や感謝の念を切々と述べており、いかに夫婦と親子の愛情が深かったかが伺える。

5.10　田邉朔郎子息の田邉多聞

　田邉朔郎の孫にあたる田邉康雄氏から、朔郎のご子息で、康雄氏の父である田邉多聞と大村の関係についてご教授いただいた。

　多聞は、東京帝国大学工学部機械工学科を卒業（1921 年）の上、法学部政治科に入学した。そして 1924 年に卒業し、1 年後の 1925 年に高等文官試験行政科に合格し、内務省に入省し、配属先として朝鮮総督府鉄道局を希望した。朔郎は弾丸列車を朝鮮半島経由、北京まで開通する計画をもっており、朝鮮半島の幹線鉄道の整備を多聞に依頼したとの家伝が田邉家に伝わっているとのこ

とである。

これを受けてか入局後、多聞は欧州の鉄道事情調査に二度訪欧している。一度目は、入局後間もない1930年頃で、二度目は、1936年10月から1937年8月までで、この間多聞は、絵はがきを妻美佐子宛てに毎日出状した。このハガキ便がそっくり残っており、ご子息の田邉謙三が「鉄道マンの旅日記」とタイトルした本を出版している。多聞はこの出張期間中、ヨーロッパの鉄道を8mmフィルム（外観直径約150mm）約30巻に撮影した。

今回の調査で、大村が多聞の結婚を仲人として縁組したことがわかった。多聞の相手は有賀光豊のご息女での美佐子であった。有賀光豊は、高等文官試験行政科に合格した官僚であり、朝鮮総督府財務課長を務めていた時に朝鮮殖産銀行へ出向となり、同銀行を発展させて頭取になった。日本人と半島人（当時はこのように呼称していた）の差別を全くしなかったことにより、京城帝国大学を卒業した半島人が競って同行への就職を希望したとのことである。

田邉康雄氏によれば、「下仲人は荒井誠一郎・梅子御夫妻です。梅子氏は女子学習院高等科で美佐子と親しい同窓生で、梅子氏は京都の家に何度か訪問してくださいました。梅子氏は、経団連会長だった植村甲午郎の妹であった。誠一郎は会計監査院長で、多聞とは東大で御一緒であり、学生時代から面識を得ていたとのことである。話が出来上がったところを、朔郎が大村に正式仲人をお願いした」とのことが判明した。前述のように大村と植村甲午郎・梅子らは縁戚でありその関係もあり多聞夫妻の仲人を引き受けたのであろう。

大村卓一は田邉朔郎が北海道に勤務した時代に別組織であるが、その時以来の知己であったと想定される。このような縁もあって、「弾丸列車を北京にまで開通する」という朔郎の構想を大村卓一に伝えていたと想像される。大村局長はその構想を実現するために、ヨーロッパ鉄道調査のために、長期出張を多聞にさせたと思われる。

なお、田邉多門は終戦時、釜山地方交通局長であり、鉄道の引継ぎや邦人の日本への帰国などの戦後処理に尽力した。米軍との交渉や関係箇所との協議、日本人の安全確保や輸送手段の手配など、戦後の混乱の中での困難な仕事であった。その詳細については、田邉多聞が執筆した財団法人鮮交会発行(1976)、朝鮮交通回顧録（終戦記録編）、「終戦前後の釜山地方交通局管内事情」に、記録されているが、田邉は業務を終え最終的に帰国時の感慨を次のように述べている。

「想えば朝鮮生活20年、敗戦のため不幸にも引揚げなければならぬこととなったが併し任務は完全に果たし得たという満足感に浸りながら明朗な気持ち

で今、自分はこの地を去って行くことができる。（中略）さらば釜山よ、朝鮮よ。たくましく建国の意気に燃えて健在なれ」「米軍当局の指示もあり在留日本人で 38 度線以南にあるもの 40 万人を急遽引揚げさせることになり、9 月 26 日から 11 月末日まで約 2 か月間に毎日略 3 個列車を以て引揚邦人 31 万人、外に引揚軍人 10 万人、引揚朝鮮人 58 万人であった。この大輸送が終戦時の輸送力の著しい低下の悪条件の中に行われたことは高く評価すべきであろう。殊に日本人現地従業員が早期に帰国してしまって殆どの列車は朝鮮人のみによって運転せられた事実を思うならば、我々引揚邦人はこの交通局朝鮮人のあの悪条件下における活動を感謝すべきである」

　田邊の無念さと、激動の中での任務を無事に果たした満足感を表した胸に迫る言葉である。一方で、北緯 38 度線以北の居住者は、南北の交通が遮断されたこともあり、多くの死没者を出して犠牲になったことも忘れてはならない。

5.11　若い鉄道人へのメッセージ

　大村は朝鮮総督府時代、多くの講演や訓示を行っている。1929 年 3 月には、「鉄道従事員卒業生諸子に告ぐ」と題して次のような訓示をしている[18]。

1. 自己の職務を先ず愛せよ。日雇い稼ぎ根性を起こすなかれ。
2. 自己の栄達のみに焦慮するな。
3. 読書、勉強を怠らず励め。在学時代の講義録、教科書を大切にせよ。
4. 良友を求め親しめ。
5. 実際に当たっての研究心を涵養せよ。小事といえども苟（いやしく）もするな。

   Every one not privileged to do magnificent thing but every one is privileged to do little things magnificently.

   　誰も彼もが、偉大な働きを成すことはできないかも知れないが、しかし如何なる小事といえども、なしように由ってはこれを偉大なる意義あらしむことができる。

6. 目的の前には絶望不要也。
7. 国語使用に慣熟すべし。
8. 手帳および日記の記入を励行せよ。
9. 弁解に努めるより直すに努めよ。
10. 丁寧と親切。
11. 空論妄想を排し実務に活動せよ。

　一部英文を含めた訓示は、同氏の鉄道技術者としての人生観や職業観が反映

されており興味深い。特に、「小事といえども、なしように由ってはこれを偉大なる意義あらしむことができる」は、仏教の「一隅を照らす」にも通じる考え方であり、大村の些事でも丁寧に進める仕事のやり方を彷彿とさせる言葉である。

5.12 反日感情と民族融和

このようにして鉄道建設は産業開発に呼応して進展した。一方、朝鮮民衆の動向は「憲兵政治が廃止されて自治制度が敷かれたといっても、必ずしも急激に従来の心理状態を改め、心から日本臣民として信頼し合うというわけではない」と、大村は述べている[19]。

大村は回想録で次のように自らの心情を記している。

「だから私たちの大きな仕事の1つとしてそういう人たちと親密に交わって、お互いに心の底をさらけ出し、信頼し合って、内鮮一体であることを身をもって示すことが要求されていたわけである。そういう機関に私はいろいろと関係したが、その1つにユニバーシティークラブというのがあった。これは京城在住の大学を出たあらゆる階層の日鮮人をもって組織された親睦団体で大学の先生がある、医者がある、宣教師がある。いろいろな人々が集まって腹蔵のない意見を交換するのである。

私はできるだけ鉄道に携わる朝鮮の人々に対してもその品性の向上と幸福を希求し、兄弟として分け隔てなく、心からの信頼を持って結びつくよう従業員諸君を指導するに努め、鉄道が率先して内鮮融和の手本を見せることを期待したのであった。

しかし、このような民族的にデリケートな感情の一致はなかなか一朝一夕にはできるものではなく、朝鮮の人々の心理状況が目に見えて変わってきたのは実に満洲事変の後からである。

（中略）我が国策の行く所、常に新しい民族と接触してしなければならない我々は、この朝鮮の永い、不愉快な内鮮融和に至るまでの経験を酌んで、異民族に対しては戦勝者的な優越感で臨むのではなく同胞として、腹からの親切心を持って相対したいものである。一人ひとりのそういう心構えくらい国家への大きなご奉公となるものはないのである」[20]

大村は朝鮮の人々の心を捉えることが内鮮融和の道と考え、実践したがなかなか現実は厳しいものであった。

大村は回想録の中で、次のようなエピソードを紹介している。「ある時その席上で日本側の誰かがこんな意見を述べた。朝鮮は日韓併合までの考えると非

常に生活が不安で財産の安定も不十分であった。しかも政府財政は全くの貧窮のどん底にあって民衆は塗炭の苦しみにあえいでいたではないか、それが日本が統治するようになると、経済的に文化的に見違えるように向上を示し、総督政治もまたそのため非常に努力している。一体それに対して何が不服で反抗的な態度をとるのであるか、一つザックバランに説明してもらいたいものだ。

　これに対して朝鮮側のインテリ連の答えがこうである。成程それはそうだ。昔から見ると朝鮮人の生活は経済的にも文化的にもたいそう立派になっている。日本も努力してくれていることは十分に認めている。だが一番肝心な朝鮮民族をして心から信服せしめるというその点の努力が全然足りないのだ。吾々はこう考える。たとえ貧乏しても本当の母親の膝下で育てられる子でありたい。ぜいたくして良い着物を着せてくれても継母の家庭には育ちたくないではないか。

　私はそれを聞いて、実に巧く、真個のことをいうと思った。私はこの意見には全く賛成である。吾々が朝鮮開発を叫び自治制度を布いて朝鮮施策に画期的な改革を企てたといっても、結局それは形式的なものに過ぎず、我々の心はちっとも朝鮮民衆の心に触れてはいない。一番肝心なのは親切心である。口で朝鮮同胞というのではなく彼らの心を心とすることが肝要なのだ。吾々だって継母に育てられるよりは貧乏でも実母の下で育てられる方がよいのは同じである」[21]

　難しい課題ではあるが、大村は真正面から取組み、何とか隔和を図ることに努めた。大村にとって、「彼らの心を心とする」ことは、他民族に対する共感であり、キリスト教的な人類愛に基づいていたのではないかと思われる。

　大村の後任の吉田浩朝鮮鉄道局長は「戦争の結果それらの努力も空しく、それらの鉄道は今は外国のものになったが、その土地の開発、その土地の民衆に対する幸福増進という点については如何なる国が持っていても、人類に対する福祉増進という立場から役立っていると思う、特にキリスト教の社会観の上に立っていた大村さんにとっては、それが直接日本のためになっていなくても人類のため大なる貢献をしていることをさぞ満足されていると思う」と述べている[22]。

5.13　朝鮮総督府時代の業績

　朝鮮半島の京仁線・京義線・京釜線は最も主要な幹線であるが、いずれも明治末までに日本が完成した。完成した鉄道の線路幅は標準軌ではあるが軽量軌条を使用し、機関車は多くが米国製に依存した。総督府財政問題のために鉄道

普及は緩慢であり、やがて満鉄の経営下に入る。

　大村が着任したのは鉄道が満鉄経営からの離脱後の鉄道線路倍増計画の本格的な開拓鉄道の時代であり、大村がこれをリードし実践した。

　大村が朝鮮総督府鉄道局長として達成した業績は、朝鮮鉄道12年計画の推進と北鮮ルートの整備により朝鮮の国境と辺境地域を貫通する鉄道を敷設し、満洲・朝鮮・日本を最短距離で結ぶ海陸の交通網を構築したことである。それらの政策は軍事的な性格を重要視していたが、産業開発の目的も考慮された。

　12年計画は朝鮮の資源および産業など、経済一般に対する徹底的な事前調査が行われており、経済性を基礎として路線が選定されている。これらの鉄道は朝鮮半島の社会経済に大きな影響を及ぼし、鉄道敷設によって交通の利便性が向上し、鉱物資源の開発、産業の発達とともに新義州、太田などの大都市が形成された。

　鉄道の開通は、物資や旅客の移動に大きな変化を及ぼした。それは移動時間の不確実性を確実なものにし、移動を安全なものにした。輸送コストは特に貨物運賃にみられたように、漸次引き下げられ、大量の商品流通を可能にした。また、朝鮮半島北部は豊富な資源と開発された電力により、重工業地帯に変貌したことも指摘されている。

　朝鮮鉄道は日本と満洲や中国関内との連絡に独自の役割があり、満鉄や日本国鉄とのスピードアップ競争があった。関釜連絡船の便数は着実に増加し、船は大型化し、高速化した。旅行時間は確実に短縮し旅行客は激増した。

　朝鮮鉄道は、当初赤字続きであったが、1935-37年以降は輸送量も増え、黒字に転化している。朝鮮鉄道の看板急行列車「ひかり」（1933年4月ダイヤ改正で命名）は、釜山・奉天間の列車で、関釜連絡船を介して内地の特急「富士」との接続をとるダイヤになっていた。

　大村の在任期間は1925年から1932年の7年間であるが、便宜的に1923年と1935年および終戦前の1943年の各種統計資料を比較する。平均営業キロは、1935年で1.66倍、1943年には2.4倍となっている。それに伴い、旅客乗車人員も1935年で1.75倍、1943年には7.66倍と急増している。貨物輸送量も1935年で2.01倍、1943年には6.4倍となり、旅客・貨物収入計も1935年で1.84倍、1943年には9.56倍と飛躍的に増大している。これらは戦時下の兵員輸送に加え、移民数の増、石炭などの鉱業の発展、重工業も含めて産業や経済の発展により、人や物の動きが活発化したものと考えられる。これらに伴い、職員数も1924年比で、1934年には1.35倍、1945年には7.89倍と急増している。特に嘱託および雇員、備人の増加数が多く、日本人の割合も従前は6割であっ

表5-7　朝鮮鉄道の建設線一覧表

線　名	本・支線別	区　　間	延　長	着工期	全通期	記　　　　事
京仁線	本　線	仁川－西大門	42.0km	明治32.1.1	明治33.7.8	京仁鉄道合資会社施行
京釜線	本　線	草梁－永登浦	393.6	明治34.8.21	明治38.1.1	京釜鉄道株式会社施行 京仁線と共に買収
京義線	本　線	龍山－新義州	527.9	明治37.3.31	明治39.4.3	臨時軍用鉄道監部軍事費使用
京元線	本　線	龍山－元山	222.3	明治43.10.	大正3.8.16	（龍山建設事業所 元山建設事業所）
馬山線	本　線	馬山－三浪津	40.2	明治37.9.	明治38.10.21	嶺南支線鉄道会社建設着手後臨時軍用鉄道監部施行
湖南線	本　線	大田－木浦	260.0	明治43.1.	大正3.1.11	（大田建設事務所 木浦建設事務所）
	支　線	裡里－群山	33.0	明治44.6.	明治45.3.6	
平南線	本　線	平壌－鎮南浦	55.3	明治42.	明治43.10.16	統監府
平　壌炭礦線	本　線	大同江－勝湖里	23.3	大正7.	大正10.	海軍平壌礦業所および小野田セメントの専用鉄道として建設
鎮海線	本　線	鎮海－昌原	20.6	大正10.10.	大正15.11.11	軌条敷設は千葉および津田沼鉄道聯隊に委託
	支　線	鎮海－院浦里			昭和20. （仮営業）	路盤完成、軌条敷設のみ
咸鏡線	本　線	元山－会寧	629.4	大正3.10.	昭和3.9.1	
	（南部）	（元山－端川）	311.7	大正3.10.	昭和3.9.1	（元山工務事務所）
	（中部）	（端川－吉州）	84.7	大正8.10.	大正13.10.1	（城津工務事務所）
	（北部）	（吉州－会寧）	233.0	大正3.10.	昭和2.12.1	（清津出張所）
会　寧炭礦線	支　線	会寧－新鶴	11.7	大正15.5.	昭和7.	
北青線	〃	新北青－北青	9.3	昭和3.10.	昭和4.9.20	
遮湖線	〃	曾山－遮湖	4.9	昭和3.9.	昭和4.9.20	
利　原鉄山線	〃	羅興－利原鉄山	3.0	昭和3.9.	昭和4.9.20	
川内里線	〃	龍潭－川内里	4.4		昭和2.11.1	借上線
北　青鉄山線	〃	北青－上本宮	42.3	昭和19.4.	（工事中止）	路盤工事概ね完成
茂山線	本　線	古茂山－茂山	60.4		（15.5.1）	北鮮拓植鉄道より昭和19.4.1買収
平元線	〃	西浦－高原	204.6	大正15.5.6	昭和16.4.1	（平壌工務事務所　城津工務事務所 元山工務事務所）
図們線	〃	雄基－潼関鎮	162.0	昭和2.10.20	昭和8.8.1	
		三峰橋梁		大正15.10.5	昭和2.9.30	｝（清津出張所）
		図們橋梁		昭和7.8.6	昭和8.4.	
恵山線	本　線	吉州－恵山鎮	141.7	昭和6.5.1	昭和12.11.1	（清津出張所）
満浦線	本　線	順川－満浦鎮	303.4	昭和6.4.26	昭和14.9.28	
		満浦橋梁および附近	3.5	昭和12.6.19	昭和14.10.1	（平壌建設事務所）

線名	本・支線別	区間	延長	着工期	全通期	記事
慶全北部線	本線	全州－順天	133.2km	昭和4.4.18	昭和11.12.16	(大田工務事務所)
	支線	全池－潭陽	38.6	昭和14.11	(工事中止)	昭和12.2　路盤工事完成
慶全南部線	本線	晋州－順天	79.2	昭和17.11	(工事中止)	禮田－横川　7.0km ⎫ 工事中 河東－蟾居　7.3 ⎭ (蟾津江橋梁下部完成)
東海北部線	本線	安辺－浦項				(京城工務事務所 江陵建設事務所)
		安辺－襄陽	192.6	昭和3.2.2	昭和12.12.1	
		襄陽－北坪	93.6	昭和12.5	(工事中止)	昭和17.6　路盤工事完成
		北坪－三陟	12.9	昭和14.11	昭和19.2.11	
		三陟－梧粉	3.4	昭和15.7	(工事中止)	昭和17.6　路盤工事完成
		東幕－龍化	8.2	昭和15.1	(工事中止)	昭和17.6　路盤工事完成
		松羅－浦項	22.9	昭和15.4	(工事中止)	昭和17.6　路盤工事完成
東海南部線	本線	釜山鎮－蔚山	73.0	昭和5.7.10	昭和10.12.16	
白茂線	本線	白岩－茂山	192.1	昭和7.11.16	昭和19.12.1	(狭軌)
清羅線	本線	清津－羅津	87.0	昭和17.12	(工事中止)	清津－青岩　路盤完成 青岩－羅津　路盤工事中 (清津建設事務所)
大三線	本線	大田－三千浦	212.0	昭和16.9.1	(工事中止)	開陽－三千浦　路盤完成 梧洞－金塘　路盤工事中
陵議線	本線	陵谷－議政府	26.8	昭和18	(工事中止)	路盤工事概ね完成、引延工事は鉄道及び工兵隊にて実施、軌条連結完了
蔚山港線	本線	蔚山－蔚山港	8.0	昭和19	(工事中止)	路盤工事中
赤崎線	本線	赤崎－水営		昭和19	(工事中止)	路盤工事中
麗水線	本線	美坪－新月里		昭和18	(工事中止)	路盤工事中

(財団法人鮮交会工務、港湾編 (1973)、朝鮮交通回顧録)

表 5-8　朝鮮鉄道の延長・輸送量・収入の推移

年	1923	1935	1943
平均営業キロ（km）	1,901	3,160	4,566
伸び率	100	166	240
旅客乗車人員（千人）	16,761	29,344	128,469
伸び率	100	175	766
貨物輸送量（千トン）	4,305	8,668	27,541
伸び率	100	201	640
旅客貨物収入計（千円）	30,371	55,972	290,337
伸び率	100	184	956

(高橋康隆 (1995)、日本植民地鉄道史論、日本経済評論社)

表 5-9　朝鮮鉄道の職員数の推移

単位（人）

年	1924	1934	1945
職員	1,653	1,914	11,460
伸び率	100	116	693
嘱託および雇員	2,306	4,046	33,369
伸び率	100	175	1,447
傭人	9,577	12,282	61,919
伸び率	100	128	647
合計	13,536	18,242	106,748
伸び率	100	135	789

（高橋康隆（1995）、日本植民地鉄道史論、日本経済
評論社）

たが、3割程度になった[23]。

　大村は一貫して朝満鉄道（朝鮮半島と満洲の鉄道）の連結を主張し、それを
実現させるために力を尽くした。大村は、鉄道が国土の開拓と開発を先導する
道具として、経済と産業の発展を促進する触媒と見なしていた。鉄道こそが国
家建設の基幹であり国勢膨張のテコとなるというのが彼の信念であった。

　朝鮮半島の鉄道は、大陸と日本を結ぶ国際連絡鉄道の役割を担う上で、重要
であったばかりでなく、大村が計画し実行した朝鮮鉄道12年計画をはじめと
する日本による朝鮮半島の鉄道整備は、同地域の統治と大陸への勢力拡張のた
めにされたとの批判がある一方で、産業の発展や人々の生活を支える交通イン
フラとして大きく機能を果たし、現在も利用され続けている。

参考文献
1) 若林宣（2016）、「帝国日本の交通網」、青弓社、p25
2) 高橋泰隆（1995）、「日本植民地鉄道史論」、日本経済評論社 p64-65
3) 同上、p26
4) 大村卓一（1944）、「大陸にありて」、勝進社、p156
5) 十河和貴（2018）、「解題斎藤実宛後藤新平書翰」、立命館文学 655、立命館大学人文学会
6) 前掲4)、p154
7) 李容相（2017）、「韓国の日本鉄道研究の動向―鉄道官僚の研究を含めて―」、世界の日本研究、
　　国際日本文化研究センター
8) 懸川久一（1929）、「帝国鉄道知里概説」、博政館、p296
9) 前掲4)、p163-164
10) 前掲4)、p158
11) 財団法人鮮交会（1973）、工務・港湾編、朝鮮交通回顧録、p13
12) 前掲4)、p159
13) 前掲11)、p10
14) 同上、p117
15) 前掲2)、P101-102

16）大村卓一（1927）、「朝鮮国境の交通事情」、帝国鉄道協会会報 第 28 巻第 4 号、p92

17）大村卓一追悼録編纂会、石本秀二他（1974）、「元満鉄総裁故大村卓一翁を偲ぶ会：其の他記録」、雪子の一周忌に当りて、大村雪子追悼録余韻より p174-175

18）朝鮮総督府鉄道局庶務課（1930）、「朝鮮鉄道論纂」、非売品、p344

19）前掲 4）、p172

20）前掲 4）、p173

21）前掲 4）、p174-175

22）前掲 17）、p253

23）前掲 2）、p96、111

第六章　関東軍および満鉄時代

大村卓一は、1932 年に関東軍交通監督部長となり、その後 1935 年南満洲鉄道（以下：満鉄）副総裁に就任、さらに 1939 年 3 月 24 日には満鉄総裁に就任して約 4 年後の 1943 年 7 月 14 日に辞している。この間、約 10 年以上を大陸で過ごしたことになる。これは 1931 年の満洲事変から翌年（1932 年）の満洲国建国、1937 年の盧溝橋事件から日中戦争が勃発し、やがて 1941 年の太平洋戦争による戦線の拡大という激動の時代であった。

6.1　満鉄の誕生

4.3 で述べたように満鉄の路線は、もともとはロシアが建設した東支鉄道の南部支線の一部である。1858 年に清国とロシアの間で結ばれたアイグン条約によって、アムール川黒竜江から北はロシア領になり、1905 年日露戦争の勝利の結果、東支鉄道南部支線のうち長春以南を日本はロシアから譲り受けた。鉄道に附属する特権も全てあわせて獲得された。さらに、朝鮮国境に面した安東から奉天まで、日本軍が戦争中に軍事目的で建設した 200km あまりの軌間762mm の軽便鉄道の安奉線の経営に関する権利も、1905 年 12 月の北京会議の交渉で、日本が清国から 18 年間経営する権利を獲得した。

1906 年 1 月、参謀総長児玉源太郎（1852-1906）を長とする満洲経営委員会が政府内部に発足し、鉄道経営や満洲をめぐる経済政策一般について討議された。同年 6 月 7 日、南満洲鉄道設立に関する件が勅令第 142 号として交付された。勅令ではこの会社は鉄道運輸業を営むものと規定され、株式の保有は日清両国政府ならびに日清両国人に限るとしたものの、総裁と副総裁は、天皇の勅裁によって政府が任命するいわゆる勅任官とされ、また政府は業務監督のため南満洲鉄道管理官を置くとされた。つまり体裁は株式会社ながら、事実上の日本政府の 1 機関であったことになる。総裁と副総裁の人事について天皇の勅裁を必要とする点がそうした性格をよく表している[1]。

1906 年 7 月 13 日には設立委員会が任命され、8 月 1 日には外務、大蔵、逓信の各大臣連名による命令書が設立委員に交付される。命令書では政府が満鉄に対して求める事業内容が細かく記されていた。その内容は鉄道事業だけでなく、撫順などでの石炭採掘や、付属地での土地家屋の経営、さらには水道電気といった都市の社会資本整備や衛生事業など多岐にわたっていた。

1907 年 4 月 1 日、満鉄は野戦鉄道提理部から引き継いだ鉄道の営業を正式

に開始する。初代の総裁は台湾総督府で信頼を得た児玉源太郎の推挙もあり、後藤新平が就任した。後藤新平の考えは台湾の経験を参考にして、満鉄という国策会社を通じてこの地域に大規模な資本投下を行うことで巨大な経済圏を誕生させ、その経済圏との貿易や資源の調達といった経済活動を活発化することで投下した資本以上の利益を国家にもたらそうとする発想であった。

　レールの幅である軌間は戦争中にロシアの広軌から日本の 3 フィート 6 インチ軌間（1,067mm）に改軌したが、1908年 5 月 30 日には満鉄全線が短期間で国際標準軌（1,435mm）に改軌された。大連・盧家屯（ろかとん）間の複線化も1909年 10 月に完了した。一方で、安奉線の標準軌への改軌工事は着工の遅れもあり、1911年 11 月に完成した。

図6-1　清朝末（1911年）の鉄道路線図
（小池滋他（2010）、鉄道の世界史、悠書館）

6.2　満洲国の建国

　満洲地域は現在の中国北東部で、万里の長城の外側であり、もともと満洲族の住む地域であった。当初の関東軍は、1919年 4 月関東都督府の軍事部門が分離する形で設立された。

　1920 年代から、中国本土における国権回復や日貨排斥運動が高まる中で、日本は満鉄を足掛かりとして同地域への影響力を強め、1931 年 9 月、柳条湖事件を発端に満洲事変が起こり、関東軍が軍事的に勝利して満洲全土を支配下に置いた。

　当時、大村は朝鮮におり、朝鮮軍の軍事輸送に当たっていた。時の朝鮮軍司令官は越境将軍と呼ばれた林銑十郎大将であった。

　満洲国の建国は 1932 年 3 月 1 日である。国際連盟に設置されたリットン調査団は、現地調査も実施して、満洲国の建国について門戸開放の観点から異議を申し立てた。しかし、日本は報告書提出前の 9 月 15 日に満洲国の独立を承認し、この報告書とも関連して 1933 年の国際連盟総会で脱退することになっ

た。

その当時の満鉄総裁は内田康哉で、十河信二（1884-1981）が理事であった。十河信二は、1884年愛媛県西條に生まれ、東京大学法学部を1909年に卒業、鉄道省に就職し、経理局長を務め、関東震災後復興院に入り、1930年にかつて鉄道大臣を務め、満鉄終裁であった仙石貢の誘いで満鉄理事となった。

図6-2　満洲事変勃発時（1931年9月）の満洲の鉄道路線図
（小池滋他（2010）、鉄道の世界史、悠書館）

十河は満鉄経済調査会委員長として宮崎正義（1893-1954）をブレーンとして「満洲第一期経済建設案」の立案調査書を作り上げた。1934年、十河は任期満了で、興中公司の社長に就任する。さらに戦後、1955年に請われて国鉄総裁を「最後の御奉公と思い線路を枕に討死にする覚悟で」というセリフともに引き受けた。世界で最初の標準軌高速鉄道である東海道新幹線の建設、完成に尽力したことで有名である[2-3]。

十河信二は1956年3月6日、日本交通協会における大村卓一翁を偲ぶ会において、「大村さんは信仰に厚く、飽くまで責任を守り、人を愛すること深く、自ら奉ずること極めて薄くゆるぎない開拓者精神を堅持し、開拓に終始し、

写真6-1　仙石貢
（世界文化社（2006）、忘れえぬ満鉄）

遂に大陸の土になられたのである。（中略）大村先生は安らかに神のみもとにあって天上から、祖国日本ならびにアジアの地をみまもっておられることを私は確信している」と、述べている[4]。

満洲国が建国されると、「満鉄改組」を求める声が日増しに強まる。当時、満鉄は運輸業務にとどまらず、行政権を持ち、電力やガスの供給など幅広い企

業活動を担っていた。

この満洲事変、および満洲国の成立によって
満鉄の性格は大きく変わった。満鉄の監督官庁
は満洲国建国以後、日本の在満洲国特命全権大
使となったが、この職は関東軍司令官が兼任し
ていた。こうして満鉄は事実上、関東軍の支配
下に入った。

写真 6-2　十河信二胸像
（鉄道総合技術研究所内）

6.3　関東軍交通監督部長に就任

　1931 年 9 月に、満洲事変が勃発し、関東軍
に交通監督部を置いて、満洲鉄道を管理するこ
とになった。満洲国線の満鉄委託は、まず関東軍が満鉄に対して鉄道経営を委
託することから始まる。これは戦時下に関東軍が支配している鉄道網を満洲国
国有鉄道とした上で、その運営を満鉄に任せるということであるが、その際鉄
道に対する指揮監督権限は関東軍が保有した。この監督権限を担保するため設
置されたのが、関東軍交通監督部である。この任には、当時朝鮮鉄道局長だっ
た大村卓一があてられ、1932 年 9 月に交通監督部の編成が完了した。

　1932 年 6 月に大村は朝鮮鉄道局長の現職のまま、関東軍交通監督部に派遣
の形で奉天に赴任した。同年 10 月 30 日関東軍司令部が新京に移転したことか
ら 11 月に新京に移っている。文献では「シベリア以来旧知の仲である関東軍
の某大佐が本庄さんの親書を携えて京城に私を訪ねて来た」と記している[5]。
某大佐とは後に陸軍大将となる後宮淳（うしろくじゅん）（1884-1973）であっ
た。後宮は追悼録の中で、大村先生思い出の一節と題して、「1932 年 4 月後宮
は京城に急行して大村先生に対し、満洲事変勃発後の満洲国の鉄道政策、換言
すれば、満洲国鉄道の軍司令官監理ならびに満鉄会社への委託経営の一切を説
明し、これに伴い関東軍司令部内に新に交通監督官制定の必要性を説得し、な
お監督官の人選については、関東軍においても、中央部においても、大村先生
の就任を熱望せると以って是非ご承諾を得たき旨懇望したり」と記してい
る[6]。事前に軍の中央部と関東軍司令部において数次の協議を重ねた結果で
あった。後宮は翌日宇垣総督にも会い同意を得ている。後宮淳は東條英機とも
陸士の同期であり、大村とはこれまでの大陸での勤務を通じて旧知だったので
あろう。

　筆者が関門トンネルの歴史を調べた折に、陸軍少将の後宮淳が、参謀本部第
三部長（交通方面担当）として 1934 年 8 月に就任しており、国防上関門トン

ネルの早期実現を主張していたことが明らかになった[7]。後宮淳は終戦時、関東軍第三方面軍司令官であり、戦後にシベリア抑留を経て、1956年12月に復員している。

　どのような理由で、大村が人選されたかについては、自身も語っていないが、後宮の手記の中で、「此監督官の人選に就いては、中央部及関東軍司令部において数次の協議を重ねたる結果、現朝鮮鉄道局長大村卓一氏を起用する事に、意見の一致を見たり」とあるので、かなり前から周到な人選が進められていたと思われる。当時は満洲国が建国され、後述するように軍部と満鉄とは、満鉄の業務範囲や権限をめぐり協調と対立の両面を含めて議論が進んでいた。軍部は大陸での豊富な知識と経験、人脈のあり、胆力がある大村に的を絞って請願したのであろう。この時代の大村の職責については、軍の機密もあるのか、詳しいことはほとんど明らかになっていない。

　当時の財満諸会社中で、特に満鉄はその規模の大きさとともに優れた人材を数多く集め、一筋縄ではいかぬ猛者、知恵者の集合体だっただけに、これを指導監督する事は大変な難事と予想されていた。

　元交通監督部工務課長の佐藤周吉によれば、「（大村氏の業績として）軍用鉄道の建設促進、東支鉄道買収、軌間改築、あじあ特急のハルピンまでの延長、胡芦島築港、航空、道路、電電、都市計画等、幾多の大計画を実施されたのみならず、満洲国創立以来の技術方面の指導に力を入れ初代交通局長に藤根満鉄理事を推し、次代局長には直木倫太郎博士を内地から呼び寄せた。朝鮮より本間徳雄技師を抜擢して吉林の水電建設所長となし、内地より原口忠次郎技師（後の神戸市長）を呼んで新京出張所長とするなど主要人事にも大いに力を尽くされた」とある[8]。

　元陸軍主計中将で関東軍交通監督部総務課長の西原貢は、「だが一度その責任者の人につかれた大村さんは独特の温和な性格と崇高な人格、さらに交通事業についての卓抜な能力により、始め危念された多くの障害も難なく切り抜け満鉄はもちろん他の会社も、監督部設立の真意を理解し、力を合わせて当時の非常事態に対応し、貢献することに成功したのである。関東軍という後ろ盾があったにせよ、やはり、その運営の妙を得たのは、長である大村さんの卓越した指導力の賜だったといっても、決して言い過ぎではないと思う」と、大村の当時を回顧して述べている[9]。

　大村は新軍用鉄道の進捗状況を司令官や参謀長に直接説明するなど、軍幹部は全面的に大村を信頼し、監督部の意見軍司令官以下幕僚らの反対にあったことはなかった。年度予算の満鉄との審議の際、幕僚の一部から「この非常時に

役員給与は多すぎるのではないか」との意見が出て、大村は、「満鉄の大予算に比べれば役員賞与などは鼻クソみたいなものだ。この鼻クソを問題にして、満鉄幹部の経営意欲を削ぐことは得策でない」と主張して、公の会議の場ではその発言が出ず、満鉄幹部も胸をなでおろした。大村のキビキビした態度が青年将校のようだと非常に人気があり、西尾参謀長などは日曜日ごとに大村の1号宿舎を訪ねて交通問題について話を聞いたとのエピソードも残っている。

　大村は満鉄の監理・監督だけではなく、港湾や航空、道路などの交通分野、都市計画、技術関係の人事調整など幅広い分野で活動していたことがわかる。関東軍というこれまでとは全く異なる組織の中で、関係者間の複雑な調整などは神経がすり減り、骨の折れる仕事であったと思われる。

6.4　東支鉄道の譲渡

　4.3 において、大村が東支鉄道の連合国鉄道管理委員会に参加したことを述べた。この鉄道は 1924 年のソ支・ソ奉協定により中ソ合弁の経営下におかれた。しかし、実際の経営の実権はソ連側が握っており、奉天軍閥との間に紛争が絶えず、一時 1929 年 7 月には中国が東支鉄道を武力を以て回収した。しかし、ソ連軍の反撃にあい、11 月ハバロフスク議定書に調印して 1930 年 1 月原状に復した[10]。

写真 6-3　ハルピン新旧駅長の
引継
(満鉄 (1939)、満洲鉄道建設秘話)

　満洲事変時の関東軍の北満制圧に対し、ソ連は日本との衝突を避けるために不干渉主義を基本としていた。そのなかで 1932 年 5 月頃から王子製紙社長で貴族院議員でもあった藤原銀次郎 (1869-1960) を介して東支鉄道の売却について、ソ連側と交渉が開始された。その後、広田弘毅ソ大使 (1878-1948) (後に外相、首相となる) や後任の太田為吉により交渉が進められ、日満ソ三国間で 1935 年 3 月 23 日「北満鉄道譲渡協定最終議定書」の正式調印が行われた。こうして旧・東支鉄道は 1 億

写真 6-4　狭軌改築工事
(満鉄 (1939)、満洲鉄道建設秘話)

4,000万円で売却され、満洲国有鉄道となり、経営は満鉄に委託された。

　戦争ではなく外交交渉で重要な鉄道路線譲渡が円滑に承継されたことは奇跡とも言え、「ソ連が外国にもっていた権益を、わずか4年の交渉で、しかも対ソ戦の明確な意思を持つ側に売却した歴史的事実は想像をはるかにこえるものである。こうしたことは世界史上きわめて稀な例の一つである」との指摘もある[11]。

　詳細は不明であるが、同交渉期間は大村の関東軍に勤務した時期であり、大村が東支鉄道の連合国鉄道管理委員会に参加や、山東鉄道引継委員会での国際的な経験や知識を生かして、技術的な助言などを行ったのでないかと想定される。

　同線はロシア建設時の広軌（1,520mm）であったが、1935年8月31日に京浜線（新京・ハルピン）242kmを1,435mmの標準軌に改軌し、9月から特急「あじあ」の直通運転を開始した。本線（満洲里・綏分河）の改軌は1937年6月であった。

　ポーツマス条約以来、満洲は広軌と標準軌による2つの鉄道圏に2分されていたが、これによって標準軌の鉄道に一元化された[12]。

6.5　満鉄改組問題

　満洲国成立に伴い、旧中国系諸鉄道は満洲国国有鉄道（満洲国線または国線）とされ、満鉄自身の路線は社線と呼ばれ、鉄道網も拡大し、関連する多くの関係会社を所有していた（1937年3月末で80社にのぼる関係会社を抱えていた）。満洲事変以来、満洲の経営の中心は満鉄から関東軍に移り、満洲国政府にも日本から高級官僚が送られてきて力を持つようになった。こうした勢力は、満洲国の経済における満鉄の独占的地位をよしとしなかった。

　1933年には関東軍では特務部の沼田多稼蔵中佐が「満鉄改組」の案をまとめ、3月18日に満鉄副総裁の八田嘉明（1879-1964）に手渡した。その後、関係者間で内々協議が進んだが、途中で沼田の談話をマスコミにスクープしたことから、満鉄内の社員会が10月28日に「満鉄改組反対の宣言」を発表した。

　伊藤武雄は1933年4月に社員会の幹事長と

写真6-5　満鉄本社（大連）
（満鉄（1939）、満洲鉄道建設秘話）

なり、関東軍とも話し合い、「改組問題は原則的には社員会案にそって進行することになり、関東軍が譲歩した形で落ちつきます」と改組問題の経緯を語っている[13]。

これらは、満鉄改組事件とも言われ、満洲国の権益にいかに影響力を行使するか、関東軍とこれまで満洲経営を担ってきた満鉄と関東州長官、拓務省など各省間の満洲経営をして政治的攻防が続き、関東軍は満鉄コンツェルンを解体し、満鉄を鉄道事業に特化させる政策を強硬に推し進めることになった[14]。

一方で、「満鉄が従来のわずか 1,129km の社線のみの鉄道から、1 万 km を超える鉄道、すなわち全満洲鉄道の一元的経営、しかも競争者のない完全な独占体となったのである」[15]と、広大な満洲の全鉄道を掌握して、巨大な鉄道会社になった。大村はこれらの満鉄の過渡期に、鉄道行政を監督する立場の関東軍におり、関東軍と満鉄間の調整を担ったと思われるが、その後実際に経営する満鉄の中枢に組み込まれていくことになる。

6.6 松岡総裁の元で満鉄副総裁に就任

大村は 1935 年 8 月 21 日、松岡洋右総裁の元で満鉄副総裁に就任する。1932 年以来、内田康哉、林博太郎の 2 代の総裁にもとで副総裁をつとめた八田嘉明（元鉄道省鉄道次官）の後任である。見方によれば関東軍のお目付役として満鉄に乗り込んできたともいえ、松岡をはじめとして満鉄の社員のなかでも大村のことを余り好まない雰囲気があったという[16]。

松岡洋右（1880-1946）は、1880 年 3 月 4 日山口県に生まれ、1893 年渡米し、苦学してオレゴン州立大学を卒業した。外交官を経て 1921 年 7 月、山本条太郎と早川千吉郎社長の誘いで満鉄理事に就任した。松岡は、満鉄の歴史の中で理事、副総裁、総裁としての在職年数が 11 年と最も長きにわたりに及び、重要な役割を演じた。

日本人のインテリにありがちな至極もっともだが面白みに欠ける思考とは異質のものを持っている点、国際的な視野の広さ、そして何よりも上昇志向の強さにおいて、松岡には後藤新平と相通ずるものがあり、実際に松岡は後藤に対して強い親近感と深い敬意を抱いていたようだ[17]。

松岡洋右総裁は 1935 年 8 月 1 日の就任以来、約 3 年余の間、前述の満鉄改組問題の合意、1936 年 10 月の全満鉄道経営の一元化、産業部の設置、日満商事の設立などの組織改正を行った。また、1938 年 3 月、満鉄は鞍山製鉄所をはじめとする重工業部門を満洲重工業開発（満業）に譲渡し、鉄道と炭鉱部門および調査部門に特化することになった。

　後に松岡洋右は、満鉄総裁を辞して日本に帰
り、1940年第二次近衛文麿（このえふみまろ）
内閣の外相となり日独伊三国同盟を結び、1941
年には日ソ中立条約を結んだ。松岡は敗戦後、
極東国際軍事裁判でＡ級戦犯に指定され、
1946年6月27日獄中で病死している。松岡洋
右は岸信助と縁戚関係である。

写真6-6　松岡洋右
（世界文化社編（2006）、忘れえぬ満
鉄、世界文化社）

　大村は1936年8月、旅順夏季大学講演で「大
陸国策と鉄道」と題して、「鉄道を主体とする
交通事業を根幹として全満洲の産業を開発し経
済、文化を向上し振興満洲国の健全なる発達に
貢献するのが満鉄の使命であります」と述べて
いる。また、「これ実に日満両国の国防力を構成する重大要素であります。治
安維持の重要機関であります」と、軍事上の機能にも言及している[18]。
　満洲の土建王と言われた、榊谷仙次郎（1877-1968）は1936年10月22日か
ら25日にかけて、大村副総裁の南興安嶺隧道の現場視察に同行している。二
人は朝鮮総督府時代にも面識があったが、日露開戦以前に欧州、ロシアの鉄道
事情を視察している大村の世界と知識の広さに驚いたようである。大村は、榊
谷と別れる時に、「自分は時々このような苦労をするに過ぎないが、キミは一
年中現場に回り従業員を鞭撻されている。その苦労は察するに余りある」と慰
労の言葉を述べている[19]。榊谷は朝鮮総督府時代に会った大村について、「内
村鑑三を慕うクリスチャンの大村は、これまで接した帝国大学出の技師とは、
違った印象を受けた」と、大村氏の印象を記している[20]。
　一方で竹森一男の「満鉄興亡史」によれば、「大村も榊谷の仕事の鬼ともい
うべき底知れぬエネルギーと実力を、工事の経過を通して認め、謙虚に襟を正
さないわけにはいかなかった。（中略）大村は新天地満洲の広野の土のなかか
ら、芽を吹きだした巨木、正真正銘の満洲児榊谷を珍重すると同時に、むしろ
教えられようと努めた。（中略）大村は対等の友人として榊谷を遇していたの
である」とあり、大村の差別しない人間性を表している[21]。
　1937年7月には盧溝橋事件が発生し、日中戦争が始まるなどの厳しい情勢
の中で、大村は松岡総裁のもとで副総裁として総裁を支え、その後任の総裁に
なったので、技術者としてばかりでなく行政官としての手腕を発揮し上司をは
じめ関係者の信任は厚かったのであろう。

6.7 満鉄総裁に就任

　大村は1939年3月24日に満鉄総裁に就任する。当初は建川美次（陸軍軍人、中将）、黒田英雄（大蔵官僚）、児玉英雄（児玉源太郎の長男、官僚から大臣）らが候補にあがったが、総裁の松岡が「大陸開拓鉄道の権威」である大村を後任に選んだと言われている。

　1939年1月の報知新聞に連載された、大村副総裁が総裁候補になっていることから、大村の人物像について、「満洲事変に当っては大陸鉄道の運用に非凡な手腕を見せたエキスパートである、今まで松岡の女房役として表面には現れなかったが、この技術の優秀性に裏付けられた人格も、従来の満鉄総裁にあった政治家的な型とは正反対で率直明朗である。裸体操、宴会嫌い、巧妙な座談、大胆な意見発表、産業的、軍事的重要性をとみに加えた満鉄、否満洲鉄道の今後は彼にまかせておいてよかろう」と、紹介している[22]。

　大阪朝日新聞1939年3月24日は、新満鉄総裁の就任について、松岡総裁の功績を称えつつ、大村新総裁をこう紹介している。

　「副総裁から総裁へとジャンプする大村卓一氏は福井県生れ、今年六十八歳、札幌農学校を卒業した技術家出身という経歴の示す通り大風呂敷の松岡氏とは似ても似つかぬ謹厳古武士風の紳士、クリスチャンであり、酒は飲まず、宴会嫌いであることは余りにも有名

写真6-7　松岡総裁からの引継ぎ
（北大工学部土木一期会（1989年）、北大工学部土木の源流グローバルシステム）

写真6-8　総裁就任時の会社幹部との記念撮影
（北大工学部土木一期会（1989年）、北大工学部土木の源流グローバルシステム）

写真6-9　奉天駅（絵葉書）

だ。それでいて青年とよく談ずる
を好み、朝鮮鉄道局長をしていた
ことのある関係から半島青年から
慈父のごとく慕い寄られている国
鉄技師、シベリア鉄道監理官（シ
ベリア出兵当時）山東鉄道顧問、
朝鮮鉄道局長、関東軍交通監督部
長を経て満鉄副総裁を歴任し本邦
における開拓鉄道の最大権威者で
ある。従って満鉄は大村氏の総裁
就任によっていよいよ交通一本の
堅実な経営に入るであろう」

写真 6-10　鉄道総局本社ビル
（満鉄（1939）、満洲鉄道建設秘話）

　「技術の優秀性に裏付けられた人格は、従来の満鉄総裁にあった政治家的な
型とは正反対で率直明朗である」[23]

　結局、大村は 1939 年 3 月 24 日から 1943 年 7 月 14 日まで約 4 年間の長期間、
満鉄総裁としての重責を担うことになる。在任中は第二次世界大戦の勃発から
日米開戦、そして戦局の悪化というまさに満鉄が軍事一色に塗りつぶされた時
代でもあった[24]。大調査部構想を掲げて強化された調査部門は、1942 年、
1943 年の二度に互る「満鉄調査部事件」（満鉄調査部の研究者が左翼的である
として大量に検挙された）により、調査部門も活力を失った[25]

　1940 年 1 月 20 日には、第三次増資により満鉄の資本金は 8 億円から 14 億
円に増え膨大な資本調達を可能とした。600 万株中、100 万株は満洲国政府に
割り当てられた。また満鉄社線と満鉄国線の経理を一体化した。この時代の満
鉄は戦時下の輸送を担った。

　また、大連の本部機能の新京（元の長春）への移転を 1943 年に行っている。
満鉄に対しては、満洲国建国直後から首都、新京への本社移転が関東軍から要
請されていたが、満鉄は新京に新京支社、奉天に 1936 年 10 月 1 日、本社鉄道
部、鉄路総局、鉄道建設局を統合し鉄路総局を設け運輸業務の中心としてき
た。戦局の逼迫により、満鉄は全ての本社機能を新京に移転した。

6.8　鉄道経営一万 km

　満洲事変の後、満洲では次々に新線が建設されていった。新線計画は第一次
から第七次まで計画され、1937 年中に予定線の測量は終了した。また複線化
も 1939 年に開始された。

1939 年 10 月 1 日、鉄道経営一万 km 突破慶祝式典が挙行された。

同年 10 月 21 日には殉職者慰霊祭と祝賀会が開催され、これを記念して、総裁大村卓一は奉天から全国に向かって記念放送を行った。大村総裁は、まず満鉄の沿革を述べ、使命の重大なるを述べ、事変後 4,000km の新線を建設したる鉄道技術者の偉大なる努力を説き、尊き多数の殉職者の人柱としての英魂に感謝し、而して今回の 1 万 km を第一段階としてさらに延長建設しなければならない事情にあるとしている。「満洲国は今や石炭を年産 1 千万トンとし、鉄を年産 5 百万トンとする計画ですでに実行に進んでいる。これは世界生産額の 20 分の一である。これに応じて鉄道も世界総延長の 20 分の 1 である 5 万 km に達しなければならない」と述べている[26]。

1932 年から 1943 年頃まで約 5,000km の新線が建設されたことになる。この時期に建設された路線は満洲から北部朝鮮への連絡路拡充と、東部満洲および北部満洲における鉄道網の充実をその特色としている。その大部分は 1939 年までにほぼ完成していた。1939 年 6 月 1 日時点で、満洲国に引継ぎを完了し

表 6-1　満洲事変以降における鉄道建設

(単位：km、万円)

契　約	線路数	建設キロ程	測　　量	工　　事	仮 営 業	「満洲国」引　　継	本 営 業	建設費用
第一次線	6	774.2	1932.1～33.3	1932.5～34.6	1932.12～33.4	1933.8～34.8	1933.9～34.9	10,238
第二次線	8	1,133.4	1933.2～35.6	1933.4～35.9	1934.10～38.4	1934.11～37.6	1934.12～38.11	} 37,590
第三次線	16	1,825.5	1933.10～37.12	1934.2～39.7	1934.12～39.6	1935.10～	1935.10～	
第四次線	8	838.2	1936.7～	1936.7～	1938.11～40.12	…	…	18,106
第五次線	3	270.4	1937.4～38.12	1937.7～39.7	1937.9～39.7	…～40.12	…	11,685
第六次線	新線 1	51.1	1937.5～37.7	1938.5～39.12	1939.12	1940.6		9,741
	複線 4	889.6	…	1939.4～	…	1940.10～43.4		28,650
第七次線	1	39.5	…	1939.8～	1940.5	1942.11	…	19,240
そ の 他	1	12.4	…	1939.6～40.11	1941.5	1941.10	…	…
計	新　　線 4,944.7　複　　線 889.6							135,250

(南満洲鉄道株式会社「満洲鉄道建設誌」1939 年後編、同「第七十九回帝国議会説明資料」1941 年、同「第八十四回帝国議会説明資料」(1943 年) より作成)

注：複線は京浜線 227.1km、図佳線 31.5km、浜綏線 541.0km、虎林線 90.0km である。

表6-2　鉄道建設に対する匪賊件数

(単位：件)

	満　鉄関　係	請負人関　係	その他	計
1931 年度	2	3	0	5
1932	12	20	38	70
1933	73	95	61	229
1934	110	168	164	442
1935	43	123	157	323
1936	29	62	63	154
1937	16	18	87	121
1938	13	23	89	125
1939	0	0	6	6
計	298	512	665	1,475

(「満洲鉄道建設誌」、後編)

注：1931 年 11 月〜1939 年 4 月。

図6-3　満鉄鉄道建設図（満洲事変-1945）
(小牟田哲彦 (2015)、大日本帝国の海外鉄道、東京堂出版)

　たものが3,642.4km、仮営業中が540.0km 計4,094.4km に達していた。これと満洲事変までに建設された国有線4,716.1km および満鉄社線1,231.2km を合計すると総延長は一万 km を突破した。

　これらの路盤や軌道工事は満鉄と傘下会社、日本の請負業者約30 社が分担して進められた。それらの建設工事は短い工期の中で、資材の調達、労働者の

確保、現場の安全、関係者の調整などの多くの
困難を克服して遂行された。

　約10年間で5,000kmの新線建設は、平均す
ると毎年500kmの新線を完成したことになる。
東海道新幹線の延長が約500kmなので、東海
道新幹線と同じ距離の鉄道を毎年建設したのは
今の技術で考えても驚異的な記録である。

　工期を短縮するためになるべく切取を少なく
して、線路の両側の土を掘り起こして盛り上げ
るのを一般的として、長いトンネルや深い切取
や高い盛土は極力避けて建設された。鉄道線路
が完成すると直ちに仮営業として賃率も仮で一
年くらい営業する。その間、駅舎などはなく乗
降場も不完全なものである。その間の営業の実
績から駅本屋や乗降場の設備を定めて完成さ
せ、正式の営業開始とした。

　満鉄が1939年10月に発行した「満洲鉄道建
設秘話」では、極寒や砂漠などの厳しい自然環
境の中で、匪賊（抗日武装勢力）の来襲、ペス
トや壊血病、炭疽など風土病などの衛生状態と
闘って建設に従事した多くの関係者の生の経験
談が数多く記録されている。例えば1931年の
冬、明月溝で測量隊の満鉄社員の伊藤万治、中
村岩蔵が匪賊に倒れ、それ以降も請負人関係者
を含めて多くの犠牲者が出た。

写真6-11　大村総裁巻頭書
（満鉄（1939）、満州鉄道建設秘話）

写真6-12　武装した社員
（満鉄（1939）、満洲鉄道建設秘話）

　この中で大村総裁は題字を載せ、建設局長の田邊利男は、序の中で「おもう
に鉄道の建設はその顕れるところの華々しい成果の陰に、一層の顕れざる苦心
経営と犠牲の介在するを常とし、ことに満洲における開拓鉄道の建設に払われ
たる労苦と、犠牲の逸話、佳話は到底筆舌の盡すところに非ざるべし」と述べ
ている。

　さらに工務局長の西川總一は、「その昔我々の大先輩は日本の北門の鎖ヤク
と謂われた、北海道の開拓鉄道建設に同様の感激を覚えたことと信じるが、当
時の仕事と今日本の生命線と謂われる満洲の新線建設とは其意義と規模に於い
て各段の相違があると思う。（中略）先ず以って之を不幸にして中途に斃れた

る僚友の霊前に供え、……」と犠
牲者への鎮魂の意を表している。

　同書の中に、鉄道建設音頭が記
録されており、当時の鉄道員の気
持ちを素直に表しているので紹介
する。

　鉄道建設音頭、作詞　延原音五
郎

一、拓け満州　鉄道は千里　こ
　　としや　黒河へ是が非でも

二、今日の測量じゃ　野営とな
　　るが今度来るときや展望車

三、馬は斃れる　トラックは沈む　宿営はまだかよ　日は暮れる

四、凍る荒野に　築いた路盤　今日の粉雪で　薄化粧

五、昨日二工区　今日三工区　早く敷きたや　熱河まで

六、鉄道建設　命は的よ　弾がどんと来りや　人柱

七、命捧げて出てきちゃ居れど　可愛いわが子の夢も見る

八、あとは頼むと笑って死んだ　友に見せたいこの列車

　大村は本冊子を、名も知られず遠く大陸の地で鉄道建設に情熱と精魂を傾
け、新線建設に努力した多くの技術者や請負業者を含めた関係者の記録と、犠
牲になった方の慰霊を考えて発刊したではないかと想定される。

6.9　人材育成と石炭液化プロジェクト

　満鉄は地方部に満洲医科大学や、中学校、高等女学校など多くの教育機関を
持っていた。

　太平洋戦争開戦とともに、幹部候補である日本の大学高専卒業社の採用が難
しくなった。そこで創業当初から中堅社員の自前要請を心がけてきた満鉄で
は、1943年4月1日に社内選抜の幹部候補教育する満鉄高等学院の創設に踏
み切った。教育機関は2年間で、その下に中級養成機関として鉄道教習所、基
礎養成機関として各種養成所、奉天鉄路学院、大連満鉄育成学校および青年学
校を整備するとともに、奉天に満鉄育成学校を新設した。ここで満鉄の社内養
成機関の体系が整備された。

　大村は1943年4月1日の社報号外で「努力は最大の天才なり。（中略）社員
たるもの須らく智識を広め、技能を高め、徳性を涵養し、身体を鍛錬し、国民

たるの資質を練り、以て自己の能力を萬全に発揮し、職域奉公に徹し、国家興隆に殉ずべきにして、正に臣道の存する所、満鉄社員もまた実に茲に在り」と知識と技術に加えて全人的な教育の重要性を述べている。

満鉄の撫順炭鉱では、先駆的なオイルシェールや石炭液化プロジェクトが進められていた。オイルシェールは、油母頁岩を利用して液状またはガス化により油を取り出す方法で、1909年に日本は撫順において炭鉱を採掘した時に、石炭層に隣接している岩石を掘り出して捨てたところ、岩石が燃焼することを発見した。不思議に思って、満鉄中央試験所においてそれを検査した結果、岩石の中に油が含まれていることが明らかになった。含油率が低く、工業利用の価値が少なかったため、そのまま放置されていた。その後、当時は燃料が極めて不足していたことから、1920年頃から研究開発を進め、1936年4月に第二次設備拡張を実施し、工場の人造石油の生産量は後に年間35万トンに達した。当時の日本国内における年間石油生産量より5万トンよりも多かった。

また、石炭液化による人造石油の開発を行っていた満鉄中央試験所は、阿部良之助技師が中心となり研究を進め、製油工場を1939年2月に完成、6月21日に初めて原油を生産し、大村卓一総裁は液化原油の2瓶を天皇に献上した。米国の日米通商航海条約の破棄は予想され（7月26日破棄通告）、石油入手が困難視される時期であり、期待が大きかった。

山崎元満鉄総裁によれば、この石炭液化事業は、松岡総裁の肝いり事業であったが、その適用技術は徳山の海軍燃料廠のものを採用するか、すでに成功済みのドイツの技術とするか、松岡総裁と海軍が鋭く対立して、それが松岡総裁辞任の遠因となったのではとの見方を記している。当時の大村副総裁は本件に関与していなかったが、後にその間の事情を知り、憂慮したようだ。結局、1936年2月に海軍方式で決定されたが、1937年6月には満鉄方式で生産することに変更された。

6.10 日本海ルートの成立

日本海経由で満洲と日本とを結ぶルートは、日露戦争後大阪商船の航路により、ロシア東支鉄道と満鉄および鉄道院との間に交渉が始められ、1910年4月に日満旅客連絡運輸が実現、11年3月には日満露を通じて旅客、手荷物の連絡運輸が開始された。同年7月にはシベリア経由国際連絡運輸会議の第6回会議がロンドンで開かれ、より広範な連絡運輸体制を目指して、世界周遊券と東半球一周周遊券が設定された。この段階で世界一周の鉄道・航路の旅客運輸体制が成立し、満鉄は日本の国鉄とともにその運輸体制に参加した。

　貨物については 1914 年に敦賀とウラジオストックとを結んで日本とシベリア鉄道を直結する連絡輸送が開始された。この時期の満鉄は、連絡輸送東端の日本海に港を持っていなかった。その後、満鉄は 1933 年 10 月 1 日より朝鮮北部の鉄道の経営を委託され、東端部の連絡ルートを手に入れた。

　これは満洲事変後、日本政府が満洲の鉄道を日本海に面する港湾に到達させる方策を緊急の課題としたためで、朝鮮北部における図們線と、雄基、羅津に至る雄羅線は羅津港を含めて満鉄が建設し、この両港から図們線の南陽に至る鉄道を満鉄に委託経営させることにした。

　1933 年 10 月 1 日満鉄は、北鮮鉄道管理局（清津）を新設して受託経営を開始した。この措置によって旅客貨物の日本海ルートへの移動が図られ、特に貨物においては大連経由の運賃より廉価に抑えられた。

　敦賀・羅津・雄基航路は北日本汽船が経営し、1940 年には日本海汽船も参入した。このほか、新潟・羅津・清津間、敦賀・羅津・ウラジオストック間の航路が設定されていた。この日本海航路は 1944 年から翌年にかけて米空軍や潜水艦の攻撃で、関釜航路や大連航路が運行不能に陥ったのちも、1945 年 6 月まで運行を続けていた。しかし、6 月中旬頃にはその定期的な運行不可能になったが、この航路は日本と満洲を結ぶ最後のルートとして活動した。

　大村が朝鮮総督府時代に着目した朝鮮半島北部の鉄道路線や港湾設備が、満洲側の結節する鉄道網の整備により、日本と大陸を結ぶ複数の交通ネットワークとして結実し、人流や物流の円滑化が図られた。

6.11　満鉄総裁を辞任

　大村は 1943 年 7 月 14 日に満鉄総裁を辞している。約 4 年余を総裁として任を果たしたので長期であったといえるが、その辞任の背景には軍部もからんだ複雑な人事問題があったようである。

　最後の総裁である山﨑元幹（1889-1971）は追悼録の中で、「満鉄理事補充問題が、大村さんの命取りになったかどうか、真相は私にはわからないが、大村さんが中正の人であったために、あるいは大村さんを任期中に辞めさせることになったかもしれない。ある時、満鉄理事の補充にある軍首脳の義弟という人が推薦された。この人はかつて国有鉄道に勤め、それから朝鮮の地方鉄道にいた人であった。それだけに、満鉄社内には熟知の人が多くそれが不幸にも、推薦を喜ばぬ空気を醸し出した。大村さんは、これを察知して、軍の推薦を蹴られた。彼我互いに相譲らざる態度はついに激突の一方前まで進み軍首脳部はそれに自己の政治的生命をかけるとまでいい、他方大村総裁以下満鉄重役も総辞

職を決意するに至った。この際軍司令部の理事増員という妥協案がなかったならば、争いはいかに決着したかわからん。大村総裁の後、前理事で、問題の候補者の知人と称する人で、候補を辞退させようとした人が、自分のための副総裁の推薦をある筋から拒否された事実から見て、大村総裁のこんなつまらない、戦時下というに、ほんとにつまらぬ理由からではなかったかと想像する。当時私は大村総裁の側近にいたのであるが、私は大村さんの性格が淡白であること、そして中正であることを具（つぶ）さに看取した。すなわち大村さんはただの鏡ではなかったのである」と、述べている[27]。

　山﨑元幹は福島県糸島郡福吉村において 1889 年に生まれ、東京帝国大学法科大学を卒業後 1916 年に満鉄に入社し、一時満鉄電業の副社長などに就任したが、文書課を含めて一貫して満鉄に勤務して最後の満鉄総裁となった。敗戦後、満鉄の引継ぎや職員の帰国などの戦後処理を担い、多くの貴重な文書や資料を残した満鉄の生き字引的な存在である。

　この前理事とは平山復二郎であることを山﨑は後に「平山復二郎君追慕」と題して次のように寄稿している[28]。

　「平山君には以前満鉄の理事推薦の問題で協力して貰ったことがあった。當時、飛ぶ鳥も落す勢であった、軍の首脳の妹むこの某君が理事候補として推薦せられた。大村卓一満鉄総裁は社内の空氣からこれを拒否することに決めた。自分はその意図をうけて東京で折衝に當つた。無論とうろうの斧、自分は折衝難で困窮した。そのとき、助け舟を出して呉れたのが平山君であった。某君は自分の友人であるから、某君の方から理事を辞退するよう、本人に勧告しようとのことで、平山君は態々某君を訪れて呉れた。然し、無論、説得は成功しなかった。それからが大変だった。某將軍は自分の政治上の面子に関わると迄言い出した。関東軍も当惑、はては河本大作、甘粕正彦の諸氏迄心配をかけ、満鉄重役は総辞職と迄決意したが、梅津司令官の定員一人増しという妥協案で、事態は収まった」。このことは平山も知らなかったと思うが、平山の満鉄副総裁就任のとり止めのいきさつであった。

　平山復二郎は、1888 年生まれの丹那トンネルなどを担当した鉄道技術者で、満鉄の土木担当の理事として新線建設の最盛期の毎年 500km の新線が開業する頃に活躍した。満鉄の建設規定を改正するため、満鉄部内の建設、改良、保線、運転等の分野をあわせた委員会の委員長として、標準軌間鉄道の技術体系を確立した。これらは後章で述べる、戦後の東海道新幹線の建設にも活用された[29]。平山は満鉄理事（1938-1942）の後、満洲電気化学工業の理事長、1945 年には満洲電業の理事長となり終戦を迎えた。

　軍部が絶大な権力を保持していたその頃の時局の中で、その提案を拒否することがいかに大変であったかが想像できる。このような事情については戦後明らかになったのであるが、大村が軍に絶対的に服従するのではなく、是々非々で自分の信念は貫き通したことが理解できる。

6.12　華北交通と華中交通

　日本の占領地域の拡大に伴って、満鉄は多数の満鉄社員が動員され、1938年に南満洲鉄道北支事務所を開設し軍事輸送ばかりでなく、その鉄道路線を管理下において輸送を行い、さらに破壊された鉄道の修理も行った。

　1937年12月末、華北にいた満鉄の派遣社員は合計7,816人で、それが1939年には2万人を超えるまでに至った。日中戦争での日本軍の占領が鉄道路線に沿う形で行われたといえる。

　これらの鉄道は中国軍が撤退にあたって日本軍の進路を断つために橋の爆破、トンネルの閉塞などで破壊された。鉄道の占領および応急修理は、陸軍の鉄道連隊の任務であった。また橋梁修理などを鉄道省の足立貞嘉技師が率いる鉄道省派遣橋梁修理班（足立部隊）、高橋定一鉄道書記官率いる「高橋部隊」、鈴木貞枝技師率いる車両修理班の「鈴木部隊」、羽中田喜代作技師率いる「羽中田部隊」が、華北に送り込まれ、軍の監督下で業務にあたった。

　第7代国鉄総裁となった藤井松太郎（1903-1988）は、1938年初頭から1939年の夏まで、北支派遣橋梁修理班足立部隊の一員として、完全に破壊された淮河橋梁（200尺のトラスが9連）の下部工、上部工を約4か月で完成し、杉山方面

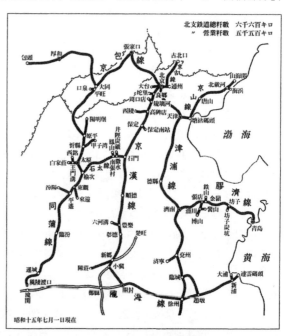

図 6-4　華北交通鉄道路線図
（小牟田哲彦（2015）、大日本帝国の海外鉄道、東京堂出版）

軍総司令官から感状をもらったと
自著（「国鉄とともに 50 年」、交
通協力会（1977 年））で回想して
いる。

　また、鉄道界の大先輩で第 9 代
国鉄総裁となった仁杉巌（1915-
2015）も、1934 年 1 月に召集され
鉄道連隊に配属され、1941 年の
夏に関特演（関東軍特別大演習）
という軍事演習のため、ハルピン
に移動。日ソ戦が始まったときに

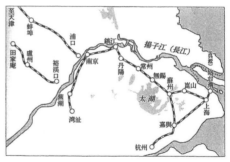

図 6-5　華中鉄道路線図（1942 年 2 月）
（小牟田哲彦（2015）、大日本帝国の海外鉄道、東京堂出版）

黒竜江に戦車を渡す船橋の架設訓練などに従事し、1943 年正月の召集解除ま
でハルピンに滞在した[30]。

　1937 年 12 月 24 日、政府は支那事変対処要綱を閣議決定し、華北について
政治的には防共親日満政権の樹立を、そして経済的には日満経済の補強と日満
華を不可分の連携関係とすることをめざし、主要交通運輸事業は新設される国
策会社の統制下に移されることになった。占領地の拡大とともに特殊会社の必
要性が叫ばれたが、列国との摩擦を回避するためや資金不足もあって、満鉄直
営案は退けられ、満鉄は人員を派遣し資本を投下し、新会社の設立となった。
このような経緯で、華北交通は 1939 年 4 月 17 日に設立された。満鉄は資本金
の 4 割を受け入れ、日本人 1 万 5,671 人、満洲人 3,022 人、合計 1 万 8,693 人
の社員が移籍し、鉄道省から 1,235 人、旧鉄道従業員 5 万 8,070 人（新採用者
を含む）、合計 7 万 7,998 人で出発した。創業当時の営業キロは 4,995km であっ
た。

　華中でもおおむね同様な事情で、華中交通は 1939 年 4 月 30 日に設立され
た[31]。華中鉄道は日本軍の 1937 年の南京占領後に設立された中華民国維新政
府と日本政府の合弁特殊会社という形式をとっていたが、実際は日本の国策会
社であった。華中鉄道の営業線は 741km で、軍管理の 390km が経営委託され
た。

　1973 年に国鉄で技師長となり、1980 年には海外鉄道技術協力協会（JARTS）
理事長を歴任した瀧山養（まもる）は、1942 年 7 月に華北交通塘沽（とうこ
く）新港港湾局に配属になっている。それより前の 1939 年に、華北交通から
北支の将来計画を立てることを指示されて立花次郎とともに 3 か月の期間、調
査団として北支に派遣されることになった。瀧山にとっては初めての海外出張

であり、雄大な計画で良い勉強になったとしている[32]。塘沽新港は戦後、天津新港と改名され、華北の大港湾に躍進している。筆者が国鉄からイラク大使館に出向時に、瀧山 JARTS 理事長からイラク国鉄総裁への紹介状を書いていただき、直接激励していただいたことを今でも鮮明に覚えている。

6.13　大東亜縦貫鉄道

湯本昇（1889-1972）が提唱した中央アジア横断鉄道（東京・ベルリン間をアフガニスタンや中東を経由して 10 日間で結ぶ鉄道路線構想）とは別に、満鉄東京支社調査課は、満鉄の線路から中国を南下し、当時のフランス領インドシナ・タイを通って日本軍占領下にあるイギリス領マラヤに入り、シンガポール（当時日本は昭南と呼称）に至る大東亜縦貫鉄道の構想を立てていた。太平洋戦争の南進論とも関係し、調査が進められた。1943 年、大本営は米航空基地奪取と南方の陸上交通路打開のために、「大東亜縦貫鉄道建設計画」を決定した。これは華北から華中、華南をへて貴州省、さら仏印、または広東に至るもので、延長 1,500km、兵員 51 万人が動員された[33]。

著者が北大の土木工学科に在学時に交通計画講座に小川博三教授（1913-1976）がおられた。小川先生はかつて満鉄に勤務されていたとその当時、側聞していた。今回調べると、「1937 年、北海道帝国大学工学部土木工学科卒。在学中に満洲や朝鮮へ実習をかねて訪れている。大学卒業後の同年 4 月に、南満洲鉄道株式会社へ入社する。1943 年、現職のまま大東亜省嘱託として在仏印日本大使府（現ベトナム、ホー・チ・ミン市）嘱託、省庁事務次官に相当する仏領印度支那土木局事務管掌補佐を務めに任じられる。東南アジア諸国の交通実態調査を命じられ、翌 1944 年から 1946 年まで、ベトナム、カンボジア、タイ王国、マレーシア、ビルマ（ミャンマー）などで調査にあたる」[34]とあり、小川先生もそれらの計画に関与していたのではないかと想定される。

筆者は国連アジア太平洋経済社会委員会に勤務の折に、国連のプロジェクトとしてアジア横断鉄道計画を担当した[35]。これは国境をまたぐ交通インフラ構想で、アジアハイウェイとともに、順次実現しつつある。目的や対象路線は異なるものの、これらの構想の元が、すでに先人により調査・実行されていたのである。

6.14　大村の健康法

大村の秘書の石本秀二の回想では、「大村様の日常生活はまことに規則正しく、常に健康に留意されておりました。早朝、夕方には 30 分ばかり犬を連れ

て散歩し、帰ってから入浴して裸体で西洋体操を欠かさずやっておられました」と述べている[36]。

大村は自著の中で、「私の健康法」というエッセイで裸体体操を紹介している。大村は生まれつきあまり健強なほうではなく、学校から世に出た若い時分は、むしろ蒲柳の質とでもいう身体で、時々風邪も引き、喉も痛めた。そのため、早朝に起床して裸体体操を実行して、外気と天日とを身体に取り入れて、その恩恵に浴して健康を保持した。体操は十文字大元（1868-1924）の名付けた自彊術をやっていた。新京の朝の気温は、零下20度以下に及ぶことも度々あるが、「大した寒さを感じません。むしろ身体全部の皮膚の毛穴が一斉に呼吸してくれるような感じがします」と記述している。それ以来風邪も引かず、医者の薬も飲んだことがないという。「風邪引かず、飯うまく、働いて疲れず、良く眠るが人間の健康を象徴するすべてです。ともかくも今日まで風邪も引かず、3度の食事に何を食べても旨く、あまり疲れずにどこに行っても働かせてもらっていることは事実です」[37]と述べている。

四男の潤四郎は追悼録の中で、「父は肉体的に健康であったばかりでなく、その精神の若さは抜群であった。老人にありがちな昔話をすることはめったになく、愚痴をこぼしたり、しめっぽい話はきらいであった。いつも未来に夢を抱き、時折ユーモアをまじえてわれわれを啓発して鞭撻してくれるのが常であった」と記している[38]。

6.15　派閥きらい、宴会きらい

北海道時代の旧友である古藤猛哉は追悼録で、「大村さんは派閥のきらいな人であった。『親分子分の関係など旧式だよ、人間は誰にでも信用されるようでなければいかん』と常に言っておられた。大村さんには特に親分らしき人もなくまた子分のような者もない。上長からは一様に信用され、部下は皆一様に愛撫され、偏愛もなく、従って部下になった者からは一様に慕われていた」と述べている[39]。

朝鮮時代の部下である戸田直温は追悼録で、「大村さんは敬虔なクリスチャンで非常に几帳面な方ではあったが、少しも固苦しい点はなく戯談もいわれて実に立派な紳士であった。日本人はもちろん外人でも分け隔てなくつき合われ、外人にも真の友人が多かった。ただ日本の料理店での宴会は嫌いでほとんど出席さえず私に代理を命ぜられるので日本料理店での宴会は私の専門である様になった」と記している[40]。

最後の満鉄総裁の山﨑元幹は、「大村は、1933年4月、満洲国間島省延安の

郊外で行われた敦図線（吉会線、後の京図線）の開通式に関東軍の交通監督部長として出席した。その後、朝鮮に列車で入り、豆満江上の橋りょうを渡り、南陽から満鉄の「はと」にて、雄基に向かった。雄基は花火が揚り、町辻にはアーチが立っていた。雄基の日本人は初めて日章旗をかざす日本の列車を満鉄から乗り入れるのを見たのである。町の有志は皆礼装、宿の女中は裾模様の着物での歓迎ぶりであった。先ほど、一行は列車中で受けた雄基市民の歓迎会の招待申出を謝絶したが、遂にその誠意を受けざるを得なかった。席上大村さんの謝辞は大村さんとしては、かつては朝鮮線の建設当事者であり、更に満洲側の鉄道代表者として感激の情抑えがたくやむにやまれず敢て酌人の出る会にも出、謝辞を述べられたと思う。もともと大村さんは酌人の出る会には出ない人であった」と、回想している。

　また、別のエピソードとして、「関東軍司令官南大将が轉補となり、満鉄が、大将を星の家に招待したとき、御酌の出る宴席には一切出ないといわれた大村さんが、きちんと松岡さんの隣に坐って居たのがよほど大将を感激させたと見え、主客転倒、大将自ら、大村さんの前に出て、感激の聲を放ったことを紹介する」と述べている[41]。

　石本の回想によれば、大陸時代の大村はクリスチャンとして信仰心が厚く、毎日曜日には欠かさず、教会に礼拝されていたとある。

　これらの各界の記述から浮かび上がる大村の人物像は、古武士のような謹厳実直で、使命感が強く、倫理を重んじる技術者像が想像できる。

6.16　鉄道五訓と一燈園

　満鉄40年史の年表によれば、1938年2月1日に「鉄道五訓」制定とある。5訓とは至誠奉公、融和一心、規律厳守、研究錬磨、質実剛健である。これは大村が副総裁の時代であり、同年満鉄社員会から三上和志による「鉄道五訓」という同名の本が出版されており、大村が題字を書いていることから、この制定に大村は関わったと思われる。内容は朝鮮総督府時代の若い鉄道人へのメッセージ（5.11参照）ともかなりの共通点があり、大村の民族の融和と協調の姿勢が「融和一心」に凝縮されているのではないか。

　この本の執筆者である三上和志は、在満23年間中、約20年間満鉄嘱託として、最初は奉天機関区で一番厳しい機関車の灰受皿の清掃を中国人とともに行うことから始め、その後全満鉄沿線の各地、各箇所の社員や家族に講話を行った。彼は西田天香によって創始された一燈園に強く影響を受け、社員の悩みや、家族の心配事の相談などにも応じていた。日満が和解して協力しあう職場

つくりを満鉄からも依頼され、長年にわたり献
身的な努力を続けた。最初の頃は8畳2間に便
所、炊事場の稲葉町の満鉄の社宅で仮一燈園と
していたが、入園希望者も増え手狭のため、城
内と商埠地の中間にある南三経路に土地を求
め、新しい一燈園を建設することになった。坪
内与吉公会堂長や大連醤油の松田などの資金援
助もあり1935年9月20日に新築奉天一燈園に
移転した。三上はその晩、一燈園の庭で野宿を

写真6-14　鉄道五訓
（満鉄（1939）、満州鉄道建設秘話）

した。その朝に建設費用の一部を大村総裁が寄付金として自ら持参した。三上
は、「私の寝た茣蓙の横の大地に両膝をつき靴のまま坐ったようにして、金子
の紙包みを合掌したように両手ではさみ、私の前に差し出された。ささげる様
な厚い姿であった」と回想している。三上は中を見るように勧めたが、大村
は、『もうそれはよい。わしはこれから教会に行く積りだから、それよりも頼
みますよ。20万の社員の心の問題を、その家族達の心の生活の問題を、貴方
に心から頼みますよ』と、ふるえ声で言った」と追悼録に記している[42]。

一燈園の創始者の西田天香と大村は、大村の朝鮮鉄道にいた頃からの知り合
いで、大村が京都に来た時に、一緒に朝風呂に行った間柄であった。西田天香
は1893年北海道空知郡栗沢村清真布（キヨマップ）に滋賀県の入植者ととも
に開拓に入り清真布駅（現在の栗沢駅）の誘致などをした経験もあり[43]、お互
いに共感するところが多かったのではないか。

鉄道五訓は今日の会社の経営理念や社員の行動指針のようなものである。鉄
道は多くの技術分野や系統からなる複合システム産業である。特に満鉄のよう
な多民族の職員がその使命を果たすには、わかりやすい共通の理念が必要で
あった。大村は戦時下という厳しい周辺環境であったが、満鉄を理想的な鉄道
事業組織とすべく、これまでの自らの信念も反映して鉄道五訓を作成したので
はないか。

6.17　満洲の経済的発展と鉄道技術史上の評価

満洲の開発、満鉄の歴史については多くの著作があり、さまざまな評価がな
されている。

満鉄の誕生は、日露戦争後のポーツマス条約の結果、東清鉄道南満洲支線と
その附属利権を譲り受けたもので、当初から満鉄総裁の後藤新平が唱えた「文
装的武備」が示すように、文事的施設を以って他の侵略に備え、一旦緩急あれ

ば武断的行動を助くるの便を併せて講じ置く事」であった[44]。つまり、満鉄は単なる鉄道会社ではなく、満洲の地で教育、衛生、学術といった広い意味で「文事的施設」を駆使した植民地統治を行う会社として位置づけられていた。満鉄に入社した大川周明の学位論文は「東インド会社の研究」であり、満鉄は満洲地区の鉄道経営をしながら沿線開発を行う、イギリスのインドにおける植民地化の方策を模したとの見方もある。

　三木によれば、「鉄道附属地と租借地の関東州から成る『点と線』の植民地に端を発し、満洲事変という軍事占領を経て関東州および「満洲国」という傀儡国家の樹立によって空間的な植民地化が進んだ」と、満洲における大きな変化について言及している[45]。それまでの満鉄は、鉄道に加えて、旅館、港湾、炭鉱、製油部門、地方経営として学校、衛生施設、附属地経営、調査部、試験場、研究所を有していた。特に、調査部は広範な研究領域と豊富な人材を擁し、今日のシンクタンクのような機能を発揮した。また、研究所も鉄道以外の幅広い分野に及び、高い水準を維持していた。

　満洲事変後、満鉄は満鉄改組事件により、関東軍は満鉄コンツェルンを解体し、鉄道事業に特化するとともに、独占的な約 1.1 万 km を有する鉄道を運営していた[46]。満洲開発の意義は対ソ防衛という国防上の北辺警備に加え、日本

表6-3　満鉄の概況

| | 営　業　キ　ロ（貨物） | | | | 社　　　　　　　線 | | | |
	社　　線	国　　線	北鮮線	計	(1)乗車人員（千人）	(2)客車収入（千円）	(3)貨物輸送（千トン）	(4)貨車収入（千円）
1927〜31年の平均	1,116.5	—	—	1,116.5	8,564	14,354	16,691	88,340
1932	1,127.1	—	—	1,127.1	8,610	14,812	16,573	85,022
1933	1,129.1	3,161.3	330.6	4,621.0	11,634	18,757	18,851	94,263
1934	1,129.1	3,752.2	329.2	5,210.5	13,786	20,333	21,671	101,489
1935	1,129.1	6,284.9	344.4	7,758.4	15,124	22,412	20,980	103,362
1936	1,129.1	7,270.0	344.4	8,743.5	15,750	22,302	21,366	103,165
1937	1,129.1	7,842.5	344.4	9,316.0	17,379	24,958	24,331	115,558
1938	1,159.3	8,335.2	352.4	9,846.9	21,000	33,668	26,994	135,089
1939	—	—	—	10,459.0	30,825	50,207	26,228	153,151
1940	—	—	—	11,039.0	97,822	194,843	64,506	318,876
1941.9 末	1,214.4	9,618.4	207.5	11,040.3	103,683	223,381	74,576	391,354
1942	—	—	—		132,153	307,691	84,441	418,454
1943.10	1,226.0	9,705.3	207.5	11,138.8	163,544	436,025	84,984	429,076
1944 予算	—	—	—		172,000	480,978	88,000	511,078
1945 見込	—	—	—		180,000	506,000	91,000	529,560

大村の満鉄在任期間

（「南満洲鉄道株式会社第三次十年史」、「鉄道統計年報」（昭和十五年度〔下〕貨物総括）、「第七十九回帝国議
注：＊印は三線合計を示す。

や朝鮮半島からの移民の受け入れ、大豆などの農産物の生産拡大、石炭や石油などの資源の確保などが考えられる。その中で鉄道は、地域の開発を促進し、輸送時間とコストを短縮し、地域の発展と産業の振興、人々の福利厚生の向上に寄与した。

大村が満鉄に副総裁および総裁として在任した1935年から1943年の各種統計の推移を見ると、貨物営業延長が7,758.4kmから11,138.8kmと1.42倍になっている。これに伴い客車（旅客）収入も22,414千円から436,025千円と19.4倍、貨物収入も103,362千円が429,076千円と4.1倍となっており、特に旅客の伸び率が大きい。これは戦時下の兵力輸送に加え、移民数の増や産業や経済の発展による経済活動の活発化が考えられる。反対に貨物輸送については、輸送力の限界から運べない滞貨の量が大きくなった面もあった。

これに伴い総収入も302,159千円が1,296,423千円と4.2倍と急増しており、損益でも49,624千円が92,959千円と1.9倍と倍増している。地方経費は赤字で、鉄道と鉱業の利益で補填していたが、附属地を1937年に満洲国に移譲したため、1938年以降は計上されていない。また、それまで赤字続きであった、製鉄・製油も額が少ないが黒字に転換したことも注目される。

満鉄職員も1935年から1943年には、路線の拡大もあり5.4万人が37.4万人

国　　　線				北　鮮　線				1トン平均（社線）		
乗車人員	客車収入	貨物輸送	貨車収入	乗車人員	客車収入	貨物輸送	貨車収入	輸送トン	収入（円）	1トン収入（銭）
—	—	—	—	—	—	—	—	337.1	5,271	1.57
—	—	—	—	—	—	—	—	343.9	5,130	1.49
7,869	14,711	8,917	36,079	746	512	519	1,135	344.0	5,000	1.45
8,814	16,892	11,873	50,646	1,611	1,139	1,122	2,500	321.4	4,683	1.46
12,879	26,488	14,956	69,104	1,718	1,175	1,474	3,350	322.0	4,927	1.53
15,574	34,355	18,658	85,475	1,802	1,742	2,089	4,787	300.7	5,163	1.61
18,731	41,307	21,050	101,805	1,991	2,032	2,432	5,842	*318.1	…	*1.72
28,614	57,218	27,792	131,106	2,456	2,317	3,085	8,083	*338.0	…	*1.68
45,350	100,182	31,442	167,212	4,509	3,737	3,374	8,894	*346.5	…	*1.61
社線に合算								*325.0	…	*1.51

会説明資料」、「第八十四回帝国議会説明資料」、新京総務局「満鉄社業概況」1944年、などから作成）

表6-4　満鉄の概要

	総　　　計			鉄　　道		港　　湾	
	収　入	支　出	損　益	収　入	損　益	収　入	損　益
1907	12,543	10,527	2,016	9,669	3,696	573	12
1908	17,615	15,502	2,113	12,537	7,622	1,021	175
1909	23,114	17,343	5,771	15,017	9,198	1,381	248
1910	24,777	21,069	3,708	15,672	9,471	1,213	111
1911	28,155	24,487	3,668	17,526	10,618	1,257	97
1912	33,546	28,620	4,926	19,907	12,060	1,689	200
1913	42,417	35,250	7,167	22,275	14,361	1,912	183
1914	44,671	37,130	7,541	23,217	14,871	2,291	327
1915	43,786	35,706	8,080	23,894	15,720	2,293	371
1916	52,402	42,295	10,107	27,815	19,379	2,502	364
1917	69,429	54,504	14,925	34,458	23,599	3,500	393
1918	96,258	74,065	22,193	44,993	27,955	4,533	39
1919	153,133	128,758	24,375	67,061	36,532	6,070	1,335
1920	174,738	147,346	27,392	85,317	48,557	7,304	▲ 563
1921	147,101	115,714	31,386	78,204	45,031	7,581	669
1922	169,957	134,876	35,080	87,813	53,644	8,675	1,282
1923	185,698	150,903	34,795	92,270	56,482	7,893	74
1924	194,182	159,629	34,553	92,562	56,008	8,763	76
1925	201,598	166,733	34,865	97,395	58,595	9,656	633
1926	215,615	181,457	34,158	107,924	61,972	9,931	994
1927	230,559	194,284	36,274	113,244	68,008	10,276	970
1928	240,428	197,875	42,553	118,639	74,281	10,785	2,462
1929	240,998	195,492	45,506	122,104	74,890	12,276	3,557
1930	188,104	166,431	21,673	95,331	56,562	8,559	1,821
1931	187,054	174,456	12,599	85,476	48,185	8,358	1,289
1932	245,941	184,653	61,288	103,847	65,051	11,406	3,039
1933	248,002	205,082	42,921	119,677	75,766	13,034	3,217
1934	270,669	114,202	46,467	126,525	73,244	15,730	3,580
1935	302,159	252,535	49,624	134,686	84,030	14,394	3,595
1936	299,044	248,871	50,174	133,482	79,597	15,229	3,946
1937	355,048	281,119	73,929	151,053	89,713	17,724	4,951
1938	387,412	314,536	72,875	192,746	97,117	23,084	5,895
1939	440,907	363,059	77,848	229,830	105,922	28,974	2,943
1940	799,328	722,517	76,711	609,979	144,945	26,174	1,670
1941	937,672	865,540	72,131	734,433	150,589	30,046	1,364
1942	1,106,265	1,021,376	84,888	663,921	199,261	31,806	▲ 44
1943	1,296,423	1,203,464	92,959	1,022,280	229,636	26,887	▲ 6244
1944	1,567,011	1,453,211	113,800	1,242,543	298,236	28,876	▲ 11,411
1945	—	—	—	—	—	—	—

大村の満鉄在任期間（1938〜1943）

（営業報告書より作成）

・1931年度は、「第3次満鉄十年史」によれば、340万円の損となっている。

(千円)

礦 業		地 方		製鉄／製油		資本金	社員
収 入	損 益	収 入	損 益	収 入	損 益	億円	千人
1,484	553	121	▲ 130			2.0	13
2,703	1,028	274	▲ 126			〃	12
4,026	1,230	371	▲ 230			〃	15
5,749	1,667	444	▲ 497			〃	18
6,464	2,179	468	▲ 615			〃	19
9,194	1,847	633	▲ 768			〃	20
14,372	1,801	901	▲ 1,051			〃	22
14,076	2,217	1,779	▲ 1,086			〃	23
12,648	2,007	1,518	▲ 974			〃	24
15,973	2,077	1,480	▲ 1,267			〃	25
20,368	5,320	1,930	▲ 1,608			〃	30
32,597	7,082	2,545	▲ 2,407	製　鉄		〃	38
61,201	13,422	3,446	▲ 4,216			〃	44
60,670	5,802	3,991	▲ 6,160	1,581	▲ 6,422	4.4	37
40,004	3,296	3,954	▲ 6,432	3,607	▲ 2,874	〃	36
53,140	6,716	3,995	▲ 6,836	3,387	▲ 3,704	〃	36
63,915	4,078	4,524	▲ 8,298	3,704	▲ 2,241	〃	38
68,698	8,103	4,363	▲ 9,764	4,431	▲ 2,955	〃	39
68,453	6,467	4,531	▲ 11,407	3,987	▲ 3,720	〃	36
76,154	5,489	5,241	▲ 12,567	6,897	▲ 3,807	〃	35
82,787	9,748	6,098	▲ 13,006	9,223	▲ 158	〃	34
87,168	11,603	6,230	▲ 13,195	9,741	1,216	〃	35
84,365	12,275	4,690	▲ 13,599	8,940	543	〃	35
62,441	1,813	4,586	▲ 10,719	6,641	▲ 667	〃	34
52,732	17	4,489	▲ 10,877	7,709	▲ 2,980	〃	32
55,086	538	4,824	▲ 11,687	10,711	▲ 3,900	〃	33
70,976	5,016	6,185	▲ 10,670	3,040	▲ 544	8.0	40
85,526	10,391	7,274	▲ 13,676	製　油（注2）		〃	46
92,560	12,698	9,407	▲ 14,218	6,962	1,051	〃	55
87,944	12,250	9,473	▲ 16,634	7,957	922	〃	117
91,177	10,505	9,063	▲ 11,022	8,517	1,487	〃	126
105,785	16,579	（注1）		11,190	2,260	〃	155
91,350	11,260			10,382	1,275	〃	197
81,646	13,487			11,427	1,019	14.0	204
94,343	14,021			18,629	2,502	〃	218
111,559	14,393			27,476	3,105	〃	294
118,294	5,105			31,942	1,023	〃	375
149,786	▲ 11,445			35,899	▲ 5,499	〃	398
—				—	—	24.0	—

注1　附属地を1937年12月に満洲国に移譲したため、38年以降は地方経費は計上しない。
注2　製油工場の稼働は1930年。

表6-5　満鉄社員数の推移（1907-1944)

野鉄より引継ぎ　職員2180名、備人4239名（内中国人24名）　計6419名

年度	職員／雇員		日人傭員	中人傭員	嘱託	合計
1907	2,953		6,135	4,129		13,217
1908	2,739		4,811	4,456		12,006
1909	3,251		5,589	6,267		15,107
1910	3,801		5,961	7,210		17,972
1911	3,919		7,356	8,212		19,487
1912	4,239		7,666	8,570		20,475
1913	4,693		8,213	8,901		21,807
1914	職員 4,712	雇員	8,420	9,663		22,795
1915	2,381	2,297	9,025	9,827	38	23,568
1916	2,457	2,443	9,776	10,526	35	25,237
1917	2,620	2,879	11,580	13,183	0	30,302
1918	3,110	3,519	14,564	16,819	49	38,061
1919	3,680	5,309	15,818	19,415	71	44,293
1920	3,833	5,411	12,540	15,135	74	36,993
1921	4,297	5,208	12,059	14,757	76	36,397
1922	4,719	4,663	12,041	14,614	93	36,130
1923	4,959	4,793	12,230	15,563	129	37,674
1924	9,674	—	12,521	16,326	127	38,648
1925	9,064	—	12,220	14,820	142	36,246
1926	8,689	—	11,883	14,596	229	35,397
1927	8,565	—	11,865	13,677	267	34,373
1928	8,705	2,462	10,009	13,377	336	34,889
1929	8,223	2,848	10,357	12,862	322	34,612
1930	7,930	3,156	10,738	12,117	314	34,255
1931	7,420	3,330	10,378	10,506	370	32,044
1932	7,493	3,725	11,097	10,391	411	33,117
1933	9,243	5,485	13,627	10,430	760	39,545
1934	10,928	5,904	17,408	11,115	815	46,170
1935	12,661	6,300	22,384	12,286	869	54,500
1936	19,011	15,761	27,642	53,879	978	117,271
1937	17,868	15,351	40,490	50,497	777	126,106
1938	21,899	20,053	54,148	59,037	931	155,137
1939	27,608	25,219	71,495	72,564	1,063	196,886
1940	29,100	26,287	71,048	77,451	413	203,878
1941	31,247	准職員 29,754	72,947	86,350	—	218,275
1942	37,424	31,737	107,406	117,453	—	294,020
1943	42,089	37,061	104,706	177,949	215	374,976
1944	44,995	43,166	106,374	195,041	783	398,301
［1944年9月30日現在の民族別人員］						
日人	39,428	31,604	66,813	0	305	138,804
中人	5,567	11,562	39,561	195,041	578	259,497

（左欄の括弧　大村の満鉄在任期間）

（「第1次〜第4次　満鉄十年史」から作成。但し1937〜41年の雇員の内訳は「満洲開発四十年史」に拠った）

・1917〜22年の中国側鉄道への派遣の満鉄社員、及び1919〜24年に受託の朝鮮国有鉄道の従事員は含まない。

写真 6-15 中国に保存されているパシナ
（永井宏生氏撮影）

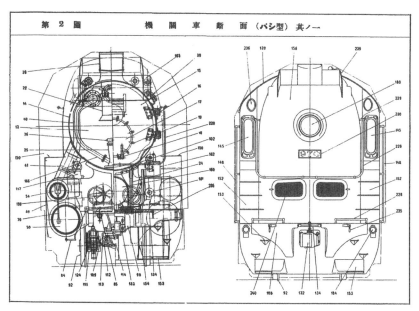

図 6-6 パシナ機関車図
（天野博之（2012）、満鉄特急あじあ号の誕生、原書房）

に激増しており、労働力不足から特に中国人備員の数が増え 1944 年には全体
の約 65％になっている。

　満鉄改組により、多くの関連事業を国や他の組織に移譲して、採算性の悪い
と思われていた培養線である国線を抱えた満鉄が、大村の在任期間にたゆまぬ
経営努力と改良工事によりスケールメリットもあり社線、国線が一体化した鉄

道ネットワークと効率な輸送体系が実現したと言える。高橋は大村の時代を評価して、「開拓鉄道」から「国家鉄道」へ移行したとしている[46]。

　治安の悪い中で悪疫酷寒と戦いながら進めていく鉄道建設工事は困難をきわめたが、同時に技術的にも多くの成果をあげた。広軌鉄道の建設規定など諸規定の整備、定規標準図の制定およびその適用の徹底などあげられ[47]、これらは戦後の新幹線整備などにも活用された。鉄道以外でも撫順における露天掘や鞍山における液体空気利用の発破など日本本土で見られない土木技術が採用された。

　1941年11月、菊池寛が発刊した「満鉄外史」に、大村は序文を寄せ「創業当時700kmにすぎなかった鉄路は、今や延々と延びて1万kmを突破し、1万人の社員はすでに20万人を数うるにいたった。この満鉄会社の驚くべき膨張発展の歴史は、それ自体が近代満洲史であると同時に、おそらく和蘭、英国の東印度会社史あるいはシベリア鉄道史に優るとも劣るまじき、近代東洋史をいろどる最も多彩にして主要なる部分であろうと信じる」と記している[48]。満鉄外史は作家の菊池寛が満洲新聞社の依頼により一部老満鉄マンの談話を聞いて物語風にとりまとめたものである。

　鉄道技術面でも、満鉄の標準軌による特急あじあ号（1934年11月に大連・新京間営業開始、1935年9月にはハルピンまで延長）などは、最高速度130km/hで流線型の機関車、全車完全空調付の固定編成など当時の世界的にも最先端の鉄道であった[49]。列車全体に蒸気噴射式冷房装置を採用したのは、世界で初めてであった。

　林はその著書の中で、東アジアにおける満鉄の技術や経営、組織などを戦後の新生中国の時代を含めて詳細に分析しているが、満鉄の技術について、「満鉄の技術体系の移植と伝搬という特徴は、日本帝国内の他の鉄道だけでなく欧米帝国の植民地戦争と比較しても明確である」とし[50]、「満鉄の技術蓄積は戦前期において世界水準に達しており、内部経営にも極めて良好なものとしてフィードバックされた。さらに、その優れた経営条件にもとづいて最先端の技術が実現された。とはいえ、戦時型技術はディーゼル化などのような新しい技術課題には対応できず、その中核的担い手が日本人に留まり、中国人へのスピルオーバーは限定的であった。このことから、戦後には日本人技術者の留用やソ連技術者の支援が必要とされたのである」と、評価している[51]。

　日本の鉄道省では、大陸における戦禍の拡大とともに東京・下関間の輸送力の強化が求められるようになり、1938年12月に鉄道省企画委員会に鉄道幹線調査分科会が設置され、弾丸列車計画が決定した。1941年に用地買収や一部

のトンネル工事を進めたが、戦争の激化で 1943 年には中断となった。これら
の計画の背景として、欧州などの高速化の動向とともに満鉄への対抗意識が
あったと指摘されている[52]。これらは戦後、日本において十河信二、島安次郎
など旧満鉄関係者の尽力により標準軌の東海道新幹線の開業という夢に結実し
た。

　鉄道施設と鉄道付属地においては、用途地域制を日本より早く導入するな
ど、本土に見られない積極的な都市計画で近代的な街作りや奉天ヤマトホテル
などの関連事業施設の整備・経営も行われた。これらの鉄道を中心とした街づ
くりや駅ビルやホテルなどの関連事業開発の思想は、国鉄、さらには民営化さ
れた JR 各社の関連事業へつながる系譜ではないかと思われる。

　日本は敗戦となり、旧満洲国は消滅しこの地域は新生中華人民共和国の東北
地域として発展している。現在の中国は鉄道大国であり、高速鉄道整備につい
ても縦横に整備され、さらに建設が進められている。時代を経て、政治体制や
とりまく状況が変化しても、過去に整備されたインフラや人づくりは残り、今
も人々の生活とともに承継されている。

参考文献
1) 若林宣 (2016)、「帝国日本の交通網」、青弓社 p36
2) 瀧山養 (1983)、「十河信三」、土木学会誌、1983 年 8 月号
3) 十河光平監修 (2013)、「夢の超特急ひかり号が走った、十河信二伝」、西日本出版会
4) 大村卓一追悼録編纂会、石本秀二他 (1974)、「元満鉄総裁故大村卓一翁を偲ぶ会：其の他記録」、p225
5) 大村卓一 (1944)、「大陸にありて」、勝進社、P195
6) 前掲 4)、p273
7) 高津俊司 (2015)、「鉄道技術者の国鉄改革―関門トンネルから九州新幹線まで」、成山堂書店
8) 前掲 4)、大村さんと私、p159-260
9) 前掲 4)、関東軍時代の大村さん、西原貢 p275
10) 佐藤元英 (1996)、「北満鉄道譲渡問題をめぐる日ソ関係」、駒澤大学文学部研究紀要 4
11) 高橋泰隆 (1995)、日本植民地鉄道史論、日本経済評論社、p318
12) 井上勇一 (1990)、「鉄道ゲージが変えた現代史　列強は国家権力を乗せて走る」、中公新書 992、p215
13) 伊藤武雄 (1964)、「満鉄は生きて」、勁草書房、中国新書 7
14) 浜口裕子 (2000)、「満鉄改組問題をめぐる政治的攻防：1930 年代半ばを中心として」、慶応技術大学法学研究会、法学研究 Vol.73、No.1
15) 前掲 11)、p336
16) 加藤聖文 (2006)、「満鉄全史『国策会社』の全貌」講談社選書メチエ、P196
17) 同上、p77
18) 前掲 5)、p187
19) 岡田和裕 (2017)、「満州の土建王　榊谷仙太郎」、潮書房光人社、p297
20) 同上、p151
21) 竹森一男 (1970)、「満鉄興亡史」、秋田書店、p163
22) 神戸大学経済経営研究所　新聞記事文庫

23) 同上

24) 前掲 16)、p196

25) 同上、p196

26) 土木建築工事画報 (1939)、「満鉄 1 万 km 記念と大村総裁の講演」、第 15 巻、11 月号、p157

27) 満鉄会 (1973)、「満鐵最後の総裁山﨑元幹」、大村満鉄総裁に仕えた思い出、p570-571

28) 前掲 27)、平山復二郎君追慕 p430 ～ 431

29) 久保義光 (1962)、「平山復二郎氏の追憶、満鉄時代の思い出など」、土木学会誌、Vol.47、3 号、p47

30) 大内雅博編 (2010)、「仁杉巌の決断のとき」、交通新聞社、p133-134

31) 若林宣 (2016)、「帝国日本の交通網」、青弓社

32) 瀧山養 (1996)、「海外鉄道技術協力への思い」、東神堂

33) 前掲 11)、P551

34) 五十嵐日出夫 (1983)、「小川博三」、土木学会誌 1983 年 8 月

35) 高津俊司 (1994)、「国連 ESCAP のアジア縦貫鉄道」、運輸と経済、第 54 巻、第 4 号

36) 前掲 4)、大村先生の私生活、石本秀二、p265

37) 前掲 5)、p251

38) 前掲 4)、食べものと読書、大村潤四郎、p370

39) 前掲 4)、北海道時代の大村さん、古藤猛哉、p236

40) 前掲 4)、大村局長と私、戸田直温、p249

41) 前掲 27)、p571-572

42) 前掲 4)、p293-298

43) 神渡良平 (2018)、「許されて生きる、西田天香と一燈園の同人が下座に生きた軌跡」、廣済堂出版、p48-49

44) 小林英夫 (2008)、「満州の歴史」、講談社現代新書、1966、p38

45) 三木理史 (2016)、「満州国期の農産物鉄道輸送―満鉄の路線拡大との関わりに注目して―」、歴史地理学、58-3 (280) p1

46) 高橋泰隆 (1995)、日本植民地鉄道史論、日本経済評論社　前掲 11)、p389、390

47) 小川博三 (1975)、「日本土木史概説」共立出版、p180

48) 菊池寛 (2011)、「満鉄外史」、原書房、p2

49) 天野博之 (2012)、「満鉄特急「あじあ」の誕生　開発前夜から終焉までの全貌」、原書房

50) 林采成 (2021)、「東アジアのなかの満鉄」、名古屋大学出版会、p7

51) 同上、p138

52) 地田信也 (2014)、「弾丸列車計画―東海道新幹線につなぐ革新の構想と技術―」、成山堂書店、交通ブックス 122、p11

第三部　生い立ち

第七章　幼 年 時 代

　本章では、大村卓一の出生から北海道に渡る前までの、福井での幼年時代について述べる。大村は1944年に「大陸にありて」という回想録を出版している。その中で「わが父母を語る」という一文を載せ、父母のことに加えて自らの幼少期についても詳しく述べている[1]。

7.1　福井に生まれる

　大村卓一は1872年2月13日、福井市御駕籠町（旧松ケ枝下町92番地で現在は宝永1丁目）において、越前福井藩の下級藩士である大村素農衛と母ツヤの8人兄弟の長男として生まれた。

　この駕籠町は、その名の示すとおり元は殿様の「駕籠かき」がいたところである。大村家の先祖は福井藩の支藩勤めで鯖江方面にいたが、江戸初期に福井市内に移ってきた。そして住みついたのが御駕籠町の長屋で、建坪わずかに15、6坪で、屋敷の敷地を合わせても百坪にみたなかった。後に、この敷地は空地のまま残されていたが、大村の母校である進放国民学校に寄付をしている。進放国民学校の敷地は、現在は進明中学校になっている。

　父の大村素農衛の経歴は、1863年7月制産方下代、1865年6月出精相勤ニ付き小寄合格、1869年11月出納方附属、1870年12月会計寮勤、1871年6月改正ニ付免職、藩庁附属、出納方、1972年1月足羽兼等外四等出仕、給禄方、10月免出仕、出納課雇となっている[2]。つまり、江戸時代から明治維新の改革の中で、福井藩家臣から新政府の地方自治体の役人になったのである。

　回想録でも、「自分が物心つくころには、父は県庁会計課の書記として12、3円の月給取であり、母のツヤは内職の機織りや縫物に精出して子供達を育ててくれていた」、と述べている[3]。

7.2　幕末の福井藩

　福井藩といえば、幕末の藩主である松平慶永（春嶽）が幕末の四賢侯と呼ばれる英明な君主として、明治維新で大きな役割を果たしたことで知られている。春嶽は、1838年に松平斉善（なりさわ）の死去のあと、御三卿の田安家から11歳の錦之丞が養子にはいって10月20日襲封（しゅうほう）し、12月11日元服して慶永と改め、薩摩藩の島津斉彬とも親交が深く橋本左内らを登用し、1858年には熊本藩から横井小楠を招聘して藩政改革を行った。

橋本左内（1834-1859）は、福井藩奥外科医橋本彦也長綱（げんやながつな）の長男として生まれ、若くして大阪の適塾で緒方洪庵に師事し、蘭学や医学を学んだ。15歳の時に著した「啓発録」は自らの生き方を省み、「立志」、「勉学」などのその後の生き方の5項目を記したのである。西洋への広い関心を持ち、政治制度や教育制度も積極的に学んだ。藩主の松平春嶽の側近として藤田東湖、西郷隆盛などとも交流し、福井藩の政治ばかりでなく、国の政治にも大きな関りをもった。現在でも、福井県内の中学校では、左内の「啓発録」を見習い、中学2年生（数えで15歳）の時に、将来に向けた志しを立てる「立志式」が広く実施されているという[4]。

しかし、1859年に左内は安政の大獄で吉田松陰などともに謹慎、斬首となった。享年25歳という若さである。左内は日本も西洋に国を開いて西欧の先進技術積極的に学び、富国強兵を実現することが重要と日本の安全保障についても論究しており、後の明治維新の政策にも大きな影響を与えた。

春嶽も安政の大獄により隠居を余儀なくされたが、謹慎解除後は公武合体派の重鎮として幕政に参与している。橋本左内が亡き後、春嶽の思想的な後ろ盾となった人物が熊本藩士の横井小楠である。

7.3　横井小楠と弟子・安場保和

横井小楠（1809-1869）は、熊本藩士の次男として生まれ、熊本藩において藩政改革を試みたが、反対派との対立により失敗し、私塾を開く。小楠は1858年から福井藩に招聘され、福井藩における殖産と貿易を奨励し「国是三論」をまとめ、経世済民、殖産興業、通商交易による「三代の治教」を常に強調し、政治実践における仁政の検知による富国策の推進のため、藩内の君臣上下の人心統一を図ることを提唱した。小楠の藩政改革論は、来るべき統一国家に向けてのモデルともなるものであり、日本の民族国家形成への体制改革論として捉える見方もある[5]。小楠は、幕府を廃止して、朝廷に公家と大名が参加する会議を開き、そこでの結論を「公論」として定める構想を練り上げた。小楠の構想はすぐには実現しなかったが、その後、彼の描いた筋書きに近い形で明治維新は動いていった。

小楠は明治政府の参与に就任するも、1969年に凶刃にたおれた。なお橋本左内や横井小楠はかなり早い段階で鉄道の知識を有しており、横井の国是三論のなかで、シベリア鉄道の企画を告げその意義と脅威に言及している。横井は1864年に肥後藩時習館に語った時局談のなかで鉄道により全国的な規模の統一市場の構想を述べている[6]。

　ここで横井小楠の熊本時代の私塾の弟子で、後に後藤新平や斎藤実にも大きな影響を与えた安場保和（1835-1899）について述べる。安場は維新後に政府役人となり胆沢（水沢）には胆沢県が置かれた大参事として赴任した際、将来を見据えて才気ある少年を見出し、県庁給仕として育てた。安場保和がその才能を認め育てたその中の主な人物が、前述の後藤新平、斎藤実であった。東北地方は当時でいう賊軍、その中で優秀な人材を発掘する安場の器量の大きさは瞠目に値する。安場と後藤の運命的な出会いが後藤新平の出発点であった。後に安場の次女和子を内務省衛生局勤務の新平に嫁がせ、岳父となった。

　安場は、福島県の安積疏水をオランダの技師、ファン・ドールンの招聘によって進めた他、1886年には福岡県令として九州鉄道会社の設立運動を展開した。また、北海道の開発にも関心を寄せ、1880年に千島列島、国後島や北海道中陸部を調査し、北海道開拓意見書を参議の伊藤博文に提出したことが評価され1897年に、第6代北海道庁長官に任じられている。

　国家および地方行政に通じていた安場は、政治のあり方について機会あるごとに師・横井小楠の話をして聞かせたようで、後藤や斎藤の良き指南役・相談役でもあった。横井小楠の教え、国是三論にも見られる「公共思想」は、安場から後藤、斎藤へも流れ込んで承継されたと思われる。

7.4　藩校明道館

　大村は1878年福井市進放小学校に入学し、1884年に福井中学に進学している。福井中学は旧藩校明道館が前身である。

　1811年に創設した明道館の前身である「正義堂」は小規模で振るわず1839年に廃校になった。このため、藩校「明道館」は、1855年3月15日、松平春嶽により福井に「政教一致による藩政刷新」の役割を担うために設置された[7]。建学の基本理念に「文武不岐」と「学政一致」を掲げ、最盛期の生徒概数は1,300人であったという。設置された大谷半平屋敷地は、現在の「三の丸交差点」の北側にあり、大手二丁目一四番地付近にあたる。この頃、福井藩は軍政改革をはじめ近代化路線を強力に推進しており、その一環として人材養成と財政再建が車の両輪として必須の課題となっていた。

表 7-1　福井藩の遊学（私塾）

遊学先	人数
佐倉順天堂塾社	7名
大村益次郎・鳩居堂塾	1
坪井信道・養英軒	2
広瀬淡窓・成宜園	8
平田篤胤・気吹迺舎	9
伊東玄朴・（名称不明）	1
伊藤仁斎・古義堂	6
緒方洪庵・適々斎塾	8
西周・育英舎	7
総　計	49名

（熊澤惠理子（2004）、幕末維新期の福井藩政改革と藩校、福井県文書館研究紀要）

　明道館の整備は、1857 年 1 月に橋本左内が 25 歳で学監同様心得（現在の教頭格）に任ぜられると、4 月には洋書習学所が併設され当時の最先端の西洋学問（天文学、物理学、測量学、地学など）が学べるようになり一層整備され拡充が進められた。橋本左内は、藩費遊学・私費遊学の制度化案を出した。藩費の支給は士分だけでなく、その下の卒にも与えられた。当該期の遊学は、藩主主導による海防関連の知識・技術の習得を中心として航海術、測量、医術、学問など多岐にわたり、次第に組織化されていった。これら一連の藩政改革と藩校の改革の原動力になったのが同藩の遊学である。士分から卒に至るまで、幕末維新期における遊学者数は、家臣団の約 20％にものぼった[8]。

　士族による遊学者数は 113 名、子弟輩 44 名、新番格以下増補雑輩 26 名で全国の私塾には福井藩から 49 名が遊学している。全国の英知を網羅して当時の最先端学問、知識を幅広く吸収しようという意欲が感じられる。福井藩以外にも大野藩、鯖江藩、勝山藩、丸岡藩などからも遊学に参加している。

　さらに遊学は日本ばかりでなく海外にまで広がった。日下部太郎（1854-1870）は、13 歳で明道館に入学、その後長崎に遊学後、留学を願い出て福井藩で最初の藩費海外留学生として、アメリカ、ニュージャージー州のラトガース大学で学んだ。しかし、日下部は卒業を前に病に倒れ 26 歳の生涯を閉じた。

　また、明治維新後も沼津兵学校（1868 年、旧幕臣が中心となり沼津城内でオランダ留学から帰国した西周を頭取として徳川家によって開校された兵学校）にも、藩からの手当金が支給され 16 名が参加している。兵学校で修行した人たちは廃藩置県後ほとんど他府県に出たが、その中で生涯を福井で過ごした人が佐久間正で、大村の回顧録の中で福井中学の校長代理として将来の進路の相談に乗っている。佐久間正は旧姓若代漣蔵で、1869-1871 年に沼津兵学校に留学し、遊学後は名新館洋学四等教授、准三等教授、福井中学英語教員、同校長心得兼務、文官普通試験委員、県教育会理事、第五十七銀行頭取、越前灼笏谷（しゃくだに）石材株式会社社長を歴任している。沼津時代の佐久間のノートが福井市立図書館に残っているが、対数などの高度な記述もあり、幅広い知識を得たと思われる[9]。

　また、橋本左内が明道館を去ったあと、熊本から招請された横井小楠がここで講義した。横井や橋本から学び坂本龍馬とも密に交流を持った福井藩士である由利公正は、福井藩政改革にも功績をあげ、明治維新後新政府の参与となり、土佐藩の福岡孝弟らと共に五箇条の御誓文の起草に参画している。由利が 1868 年 1 月に作成した案の議事之対大意は次のようなものであった[10]。

　1　庶民志を遂げ、人心をして倦まざらしむるを欲す

1 志民心を一つにし、盛に経綸を行うを要す

1 知識を世界に求め、広く皇基を振起すべし

1 貢士期限を以て、賢才に譲るべし

1 万機公論に決し、私を論ずるなかれ

　明道館はその後、1869 年に明新館と改め、幕末から明治維新の人材教育に
あたり、福井中学さらに現在の藤島高校へと続いている。明新館には 1870 年
にアメリカからウィリアム・エリオット・グリフィス（W.E.Griffis）（1843-
1928）が来て、理化学を教え、天窓のついた段階式理科室と化学実験室を設計
し、実験のための器具や地球儀、顕微鏡、天体望遠鏡なども準備した。これは
日本最初の米国式理科実験室であったという[11]。

　グリフィスは、日下部太郎とはアメリカ大学の頃に師弟関係で、友情も育ん
でいたこともあり、その縁もあり来日を決意した。グリフィスは 1872 年に東
京大学の前身である南校（開成学校）の教師として赴任し、2 年半の務めの後
に帰国している。帰国後は、牧師として、作家として活躍した。

　さらに、福井藩は戊辰戦争の際に榎本武揚とともに捕らえられた旧幕臣（ほ
とんどが陸海軍の出身者）の総計 561 名のうち 20 名を「御預人（おあずかり
びと）（おあずけびと）」として福井に招き、兵学や数学の教授として給与も支
給した。また、静岡藩から洋学教師として太田源三郎をはじめ人材を借り受け
ている。静岡藩ではこのような人材を「御貸人」と称し、71 名が全国に展開
した。旧幕臣には数学、兵学を含めた洋学を修養した人材が豊富であり、福井
藩はこれらを最大限活用して厚遇したことが理解できる。

　次章に述べるが、大村は福井中学の英語科および文学科の教授として米国人
英語教師 Halcom.N.W に学んでおり、福井中学の先進的かつ開明的な学風の
伝統が、大村の人格形成に大きく影響したと思われる。

7.5　堅実で勤勉な福井県人気質

　福井藩の教育の特色としては「他国修行、文武学校、普通ノ学、四民平等、
文武ノ解職」であり、多くの人材を全国に輩出した。他国修行には、他藩の情
報集収の他にさまざまなネットワーク形成に寄与し、普通ノ学では数学とか現
代学の基礎、英語などの洋学に加え、和学・漢学や実用的科目も含めたバラン
スのとれた全人教育であった。

　福井藩士は明治維新後の廃藩置県により、武士の扶持米を公債に肩替りする
ことになり、窮乏に陥った。このため、藩は士族の子弟の教育をする一方で、
乳牛を飼わせるなど、士族の授産事業に力を尽くし、製糸工業や活版印刷業を

起こし、あるいは内職を奨励し授産を行った。福井県はかつて羽二重の福井、人絹王国福井などと呼ばれた織物の名産地と知られているのは、このような藩士の真剣な努力が基礎を築き上げたと大村は述べている。

現在でも福井県は地元の地場産業が発達しており、子弟の教育熱心の高さなど、独立の気風が高く明治維新からの伝統がうかがわれる。

筆者は独立行政法人鉄道・運輸機構に在職中に、度々北陸新幹線計画関連で福井県の県庁や自治体の関係者や経済界の方と会い、打ち合わせを行った。県庁にも幾度か訪問して関係の皆様の新幹線にかける熱い思いなども聞かせていただいた。その折に多くの福井の方の地味ではあるが誠実で質実剛健な県民性に心を打たれ、共感を覚えた。

大村卓一の生涯を考える上で、このような質実剛健ではあるが開明的な幼少時の教育や地域の環境が、その人格形成に影響を及ぼし、北海道という新天地でさらに磨きがかかり成長したと想定される。

7.6 父と母の回想

大村は父への回想として、「厳格な武人のおもかげを持ち、いかなる貧困の中でも子供たちの教育は全うしようという熱情にあふれた慈愛深い温顔である」と述べている[12]。

後に述べる札幌農学校への入学者は、新渡戸稲造（1862-1933）が盛岡藩の藩主用心の新渡戸十次郎の三男、廣井勇（1862-1928）が土佐藩御納土役を務める広井喜十郎の長男、内村鑑三（1861-1930）が高崎藩士の内村宜之の長男として生まれており、いずれも武士の出である。大村卓一も同様に武士の出身であり、上記の先輩と同様に武士としての高い志を有していたといえる。中井祐によれば、「19世紀の前半期の日本において、身分を問わない高度な教育の普及によって下級武士や一部町民農民の事実上の市民化が進んでおり、明治維新は、すでに潜在的に養われていた近代市民精神と解放するきっかけに作用したにすぎない。（中略）つまり彼らの中に近代市民というコンセプトがすでに混ざり込んでいた。それが明治になって解き放された」と、指摘している[13]。

大村の家には神皇正統記、四書五経、赤穂義士銘々伝などの本もあり、大村が5歳位になるまでには、すでに素読を父から教わっていた。「父は子供達にはどんなことをしても教育を授けようという心算であったから、その素読も中々厳重であった。自分が7歳の時に小学校令が出て学校に行くことになったが、義務教育ではないから貧家のものはほとんど行くものはない。活版印刷工場に活字拾いに行くと日に2銭か3銭をくれるので、争ってその方に行くあり

さまである。そんな時に父は、『××さんも○○も活字拾いに行くそうだが、お父さんは未だお前を活字拾いにやるほど困っていない。お前は安心して学校に行ってしっかり勉強しなさい』と言ってくれた」と回想している[14]。

「こういう混乱の時代に生まれ、成長した自分が今日あるのは、全く慈愛のある父の訓育の賜であって、終始感謝して父の教育への熱情を回顧している」と述べている[15]。

一方で、母について「母は別に教養とてない、ただありふれたいつくしみの深い母性で、一人で八人の子を育てているだけである。しかしその母と子の間のこまやかな厚情は、いわゆる賢母型の庭訓こそなかれ、情愛は我々子供たちの一生を支配したと思われるのであって、喜びにつけ、悲しみにつけ、私は常に母を思い、母に対する敬愛の念がなかったとしたら、自分がどんなになっていたかも知れないと時々考えることがある」とその想いを切々と述べている[16]。

7.7 札幌農学校を志願

大村が生誕した1972年といえば、日本で鉄道が開業した年であり、11月には太陽暦が採用され、徴兵令が制定された年である。1871年の廃藩置県の直後であり、まだ幕藩体制から明治の近代国家への移行期であったといえる。同氏は福井中学に1884年に入学して学び、18歳になる1889年に卒業している。中学時代は父の恩情に報いようとして何時も級の首席を通した。福井中学は前述の藩校である明新館を承継した学校であり、儒教的な教育理念と洋学の進取性を組み合わせた校風が引き継がれていた。

大村は高等学校に入れるような家庭的事情にあるとは考えなかったが、何とかして上の学校に行きたい、今のまま中学で終わってしまえば、県庁の雇員くらいが関の山であるから、父の厄介にならず、独力で上の学校に行きたいと考えていた。

そのような中で運命的な情報がもたらされた。「自分の家の向い隣の息子さんが札幌に行っていて、その人から隣の家に手紙が来る。その中に札幌には札幌農学校という学校があって、官費で勉強させてくれ、西洋人の教師も多数いるということが書いてあった。官費で勉強させてくれるというのは大きな魅力であり、規則書を取寄せてみると、北海道の開拓に従事すべき有為な人材を教育する学校で、農学校とはいいながら、いろいろな総合的専門教育を行う学校であることがわかった」[17]。

大村は勇躍して、これなら自分が行って入学するだけの資格はあると決心し

た。しかし、自分は長男であり、果たして父母がそんな遠いところまで出して
くれるかが心配であった。

　「ある日、父に向かってそのことを打明け、どうか行かして貰いたいとたのん
だ。しかし、父はもちろんさっそくの返事はしない。差出した規則書や何か
をいろいろ見て、固い決心と読みとり、何日かたって許してくれた。しかし、
母はただ泣くばかりであり、たとえ勉強するからといって、何もそんなに遠い
蝦夷が島へ行かなくともよいではないかと、かき口説くようにいうのである
が、自分にとってはそれが痛いほど身にこたえたのを今でも思い出す」と記し
ている[18]。

　当時の福井地方で北海道のことを詳しく知っている人はほとんどいなく、そ
の当時の福井中学の校長代理であった前述の佐久間正に北海道に行く道を尋ね
たが要領を得なかったという。北前船などを通じて北海道産の昆布が小浜で加
工され、若狭昆布として諸国に販売されるなど、北海道と北陸地方は経済的な
つながりは強いものの、一般の人にとって、北海道は、熊やアイヌがおり、無
期徒刑囚の流刑地で鯳や鮭や昆布がとれる北の果て程度の知識しかなかった。

　大村の決心は固く、父母の孝行のため、自分を頭に8人の幼い弟妹のために
も、長男である自分にふりかかった責任なのだから、どんなことがあっても一
人前にならなければならないとの考えであった。母の悲嘆を心に詫びながら、
北海道行の決心は捨てなかった。「そのうちに父が県庁で時事新報を読んでい
ると、たまたま北海道行の船の広告が出ていたと持って帰った。郵船の品川丸
で、神戸から尾道、下関、敦賀、伏木、直江津、土崎、酒田を経て小樽に行く
貨物船である。それに乗っていくことになり、母もすっかり観念して旅の準備
をととのえてくれた」[19]。その時点では鉄道網も発達前であるが、江戸時代の
北前船の海運による北海道と北陸地方、関西の交流が、明治のこの時代も盛ん
に行われていたことが窺える。

　いよいよ出発の日。「父はしっかりと両手を握ってただ一言『学もし成ら
かったら、死んでも帰って来るなよ』と言った。母は相変わらず涙を一杯たた
えて見送ってくれた。みんなに別れをつげて後を振返り振返り、家が見えなく
なると夢中で町中を走って行った」[20]。

　当時、北陸線はもちろんのこと、信越線も直江津から碓氷峠まで開通してお
らず、伏木港まで、福井、石川両県境にある熊坂峠を徒歩で越える旅路であっ
た。

7.8　北海道への旅の途中で

　伏木港（現在の伏木富山港）まで来たが、いくら待っても船便が来ない。少しでも前に進んでみようと思って直江津に渡った。松葉館という宿屋で待つうちに、北陸地方に流行するオコリ（間欠的に発熱、悪寒や震えを発する病気）にかかり高熱を出して寝込んでしまった。

　その折に、同宿の紳士が親切に見舞い、横浜経由の酒田丸で小樽行を勧めて励ましてくれた。回想録にはこの間の両人のやりとりを感動的に記載している[21]。「紳士の親切に涙を流して喜ぶ自分を見て、深く感動されたその人は翁飴（あめ）の箱を枕許に置き、『まあこれでもたべて、大いに元気をお出しなさい。不自由なことがあったら何でも言って下さい、出来るだけのことはしてあげますよ』と力づけて立去れた」と言われた。

　この人は能登の国、氷見（ひみ）の地方漁業家で、後に代議士にもなった廣瀬鎮之（ひろせちんし）（1864-1930）という人であった。同氏は 1930 年 10 月に 67 歳で逝去されたが、このエピソードを大村が満鉄総裁になった時、伝記風のものが「キング」という雑誌に掲載され、それを知った能登の廣瀬未亡人から丁重な挨拶状が届いたという。

　大村は信越線に乗車、軽井沢から横川までは馬車鉄道に乗り、それより汽車で上野駅に着いた。上野の動物園や博物館を見学し、それより人力車で新橋駅に出て、横浜行の鉄道に乗った。酒田丸は鰊を内地に持ってきた帰り船で、鰊くさいハッチに寝かされ、予定通り試験前に札幌に着くことができた。

　しかし、官費を目当てに来た学校は、学則の変更で数年前に官費制度はなくなり、わずかに本科生になって 2〜3 名の特待生に限り学費が補給されることになっていた。これを知り、すっかり途方にくれ、一体どうしたらよいかと随分考えたが、ここまで来ていまさら帰るわけには行かない。とにかく試験を受けて、入学したら如何なる苦学をしても予科だけはきりぬけて行こうと決心した。

　1887 年 3 月 23 日、札幌農学校は校則を改正し、「貸費生」を廃止して「校費生」を新たに設置した。校費生は定員 50 名、本科生の学業優等者に限り、給与（1 年分の学費、寄宿舎諸費）を受給した。1893 年 1 月 16 日、札幌農学校は校費生の継続の可否を、学年末毎に学年成績・品行等を審査して決定すると改正した。校費生となることは狭き門であった[22]。

　大村は回想録の中で、「自分は生まれつき意志の力も強くなく、精神的にも訓練されていない。しかも身體は虚弱の方なので普通の生き方をしては今日あ

ることはできなかったにちがいないと思っている。しみじみと貧家に生まれ、父母の恩愛の力に導かれた青年時代の責任ある立場が鍛えてくれた賜物だと思ふのである」と、述べている[23]。

参考文献
1) 大村卓一（1944）、「大陸にありて」、勝進社、p255
2) 熊澤恵理子（2004）、「幕末維新期の福井藩政改革と藩校―地方教育史研究の視点から―」、福井県文書館研究紀要
3) 前掲1）、P258
4) 福井テレビ取材班編、賀来耕三監修（2019）、「橋本左内―時代を先取りした男」、扶桑社、p22-23
5) 李雲（1992）、「横井小楠と幕末の福井藩―その開国と公議を中心に―」、駒沢大学外国部論集35
6) 田中時彦（1964）、「明治維新の政局と鉄道建設」、吉川弘文館、p32-33
7) 大石学編（2006）、「近世藩制・藩校大事典」、吉川弘文館、P504
8) 前掲2）、P50
9) 熊澤恵理子（2012）、「他国修業―福井藩教育改革の軌跡―」、福井県文書館研究紀要（9）1-28
10) 久保田哲（2018）、「帝国議会」、中公新書2492
11) 福井市郷土歴史博物館（2017）、「福井藩の藩校明道館、明新館」、展示解説シートNo.107
12) 前掲1）、P258-259
13) 中井祐（2018）、「近代概念としての「土木」とcivilの本義」、土木学会誌Vol.103、No.8.
14) 前掲1）、P260
15) 前掲1）、P261
16) 前掲1）、P261-262
17) 前掲1）、P262-263
18) 前掲1）、P264
19) 前掲1）、P265
20) 前掲1）、P265
21) 前掲1）、P266-267
22) 山本美穂子（2007）、「平塚直治受講ノート（西信子・西安信氏寄贈）をめぐって：札幌農学校第14期生の学業史」、北海道大学大学文書館年報、2、p8-10
23) 前掲1）、P274-275

第八章　札幌農学校

　大村卓一は、1889年に中学を卒業して北海道に渡り、札幌農学校予科に入学した。1893年には本科（工科）に入り、1896年札幌農学校工学科6期生として卒業している。指導教官は廣井勇で、卒業論文は「函樽鉄道小樽桃内間工事設計」とされている。本章では大村の鉄道技術者としての基盤となった札幌農学校時代について述べる。

8.1　札幌農学校の設立

　維新直後の日本人にとって、広大な北海道の新天地の開発は、すぐに成し遂げられるものではなかった。そのため、新しい農業技術の導入と、諸産業に従事する技術者を養成するための学校が構想された。

　札幌農学校[1]は現在の北海道大学の前身であり、その源流は日本に鉄道が開通した同じ年の1872年に設立された開拓使仮学校（東京芝増上寺内）である。「仮」学校とは将来、北海道に開設される専門科修学の前提となる基礎教育を生徒に施すために設けられた。その当時の校則には、「この学校は、北海道開拓のために設くるを以て、彼の地の首府札幌に設け、人材を養ひ開拓の資業となさしめんとの本旨なり」とあった。

　1874年には専門科設置の動きがあり、翌年在米全権公使吉田清成に教師の人選が依頼された。依頼の中で必要とされる教科は農学・化学・獣医学・人身窮理（人間生理学）・動物学・数学・画学・本草学（植物学）・重学（機械学）・土木学の11教科となっている。その結果、マサチューセッツ農科大学学長のウィリアム・S・クラーク（William Smith Clark）（1826-1886）が教頭として選ばれ、クラークの推薦によりウィリアム・ホイーラー（William Wheeler）（1851-1932）、ディヴィッド・ペンハロー（1854～1910、植物学者、教育農学者）の2名が雇い入れられた。ホイーラーは土木技術者で、力学・数学等の講義を行い、開拓使土木講士を兼任し、札幌農学校演武場（現札幌市時計台）、豊平川に架かる豊平橋の設計プランを担当し、札幌に気象観測所設置した。札幌農学校では当初から工学分野も講義していた。ディヴィッド・ペンハローは、植物学、化学、園芸学、地質学とともに演説を含む英語を教えた。

　米国においては当時、1862年のモリル・ランドグラント法（Morrill Land-Grant Colleges Act）（工学あるいは農学関係の州立大学を設立しようとする州に対して、一定の国有地を無償で与えることを定めた法律）によって多くの

Land-Grant Colleges が設立されていた。南北戦争中（1861 ～ 65 年）に制定された この法律のめざしたところは、従来の教育に兵学を取り入れて特に農学と 工学を重点的に教えることと、勤労者階級の子弟に実用的な高等普通教育を施 すことだった。来日前のクラークはこうした理念を有したマサチューセッツ農 科大学の設立に努め、その学長となった人物であった。また、札幌農学校に来 た外国人教師 10 名のうち、9 名がマサチューセッツ農科大学出身者であった。 同大学のこうしたあり方と学風は、札幌農学校の教育に求められていることと 一致した。北海道開拓のため農学と工学の重要性は特に大きく、北方からの脅 威にさらされているこの地では屯田兵を指揮できる兵学の必要性も痛感されて いた。

　その後、同校は北海道札幌郡に 1875 年に移転し札幌学校と改称した。1876 年 8 月 14 日に札幌学校開校式が挙行された。その日、ウィリアム・S・クラー ク校長は、開拓使長官黒田清隆、校長調所広丈をはじめ開拓使官吏、外国人教 師、学生を前にして、節制を守り、大望を抱いて勉学に励み、社会の要請によ く応え得る人物になれと演説し、「青年紳士諸君（Young Gentleman）願わく ば、諸君の最も忠実で有効な奉仕を要望している母国の、信頼と栄誉を勝ち得 るために努力してほしいと思うのであります。諸君の食欲と若き情欲を慎み健 康を保ち、従順勤勉を養って下さい」といわれ、常に自己の良心に忠実なもの であることを教えた[2]。

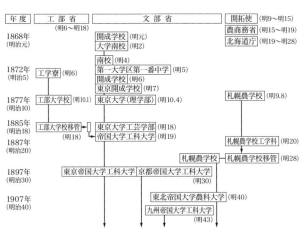

高等土木教育機関名の変遷とその所管組織

図 8-1　高等土木教育機関名の変遷とその所管組織
（国土政策機構編（2000）、国土を創った土木技術者たち、鹿島出版）

　学校の名称は、この直後の9月8日に札幌農学校へと改称された。その学則第1章には、「札幌農学校は開拓使の所轄にして開拓に従事するべき青年輩を学識並現術のために教育する学校にして、生徒卒業ののち5年間は開拓使に奉職すべきこと……」と明記され、同校の目的が北海道開拓に貢献する人材育成を期した。

　明治期のはじめ、文部省の重点政策は初等教育の整備・充実におかれ、高等技術教育に関してはそれぞれの現業官庁にまかされていた。工部省の工部大学校が、文部省の東京開成学校を経てて東京大学となったのが1877年4月のことなので、開拓使の札幌農学校は高等教育機関として国内で最も早く設置されたものの一つである[3]。これらの学校は、やがて制度改革もあり、文部省傘下の教育機関となった。

8.2　クラーク氏とその弟子たち

　クラーク氏は、1976年3月、北海道開拓使の懇請によりマサチューセッツ農大学長の現職のまま、1か年の契約で教頭に就任、6月末には来日し7月31日札幌に着任した。翌1877年4月16日離札、札幌郊外の島松駅において別れを惜しむ学生たちに、「どうか一枚の葉書でよいから時折消息を頼む。常に祈ることを忘れないように。ではいよいよ御別れじゃ。元気に暮せよ」といわれて生徒一人一人握手をかわすなりヒラリと馬背に跨り、「ボーイズ・ビー・アンビシャス（青年よ、大志を抱け）」の言葉を残して去った。その在札期間はわずか8か月余であったが、ピューリタリズムに基礎を据えた全人教育という札幌農学校の基を構築した。

　1877年3月5日に、札幌にて「ウィリアム・スミス・クラーク・イエスを信ずる者の契約」への署名がなされた。

　「ここに署名する札幌農学校の職員学生は、キリストの命じるところに従いキリストを告白すること、および十字架の死により我らの罪をあがなわれた貴き救い主に愛と感謝を捧げるためにキリスト者としてのすべての義務を真の忠誠をもって果たすことを願いつつ、また主の栄光のため、および主が代わって死にたもうた人々の救いのために、主の御国を人々の間に前進させることを熱望しつつ、ここに今より後、イエスの忠実なる弟子なるべきこと、および主の教えの文字と精神とに厳密に一致して生きるべきことを、神に対し、また相互に対して、厳粛に誓約する。さらに、ふさわしい機会があればいつでも、試験、洗礼、入会のため福音的教会に出向くことを約束する。（中略）我らは、お互いに助けあい励ましあうために、ここに「イエスを信ずる者」の名のもと

に一つの共同体を構成する。そして、聖書またはその他の宗教的書物や論文を読むため、話しあいのため、祈祷会のために、我らが生活を共にする間は、毎週一回以上集会に出席することを固く約束する。そして我らは心より願う、聖霊が明らかに我らの心の中にあって、我らの愛を励まし、我らの信仰を強め、救いに至らせる真理の知識に我らを導きくださることを」。署名者は次の通りであった[4]。

黒岩四方之進・伊藤一隆・山田義容・佐藤昌介・内田瀞・田内捨六・中島信之・大島正健・渡瀬寅次郎・柳本通義・小野兼基・佐藤勇・安田長秋・出田晴太郎・荒川重秀・小野塚磨（以上一期生）・太田稲造（後の新渡戸稲造）・佐久間信恭・宮部金吾・足立元太郎・高木玉太郎・廣井勇・内村鑑三・町村金弥・南鷹次郎・藤田九三郎・村岡久米一・諏訪鹿三・岩崎行親・伊藤英太郎・伊藤鏘太郎（以上二期生）（二期生はクラーク氏が帰国後に署名）。

これに著名した人々は札幌バンドと呼ばれ、日本のプロテスタント発祥の3基点の1つに数えられ

写真8-1　新渡戸稲造彫像
（多磨霊園）

写真8-2　内村鑑三墓碑（多磨霊園）

ている。後の1882年、札幌バンドのメンバーは「札幌独立基督協会」を設立している。

札幌農学校第一期から第二四期までの卒業生数382人のうち、教会籍のあった者は68人であり、約6人に1人の割合で、このうち55人は札幌独立教会の会員であった[5]。

大村卓一は、廣井勇や新渡戸稲造、内村鑑三の影響もあり、1915年に札幌独立基督教会に入会している。

8.3　札幌農学校の存続危機と工学科の設置

1882年2月8日、開拓使が廃止され、函館・札幌・根室の3県が置かれた。

「開拓使官有物払下げ事件」などもあり、黒田清隆の主導で進んでいた北海道開拓はその中心を失い停滞することになった。1883 年 1 月、農商務省は北海道事業管理局を設置して旧開拓使の事業を経営させ、札幌農学校も所管するとなった。

　1885 年 7 月から 9 月にかけて伊藤博文の命により北海道巡視を行った太政官大書記官金子兼太郎は「北海道三県巡視復命書」のなかで「北海道開拓に農学校は必要だという人がいるが、英米の植民地では普通の人々が農学校がなくとも開拓を進めているし、また、農学校は学理高尚に過ぎ実業に暗い」と批判し、札幌農学校を『尤モ北海道ニ適セザルモノ』とした。1886 年北海道庁が設置され、初代長官は岩村通俊が任じられた。

　同年 8 月、一期生の佐藤昌介が米国留学から帰国し、岩村長官に札幌農学校の維持発展を建言し、金子の復命書を批判した。結果的にそれらの提言が受け入れられ、1886 年 12 月 18 日、「札幌農学校官制」が制定され、札幌農学校は官立教育機関として存続することになった。翌年の 1887 年 3 月 23 日、「札幌農学校校則」を改正し工学科および農芸伝習科を設置し、留学中の廣井勇と新渡戸稲造が助教に任命された。このように佐藤は札幌農学校の存続の危機を救い、後に札幌農学校長、北海道帝国へ移行時の総長に就任し、北大の恩人とも言える。

　札幌農学校工学科の特徴は、工学に農学的課目も組み入れた専門科目と、徹底した英語中心のカリキュラムである。土木工学は本来自然を対象とし、その中に社会基盤システムを設置し、生活や産業の向上を図ることを目的とする。したがって農学的課目により自然を良く知り、それに適合する開拓技術を適用することは現在の環境に配慮した土木技術の先駆けを当時からめざしていたといえる。

8.4　札幌農学校予科への入学

　大村は 1889 年に札幌農学校予科 3 年級に入学にした。当時の前期学年は 9 月 1 日であり、入学願の履歴書などから合否が決定したようだ。大村は 3 年級の学力と判断されて入学が許可された。

　札幌農学校は、本科入学に備えた予備教育機関として、予科（修業年限 3 年、12 歳以上）を併置していた。入学資格として、ある程度の国語力を有し、初歩的な英語の理解が必須であった。1886 年 1 月、札幌農学校は北海道庁の所轄となり、1887 年 3 月には校則を改正した。この改正で、予科を廃止し、本科（農学科・工学科）に入る階梯として、予備科（修業年限 4 年、13 歳以

上）を設けた。予備科の入学試験課目は、「英語初歩」、「算術」、「漢文学」であった。さらに、1888 年 9 月、札幌農学校は校則を改正し、予備科を「普通学ヲ教授スル」予科（修業年限 5 年）に改編し、尋常中学校課程にほぼ相当する教育機関としていた[6]。

大村の 6 月 11 日付の履歴書を添えた入学願が北海道大学大学文書館に残っている。履歴書の中には志願者の用書名が記載されており、倫理、漢文学、英語、修辞学、歴史、数学、動物学、植物学、物理学、化学、図画、地理、地文と幅広い分野が記載され、当時の志願者の必要とされる学習レベルが推察される。

大村の履歴書によれば、漢文学は、『日本外史』『日本文章規範』、『正文章規範』、『唐宋八大文読本』であり、中国の漢籍も含まれている。

英語は、誦読・作文で米人 N.W.Harecom.M.A 教授とある。同人は 1888 年 5 月 1 日から月俸百三十円で雇い入れられ、英語科および文学科の教授を行った福井中学の米国人英語教師 Halcom.N.W と思われる。当時、新島襄の関連の英語学校を福井にも設立の動きがあったが、最終的には実現せず、石黒格福井県知事の要請により東京帝国大学初代総長の渡辺供基（1848-1901）（ひろもと）の紹介で雇われたのがこの先生である。渡辺は福井県武生の出身であり、新島たちのキリスト教系教師の招聘に対する仏教勢力の反発を恐れたとの事情もあった[7]。

大村が中学で学んだのは、文法・解釈本ではスウィントンの『小文典』、『大文典』、クワッケンボスの『作文階梯』、ウィルソンの『プライマリー第一、第二リーダー』、サンダーの『ユニオン第三リーダー』、クワッケンボスの『小合衆国史』、スウィントンの『万国史』、マコーレーの『ヘスケングス』、修辞書にクワッケンボスの『作文及修辞書』、歴史では『国史略』、『十八史略』、『続十八史略』、矢津昌永の『日本文明史』、数学では算術、幾何、代数、三角学など詳細な記述がある。これらを見ると、大村は広範囲の知識と英米国の英語教科書（原書・翻刻本）を使用して、各専門の原書も読むなど、すでになかり高い英語能力を有していたと思われる。

予備科第 4 年級では、5 教科（英語、算術、和漢学、政治地理学、兵式体操）の授業があり、特に英語教育に時間数を充てた。1891 年 7 月、予科第 5 年級（最終学年）進級の直前、予科課程の改正があった。英語・和漢学などの教養教科が減る一方、物理学が新たに加わり、動物学・化学の比重が増え、専門性を増した。

教科書には、アンダアウード「英文学」、ジエボン「論理学」、「孟子」、チエ

ンバル「近世史」、ケシイ「平面三角術」「球形三角術」、マカリスタル「無脊動物学」「有脊動物学」、ブレイキイ「力学」、レムセン「無機化学」などを用いたようだ。全体を通して見ると、英語・和漢学・兵式体操は4年間を通じて、倫理・数学・歴史・画学は3年間を通じて授業があった。予科教育の最重要教科は、各年級で最長の時間数をあてた英語であった。

　この頃、予科においてこれらの教科の教鞭を執っていたのは、大島正健などの札幌農学校の卒業生であった[8]。大島正健は後に山梨県中学（後に甲府中学と改称）校長として生徒の石橋堪山にも大きな影響を与え、さらに宮崎県立宮崎中学校校長、京城の私立養正高等普通学校教師などを歴任した。

　大村卓一の予科における学年歴は以下の通りである（『蕙林』第2号（1892年7月発行）から）。

1889年9月〜1890年7月　予科3年級
1890年9月〜1891年7月　予科4年級
1891年9月〜1892年7月　予科5年級
1892年7月13日卒業

8.5　予科卒業

　大村は1892年7月13日に予科第6期生総代として卒業した。

　「予科5年生は受験者24名にして一人の落第者もなく皆肩を揃えて卒業の栄を得たり。これ実に稀有の成績で学校の美事として深く同級生のためにこれを

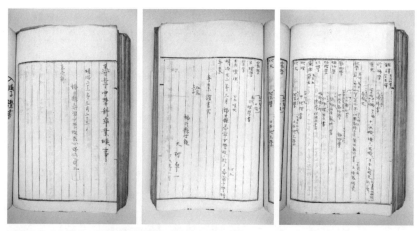

写真8-3　大村卓一入学願　履歴書（北海道大学文書館）

賀す」とあり、全員が成績が優秀であったことが分かる。

当日の卒業式の様子について、「本月13日札幌農学校農学科第十期工学科第二期予科第六期卒業証書授与式を当区御料地内豊平館に於て執行せられたり予期の如く学生生徒は今日午前9時練兵場に参集し兵学科教師の指揮に由り本科予科卒業生及び学生生徒順次に隊伍を編制し楽隊それか先導を為し軍歌まーちを奏し同30分正門を出て豊平館式場に達せり式場は同館階上の大広間にして館門にはアーチを設け国旗を交差し庭内は同盟各国の章旗数十流を掲げ其他内外の装飾完備を盡せり午前十時を報するや奏楽に連れて道庁各高等官屯田兵各将校当校教官同窓会員諸氏ならびに卒業生親戚証人市中の紳士等来賓一同引続きて入場せり」と、華やかな中にも厳かな式の様子を学内誌（蕙林第2号）に記録している[9]。

佐藤校長からの卒業証書の授与、渡邊長官代理吉田道庁参事官の祝辞の後、卒業生総代村越銃之輔氏の答辞があり、「午前11時20分式全く終り一同退出別堂にて来賓ならびに卒業の学士諸氏には洋食の饗應学生生徒には菓子折りを分かれたり」、「此日天気晴朗傍観の人道路に満ち豊平館前歓呼の聲音楽を和して喧然たり」とある[10]。当時の厳かではあるが、喜びに満ちた式の様子が偲ばれる。

8.6 札幌農学校工学科への入学

大村は、予科を卒業後1892年9月　工学科（修業年限4年）に入学し、4

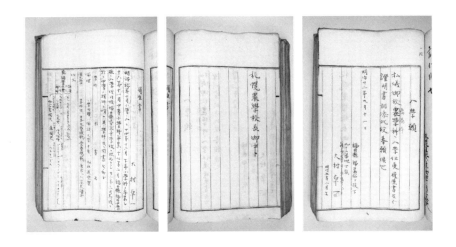

表 8-1　予備科・予科課程表

学　年		科目・比重（週当たりの授業時間数）	
予備科 第 4 年級	前期	英語 （綴字、書取、会話等）	6
		読法及訳読	6
		和漢学	6
		習字	6
	後期	英語 （綴字、書取、会話等）	6
		読法及訳読	6
		和漢学	6
		習字	2
		地理書	4
予科 第 3 年級		倫理	1
		国語及漢文	4
		英語	8
		自在画法及用器画法	2.5
		体操	2
		代数及幾何学	5
		万国歴史	2
		万国地理	2
		衛生学	2
予科 第 4 年級		倫理	1
		国語及漢文	4
		英語	7
		自在画法及用器画法	2.5
		兵式体操	2
		代数及幾何学	5
		日本文明史及近世史	2
		生理及植物学	3
		物理学	2
予科 第 5 年級		倫理	1
		和漢学（漢学）	2
		〃　　（作文）	1
		英学（英文学）	4
		〃　（論理）	1
		〃　（作文）	1
		画学（自在画法）	1.5
		画学（用器画法）	1
		体操（兵式体操）	2
		数学（三角術）	4
		歴史（近世史）	2
		動物学	3
		物理学（重学）	2
		化学	3

（山本美穂子（2007）、平塚直治受講ノート（西信子・
西安信氏寄贈）をめぐって：札幌農学校第 14 期生の学
業史、北海道大学大学文書館年報　第 2 号、年 3 月）

表 8-2　予科履修表

学年、学期	教科目（英名）	教科目（和訳）	担当教員
予備科 4年級 前期	Geography	政治地理	［中根壽］
	Japanese & Chinese	和漢学	［山崎益］
	Grammar	英語（文法）	［小寺甲子二］
	Reading & Listening	読法及訳読	［佐瀬辰三郎］
	Mathmatic	算術	［大島正健］
予備科 4年級 後期	Geography	政治地理	中根壽
	English	英語	小寺甲子二
	Mathmatic	算術	大島正健
	Reading & Listening	読法及訳読	佐瀬辰三郎
	Japanese & Chinese	和漢学	山﨑益
	Gymnastics	兵学	金子芳蔵 山田敬一郎
予科 3年級 前期	English	英語	
	Chinese	漢学	［山﨑益］
	Algebra	代数学	［手島十郎］
	Geometry	幾何学	［手島十郎］
	History	歴史	［中根壽］
	Hygiene	衛生学（健全学）	
	Drawing（Freehand, Mechanical）	自在画法及び用器画法	
	Military Exercise	兵式体操	
予科 3年級 後期	English	読法及訳読	佐瀬辰三郎
	Chinese	漢学	山﨑益
		作文	松原富太郎
	Algebra Geometry	代数学及び幾何学	手島十郎
	History	歴史	中根壽
	Hygiene	衛生学	
	Drawing	用器画法	岩船茂
	Military	兵式体操	
予科 4年級 前期	English	英語作文 読法及訳読	佐瀬辰三郎 小寺甲子二
	Chinese & Japanese	漢学及作文	山﨑益
	Mathmatics	数学（代数学及び幾何学）	手島十郎
	Modern History	近世史	中根壽
	Botany & Physiology	植物学及び生理学	小寺甲子二
	Physics	物理学	佐瀬辰三郎
	Drawing	自在画法	山口彦次郎
	Drill	兵式体操	
予科 5年級	Literature & English Composition	英学（英文学、作文）	
	History	歴史	［中根壽］
	Chinese Composition	和漢字（作文）	［山﨑益］
	Trigonometry	数学（三角術）	
	Physical Geography	物理学（重学）	
	Chemistry	化学	［佐瀬辰三郎］
	Zoology	動物学	
	Military Drill	兵式体操	

（山本美穂子（2007）、平塚直治受講ノート（西信子・西安信氏寄贈）をめぐって：札幌農学校第
14 期生の学業史、北海道大学大学文書館年報　第 2 号、年 3 月）

写真 8-4　札幌農学校　大島正健教授離任に際し、
　　　　　札幌農学校学生一同（演武場前、
　　　　　1893 年 10 月）（大村は最前列の左か
　　　　　ら 2 番目）
　　　　　（北海道大学大学文書館）

年級の学業を終え、1896 年 7 月 7 日、工学科を卒業（工学士）している。

　前述のように札幌農学校工学科は 1887 年に増設された。工学科の講義は廣
井の留学中から、すでに始められていた。しかし、学生の学年が進むにつれ専
門学の授業に差し障りが出てきたため、廣井はドイツ留学を切り上げて、1889
年 7 月に帰朝した。

　廣井は帰朝後、精力的にカリキュラムを改正するなど、工学科充実のために
動いた。これによって、それまでの初期外国人教師、佐藤昌介の構想からなる
米国農学校のカリキュラムを基本とした工学科から、廣井勇の目指す理論教
育、製図教育、現場実習がバランスよく配置された工学教育のカリキュラムへ
変更がなされた。英語の講義に多くの時間を割いているのは開校以来の伝統で
あるが、本科では 1888 年からドイツ語が教授された。これは、廣井や新渡戸
がドイツに留学したこともありが、当時ドイツが学問的優位を獲得していたこ
との反映であり、札幌農学校もドイツ科学の導入に積極的であった。

　当時、札幌農学校は前後 2 期制、前期は 9 月 1 日～ 12 月 24 日、後期は 1 月
10 日～ 7 月 10 日にかけて授業を行なった。

　本科のカリキュラムは大きく 3 期に分けられ、1 年前期から 2 年前期までの
第 I 期では、数学・物理などの基礎理論と理化学科目が教授され、数学理論の
応用として測量術が講義され、実習も行われた。

　第 II 期は 2 年後期から 4 年前期までで、土木工学の応用理論と、製図を集中
している。工学の分野からは器械学と建築用材が、人文系のものからは経済原
論・運輸交通が教授されている。土木工学は「道路及鉄道」「橋梁論」「石工及

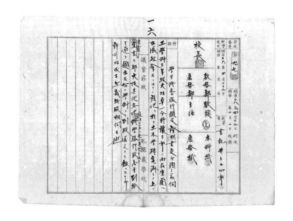

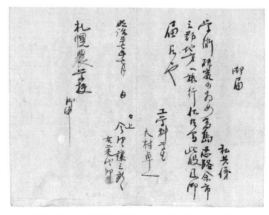

写真 8-5　修学旅行願書（北海道大学大学文書館）

表 8-3　札幌農学校工学科第 6 期生（1896 年卒業）の履修科目一覧

1892 年 12 月 初年級 前期

試験科目	カリキュラム科目
Descriptive Geometry	画法幾何学
Analysis Geometr	解析幾何学
Analysis Chemistry	無機化学及分析
German	独逸語
English	英文学
Military Dril	練兵

1893 年 7 月 初年級 後期

試験科目	カリキュラム科目
Calculus	微分
Surveying	測量術
English	英文学
German	独逸語
Physics	物理学
Military Dril	練兵

1893 年 12 月 2 年級 前期

試験科目	カリキュラム科目
Surveying	測量術
Physics	物理学
Calculus	微分
German	独逸語

1894 年 7 月 2 年級 後期

試験科目	カリキュラム科目
応用重学	応用重学
図算力学	画法重学及実習
物理学	物理学
建築用材	建築用材
運輸交通	運輸交通
地質	地質学
独逸語	独逸語
経済	経済原論
練兵	練兵

1894 年 12 月 3 年級 前期

試験科目	カリキュラム科目
Road Construction	道路及鉄道［道路論］
Railway Construction	道路及鉄道［鉄道論］
Engineering Design	［工学意匠］
Mechanics	器械学
Transport & Communication	運輸及交通論
German	独逸語

注　[　] は他学期での試験科目。

（北海道人学大学文書館調（2020.8.13））

表 8-3　札幌農学校工学科第 6 期生（1896 年卒業）
　　　　の履修科目一覧

1895 年 6 月 3 年級 後期

試験科目
造営工学
橋梁論
石工及基礎
工学意匠
独逸語

1895 年 12 月 4 年級 前期

試験科目
河海論
給水論
意匠製図

1896 年 6 月 4 年級 後期

試験科目	カリキュラム科目
Rivers & Canals	河港改良及運河
Sewerage	衛生工学

（北海道大学大学文書館調（2020））

基礎」「河海論（河川・港湾工学）」「給水論（衛生工学）」の 5 教科に大別される。

　4 年後期（第Ⅲ期）は、卒業意匠であり、最終的に提出されるものは論文と添付された設計製図図面であった。

　その共通することの一つは実学重視である。廣井の口癖は「実習で実学を学び技術先進国の欧米の技術書を原書で理解しろ」だった。札幌農学校工学科の卒業論文のテーマも鉄道や港湾の具体的設計である。これは一つには廣井は北海道庁技師を兼ね、後にはそれが本務となり、生徒への課題も広井自身の抱えていた鉄道・港湾などの具体の設計を課題とし、その成果を検証するという教授方法になった。

　さらに、工学科の教育として修学旅行の実践教育がある。この教育方法は農学校開校当時からの伝統で、小樽近郊や幌向などの鉄道を使って行動できる範囲で、架橋の見学（技手の説明を聞く）、鉱山の地質調査、鉱石の採集を行っている。

　大村らは 1885 年には修学旅行で東京、大阪方面まで足を延ばしている。校長に宛てた願書によれば、大村らの旅行は、函館水道工事など、卒業生（十川嘉太郎（工 2 期））の関係している工事や帝国大学田辺朔郎教授の紹介を受けて横浜築港や琵琶湖疎水工事などを見学するなど、国内の主要な工事を網羅した長期の旅行になっている。田邉が鉄道建設のために本格的に北海道に来るの

は、1896 年なので、それ以前に大村は修学旅行時に田邉に会っている可能性
も高い。

8.7　恩師廣井勇 [11-16)]

　大村は本科（工科）で学び、卒業論文は「函樽鉄道小樽桃内間工事設計」
で、指導教官は廣井勇であった。

　廣井勇は高知県の出身で、東京外国語学校、工部大学校予科を経て、佐藤昌
介に引き続き札幌農学校 2 期生として 1881 年 7 月に卒業した。その指導に当
たったのは北海道における先駆的な豊平橋の設計も行ったウィリアム・ホイー
ラーであった。工部大学校予科では前述の田邉朔郎と同級生であり、その交友
は田邉が鉄道建設のために北海道庁技師として来道したことでさらに深まる。
官費生の規定に従い開拓使御用掛に奉職し、11 月には煤田開採事務係で鉄路
科勤務となり、米国人技師クロフォードが監督する幌内鉄道建設にも従事して
いる。開拓使の廃止後は工部省に転属、鉄道局で日本鉄道会社の荒川橋りょう
の架設などの鉄道工事の監督をして、その間に貯蓄した資金で、1883 年 12 月
に学問修練の目的で、恩師であるホイーラーを頼って単身渡米をはたす。留学
生ではなく、師の紹介でミシシッピー川改良工事に政府雇員として従事したこ
とを皮切りに、数々の建設会社で橋梁や鉄道の建設に携わった。そのときの経
験から橋梁設計の実務書「Plate-Girder Construction」を著わし、米国の大手
技術書出版社から出版している。

　その後、廣井は 1887 年 3 月 3 日、札幌農学校助教に採用されドイツ留学を
命じられた。北海道庁からの訓令では「ベルリン大学に留学」となっている
が、廣井は 1887 年 9 月からカールスルーエ工科大学に 1 年間、1888 年 9 月か
らはシュトゥトガルト工科大学に半年間滞在し土木工学、水利工学を研究して
バウ・インジュニュール（土木工師）の学位を受けている。

　廣井は帰朝後、1891 年 2 月には校名を「札幌農工学校」と改正する旨の上
申、3 月には工学科に差し障りのある校則の改正について教授会を通じて求め
ている。この意見は通らなかったが、廣井の意気込みが伝わってくる。

8.8　第一次廣井山脈

　札幌農学校は 1887 年に工学科を設置し、1897 年に第七回の卒業生を出して
工学科は廃止となった。廣井勇は第七期卒業を見届けて同年 8 月 14 日札幌農
学校教授を辞めた。その間の卒業生は次の 16 名である。

一期　平野他喜松・岡崎文吉

二期　小野常治・十川嘉太郎

三期　粟野（窪田）定次郎・遠武勇熊

四期　河野市次郎・坂岡末太郎

五期　川江秀雄（秀夫）

六期　眞島健三郎（西条健三郎）・大村卓一・筒井弥一

七期　今野譲（丈）三郎・関山良助（良介）・筒井武（釿太）・内田富吉（内田冨夫）

　彼らは第一次廣井山脈（札幌農学校教授時代）と呼ばれている。大村以外の略歴を記す[17]。

　1期生の岡崎文吉（1872-1945）と平野他喜松は、いずれも卒業後、母校において教鞭をとった。岡崎は同庁技師兼務で灌漑水理学を担当した。1896年から同庁選任となり北海道の治水工事に尽力し、石狩川の水害対策について10年間におよぶ調査、研究により、1909年に「石狩川治水計画調査報文」を河島北海道庁長官に提出した。計画洪水量推定法について独自の方法を考案し、1914年に工学博士号を授与された。特に石狩川治水事業に尽力し、「自然主義」の治水法を提唱して北海道治水の祖と言われている。著書に「治水」（1915年）がある。その後中国に赴き、1920年から1929年まで満洲国の上海遼河工程司として、遼河の治水対策に当たった。さらに岡崎は1932年に満鉄経済調査会の顧問となり、松花江の洪水調査の結果を報告書としてまとめたり鴨緑江の電源開発の調査を行っている。

　平野他喜松は1893年より助教授として和漢学と数学を教えた。1901年に農学部教授、1917年に予科教授となった。

　2期生の小野常治は卒業と同時に道庁に勤めたが、のちに愛知県技師として転出し、さらに海軍技師・秋田県・鉄道省を経て1910年から逓信省水力発電調査、1922年樺太庁技師となり港湾修築などに従事した。

　十川嘉太郎（1868-1938）は道庁に入り、1894年函館市水道工事に従事、後に1897年に台湾総督府技師となって基隆築港に従事し、水利課、工務課に勤務し、同島の水道、水力、河川、干拓などの工事に従事し、特に台湾における河川・治水事業に日本伝統の霞堤を提案するなど大きな貢献をして1915年に退職した。その後、下関市長府町の長府豊浦教会にて奉仕活動をした。廣井勇の命日には長府から上京し、東京の多摩墓地にお参りするのが常であった。

　3期生粟野（窪田）定次郎は、卒業と同時に道庁土木課に勤めたが、1895年に母校の助教授として鉄道工学・コンクリート工学を担当した。担当は物理学、測量・実習、応用重学、数学であった。1897年に道庁鉄道部に移り、田

邉朔郎の下で2期生の小野らと滝川・旭川間の鉄道建設に従事した。1900年2月から工務課長になり後に保線課長となり、11月から建設課長も兼務した。退官後、民間鉄道会社の技師長として胆振地方の鉄道建設にあたった。

遠武勇熊は、鹿児島県に生まれ卒業後逓信省鉄道局に奉職し、奥羽線などの建設にあたり、秋田営業事務所長、富山、敦賀、米子の各建設事務所長として鉄道建設に尽した。退官後は秋田県の横庄鉄道会社技師長などをつとめる。1924年に東京地下鉄株式会社の技師長として就任し、その後10年間、浅草・新橋間のわが国最初の地下鉄の建設に尽力した。

4期生の河野市次郎は、道庁土木課、1896年九州鉄道を経て、1899年台湾総督府技師として台南・台中の開発に従事し、1911年に退職し実業に転じた。

坂岡末太郎（1869-1923）は、卒業後道庁土木課、同鉄道部の建設課技師として北海道鉄道の旭川・和寒の路設の測量、設計、工事に従事したが、1901年には工学科の後身である土木工学科の講師を兼務した。やがて土木工学科の教授となって鉄道工学などを担当し、1918年には工学博士号を授与された。同年、改組に伴って土木専門部の主事となり、1923年病没するまで、その任に当たった。著書に「最新鉄道工学講義（全8巻）」がある。鉄道工学の分野ではわが国で初めての大著であった。

5期生川江秀雄（秀夫）は、卒業後ドイツのツュトゥットガルト工科大学に留学、1年間アメリカで働いた後、1901年に帰国して道庁技師となり、農学校教授を兼務した。その後、1904年逓信省鉄道作業局、1911年朝鮮総督府鉄道技師となり、後に技師長となり、1924年に退職した。

6期生の眞島健三郎（西条健三郎）は、卒業後北海道庁に入り、小樽港で廣井所長の下で防波堤コンクリートの設計施工を担当した。後に海軍省に移り、佐世保軍港建設などを担当し1927年に同省建築局長となった。コンクリート工学の権威として著名で、工学博士号を授与されている。

筒井弥一は、卒業後道庁鉄道部に勤め、主として北海道各地の鉄道建設にあたった。1907年鉄道庁に新橋保線事務所長、甲府保線事務所長を経て、1915年北海道鉄道建設事務所長、1924年、樺太鉄道株式会社建設部長として樺太の鉄道建設に従事した。

7期生の筒井武（釿太）は卒業と同時に長崎港築港事務所に勤務し、その後1901年釧路港の改良工事にあたる。後に明治37年朝鮮臨時鉄道監部、さらに1911年朝鮮総督府技師となった。1920年から遼河工程局で岡崎先輩の下で勤めた。

今野譲（丈）三郎は、卒業後日本鉄道に勤め、東北地方と東京で保線工事に

携わった。その後鉄道庁技師となり、新潟・水戸などの保線事務所長を歴任した。退官後の 1924 年には札幌市技師にもなっている。

　関山良助（良介）は、卒業後鉄道部に勤務し、1904 年に樺太民政署、1908 年に台湾工務部に転じた。

　内田富吉（内田冨夫）は、卒業後道庁土木課に勤め、農学校工学科に併任となって、港湾工学を講じた。1901 年には道庁小樽築港事務所で廣井所長の所長代理を務めた。後に大連の築港工事に従事し、1909 年技師長となった。その後再び小樽築港事務所に戻り、さらに博多築港事務所の技師長となった[17]。

表 8-4　札幌農学校工学科卒業生（1 ～ 7 期生）一覧

No.	氏名	期	卒業	卒業意匠題目
1	岡崎　文吉	工学科 1 期	1891.07.	
2	平野　他喜松	工学科 1 期	1891.07.	Design for Diploma
3	小野　常治	工学科 2 期	1892.07.	
4	十川　嘉太郎	工学科 2 期	1892.07.	
5	遠武　勇熊	工学科 3 期	1893.07.	札幌市街給水工設計
6	栗野　定次郎 （窪田　定次郎）	工学科 3 期	1893.07.	［札幌市街排汚工事設計及製図］
7	坂岡　末太郎	工学科 4 期	1894.07.	Design on the canal Int. Sapporo & Barato.
8	河野　市次郎	工学科 4 期	1894.07.	
9	川江　秀雄 （川江　秀夫）	工学科 5 期	1895.07.	
10	大村　卓一	工学科 6 期	1896.07.	函館鉄道小樽桃内間工区工事設計書
11	筒井　弥一	工学科 6 期	1896.07.	［鉄橋工事設計］
12	眞島　健三郎 （西条　健三郎）	工学科 6 期	1896.07.	小樽港修築工事設計説明書（未定稿）図面十葉附
13	内田　富吉 （内田　冨夫）	工学科 7 期	1897.07.	大津河港修築工事設計説明書（図面七葉附）
14	今野　譲三郎	工学科 7 期	1897.07.	［Designe on the Rail Way Bridge Warren Girder 152' e to e long］
15	関山　良助 （関山　良介）	工学科 7 期	1897.07.	［天塩線ピップ川国境間鉄道工事］
16	筒井　武 （筒井　新太）	工学科 7 期	1897.07.	［宗谷旭川間鉄道工区工事］

（山本美穂子（2007）、平塚直治受講ノート（西信子・西安信氏寄贈）をめぐって、北海道大学大学文書館年報、第 2 号、年 3 月）

　彼らの経歴を見ると、特に北海道道庁や鉄道関係に進んだものが多い。一方で道内に最後まで留まった人は少なく、本州各地やさらに台湾、朝鮮半島、中国大陸、樺太などに転勤をした人も多い。これは当時のインフラ整備は国内ばかりでなく、外地において旺盛な大規模プロジェクトが計画・進行しており、幅広い多くの技術者が必要となされた時代背景がある。さらに、廣井が去った後の母校の教育に大きな貢献をした人も目立つ。

　廣井が東大に移ってから教育した技術者たちについては、土木学会や書籍でも各種紹介されている。今後、札幌農学校工学科の技術者たちの功績や貢献についても、更なる研究および評価が望ましい。

8.9　廣井の教育方針

　廣井は教授として、河川、港湾、鉄道、道路、橋りょう、製図を担当し、1990 年 2 月からは北炭の技師長平井晴二郎の推挙により同社の嘱託となった。主として橋りょうの設計を担当し、5 月から北海道技師も兼務となった。教育と実務を自ら実践し、いかに多忙であったかがわかる。

　廣井の教育方針は自身のアメリカの実践経験にもよるもので、その一つは前述の通り、実学重視である。

　二つには、現場での創意工夫である。廣井は新技術や新工法の開発や採用にも熱心であった。

　三つには、廣井は欧米の技術書を原書で理解させた。また青山士にコロンビア大学のバー教授への紹介状を出したように、十川や内田もバー教授を訪問している。廣井は欧米の最先端の技術の習得による、技術の国際性を重視した。

　廣井の信念は「工学とは、数日を要するところを数時間の距離に短縮し、一日の労苦を一時間に止め、そうすることにより人間をして静かに人生を思惟せしめ、反省せしめ、神に祈る余裕を与えるためのものである。工学がこの課題に応えることができないのであれば、それは工学というに値しない」、「地球上のどこであろうとも、その地の庶民、弱者のために貢献すべきだ」であった。

　当時の札幌農学校工学科の学生数は、大村の同期でも 3 人と少なく、先生と学生の師弟関係もより親密であったと思われる。大村は専門的な知識や技術に加えて、人生観や技術者としての信念や使命感、倫理についても恩師である廣井から多大なる影響を受けたであろう。

　その後、1899 年、廣井は東京帝国大学工科大学教授に任じられ、1919 年 6 月まで 20 年間、その任を全うしたが、その最大の功績は、日本のインフラ近代化に貢献した宮本武之輔（1892-1941）、信野川大河分水事業の青山士（あき

ら）（1878-1963）、後藤新平台湾民生長官の元で鳥山ダムを創った八田與一（1886-1942）、朝鮮と満洲の間を流れる鴨緑江本流を堰き止めて造り上げた水豊発電所を建設した久保田豊（1890-1986）（日本工営株式会社創設者）などの数多くの逸材を次々と世に出したことである。彼らは廣井山脈と呼ばれ、草創期の日本の土木界に大き

写真8-6　廣井勇墓碑（多摩霊園）

な貢献を果たしたことはよく知られている。高橋裕は「この山脈は、遠く望めば数々の嶺を擁し、雄々しくも壮麗であり、近く寄れば暖かくも厳しさを体感できる山懐であった」と形容している[18]。

　初代鉄道院総裁の後藤新平は、1911年に本州と九州を結ぶ鉄道建設構想（関門連絡鉄道）の研究に着手することを命じ、トンネル案は鉄道院の岡野昇（1876-1949）、橋りょう案は廣井勇が調査を行った。その後、京都帝国大学田邉朔郎の欧米出張に際して、海底トンネル工法の視察と橋りょう架設についても研究を依頼した。その結果、工費、国防上の考慮（爆撃や砲撃に強い）もあり最終的にトンネル案に決定した[19]。時を隔てて、北海道の鉄道に尽力した両巨頭が関門海峡の連絡鉄道計画で協働したのも興味深い。

8.10　釧路港鉄道計画

　1930年に発行された、「故廣井工学博士記念事業会編、工学博士廣井勇伝」の第二章の廣井博士の逸話の中で、「一本の線」と題し師弟関係にある大村と廣井との卒業後の温かいやりとりが記されている[20]。

　「北海道鉄道における釧路港連絡はその当時の工務課長大村卓一氏、トンケシ方面を埋め立てる計画を立てていたが、ある日博士が工務課長の部屋を訪れて、釧路の図面を見ながら、『これはこっちのほうに持ってきて言ったらどうか』と鉛筆で線を入れた。それは大村氏の計画とは反対側を埋め立てるという意味であった。それが最初の設計となって、その後幾度かは変遷しているが、博士の提案は今日の釧路港連絡の基礎となったのである。博士はどんな難しいことに対しても、即座にある直感的暗示のひらめくものあったのである」

　このように大村と廣井の師弟関係は、大村が北炭に勤務後も技術的な指導や助言などを含めて機会ある毎に続いたようだ。

8.11　新渡戸稲造

　大村は回顧録の中で「その当時の札幌農学校は、創立当時の西洋人ばかりの
教師時代をすでに過ぎ、クラーク博士などに訓育された第一回、第二回の卒業
生が洋行から帰り新進気鋭の教授振りを示していたときで、佐藤昌介、宮部金
吾、廣井勇、南鷹次郎、新渡戸稲造、大島正健諸教授の講義に我々青年の血は
湧かれたものであった」と回想している[20]。新渡戸は、アメリカ留学後の
1891年から、1897年まで母校の札幌農学校教授となり勤務している[21]。大村
の本科（工科）進学は1893年なので、大村も2年ほどは予科の新渡戸の教育
や指導を受けたと思われる。

　新渡戸は1880年に札幌農学校の二期生として卒業後、開拓使、農商務省勤
務の後に、渡米留学、ドイツ留学を経て、母校の教授に任じられていた。学校
での担当課目は、農政学、農業史、農業総論、植民論、経済学、英文学、ドイ
ツ語を担当。予科では英語、倫理を教え、教務主任、図書主任、予科主任、そ
の後舎監も兼ね寸暇もなく働いた。特に、ゼミナール制度を採用して学制の改
革も図った。

　三島によれば、新渡戸の業績の現代的意義について、①教育者・啓蒙思想家
として、②農学・農業経済学者として、③愛国者・国際主義者の3つの側面を
指摘している[22]。

　新渡戸は自宅で毎週日曜、バイブルクラスを開き、みずから英文聖書の講義
をして、大村の親友である高岡熊雄も聴講生であった[22]。また、学外でも貧困
な家庭の向学心の強い少年たちに、英語や数学を教える遠友夜学校を夫人と協
力して創設している。後には、小説家の有島武郎もこの学校の代表者だったこ
ともある。

　また、北海道で初めての私立中学校として、北海道炭礦鉄道株式会社社長の
堀基が設立した北鳴学校が1891年9月開校すると、新渡戸は請われて教頭と
なり、予科授業担当の教員の多くも同校でも授業を行なった。札幌農学校教授
の新渡戸稲造が北鳴学校教頭として教員選定・教授にあたったことは、佐藤昌
介・宮部金吾・南鷹次郎・廣井勇といった農学校教授が北鳴学校評議員（世話
役）であったことも深く関係する。

　新渡戸は国際連盟の初代事務次長として、西洋と日本の架け橋となった。新
渡戸の愛国心については、「新渡戸のナショナリズムはまず自国を愛するもの
でしたが、同時に各国のナショナリズムも尊重するものでした。そうしたナ
ショナリズムを繋ぐものがインターナショナリズム（国際主義）です。新渡戸

のインターナショナリズムの根底には『共存と寛容』の思想がありました」との評価もあり[23]、現在でも通用する普遍的な考えを先取りしていたといえる。

新渡戸は、生涯を通じて武士道的愛国心とキリストの精神である「犠牲」と「奉仕」を説き、第一高等学校長や東京帝国大学農科大学教授などを含めて、矢内原忠雄、南原繁、前田多聞など多くの人材を育成した。大村も専門分野は異なるものの、新渡戸の精神的な影響を大きく受け、共存と寛容の国際主義を学んだと推測される。

新渡戸稲造は、後藤新平に乞われて台湾総督府技師として、糖業改良など現地農業の振興に大きく貢献して、この台湾時代の経験を基に植民地の研究をしていた事は意外と知られていない。その源流は札幌農学校第一期生の佐藤昌介の農政学殖民学といわれている。農業本論、農業発達史などの研究をまとめ出版している。

北海道大学では、新渡戸稲造に由来した、「新渡戸カレッジ」を 2013 年から創設している。これは、新渡戸稲造の精神を継承し、豊かな人間性、国際性を育む特別教育プログラムによりグローバル人材を育成する制度であり、専門分野を超えた国際理解や留学制度、英語能力の向上や多文化交流など、新渡戸の精神を発展・承継している。

また、新渡戸稲造の父である十次郎は南部藩士で、三本木原開拓で活躍し、室蘭ともゆかりのある人物である。室蘭市の資料によれば、室蘭市史跡南部陣屋跡の沿革の中で、1855 年に南部藩は江戸幕府から恵山岬からホロベツまでの蝦夷地警備が命じられ、新渡戸十次郎が、上山半右衛門とともに陣屋を構築する場所の視察に当地を訪れたとある。十次郎は 48 歳で不遇の死を迎えるが、1867 年明治天皇東北ご巡幸の折に三本木の新渡戸家に立ち寄り、同地開拓の父祖の功を嘉賞し、「なお子孫も農事に励むように」と金一封を下賜されたことという[24]。新渡戸家は東北の荒地を農地として開拓する一方で北方警備の関係で北海道とも縁が深く、新渡戸にはこのフロンティア精神が伝統的に根付いていたのではないかと思われる。

8.12 苦学生活

大村は道庁の官吏の宅に学僕となって住み込み、あるいは夏季休暇を原野に測量の手伝いにでかけるなど、最低の生活に甘んじて勉学に打ち込んだ。

ひところは札幌の南一条西八丁目にあった中央寺という禅寺の境内の隅に建てられた蛍雪庵という自炊寮で生活している。和尚さんは名古屋の小松萬宗禅師という人であり、交代で自炊をやって小松さんの般若心経や観音経などの提

唱を聞き、時には座禅を組んだりして精神修養に努めた。後の大学総長となった高岡熊雄博士（1.12 および 8.14 参照）、産業組合の千石興一郎、昆虫学者の松村松年（しょうねん）博士、外務省に奉職した齋藤和（1.12 に述べた大村の妹である富江と後に結婚）、満鉄農業技師の栃内壬五郎（室蘭の開拓者である添田家子息で改名北海道庁、樺太庁、満鉄農務課などを歴任。学生時代、千島を探検し花を発見し「トチナイソウ」という名がついた）、尾身五郎（実業家）、十川嘉太郎（前述の工学科 2 期、台湾鉄道技師）、黒沢信良（北海道農事試験場長）、野呂荘次郎（上川農事試験場技師、北の開拓主筆）、増田定吉（実業家）、茅場三郎（青島塩業技師）、中村友次郎（農学校長）、渡辺甚作（農学校長）、川江秀雄（松村の自伝では実業家となっているが工学科 5 期の技師と思われる）、小川三策（農事試験場長）も同寮であった。

　松村松年の自伝では、6 年間で 341 人の学生が起臥したとあり、貧しい食生活や喧嘩などの生活ぶりについて詳細に記している[25]。螢雪庵の食事は、引割麦三分に米七分の・カ・テ飯でお菜は、朝が味噌汁、昼はその残り、晩は一人、3 〜 4 銭の程度で当番が腕を振っていろいろなものを食したとある。時には野草を味噌汁の具に入れたり、仏前のお供物をいただいたり、貧しいながらも楽しい共同生活であった。当時、スポーツ熱が盛んであり、大村も春秋 2 回のマラソン競走で螢雪庵の仲間と走り、好成績を残したとある[26]。貧乏でシャツも買えなかったが、ランニングで一等になって待望のシャツを賞品にもらったことを子供たちにも話している。

　また、当時課外活動として札幌農学校遊戯会（今の運動会のような大会で D・P・ベンハローの提案により開催され、1878 年より学生の手で運営され近隣住民も見学するイベントであった）が開催されていた。大村は 1893 年 5 月 20 日開催の遊戯会で第 20 番本科障害物競争第三等賞を、1896 年 5 月 16 日開催の第 15 回遊戯会では第 13 兵装で一等銀牌を受賞している[27]。

　当時の自由主義的な農学校は、中央政府から異端視され財政問題から廃止の危機を佐藤昌介の努力もあって何とか存続したものの、予算面での内輪も苦しく、1 年の経費はわずかに 3 万円であった。その理由はこの学校が最初は開拓使の仮学校で出発し、その後北海道庁、文部省と転々移管されたこともあり、経費の削減を受けたためである。教授たちも卒業生として、母校を維持するのが目的で教鞭をとっていたので、教授 1 か年の俸給も 600 円から 700 円に過ぎなかったという[28]。

　1895 年 4 月 1 日文部省に移管された農学校の教授陣は 6 名の定員の内、教授陣は一期生、二期生の俊才が 5 名活躍した。彼らは予科・本科を兼任して、

一人最低1週13時間から最高24時間の授業を担っていた。そればかりか、クラーク博士が行ったように、夜は学生と膝を交えて大いに語り、学生に初期の札幌農学校の気風を叩き込んだのである[29]。

「学校も貧乏、学生も貧乏、貧乏ひまなしのたとえの通り、朝から晩まで勉強と労働に追いまくれていたようだが、その当時の自分たちの生活には今日に比べてはるかに精神的な余裕があった。（中略）いかにも明治中期の学生らしく、すべからく大望を持ての意気軒昂たる生活ぶりであった」と、大村は回想している[30]。

写真8-7 手島十郎助教授離任に際し、札幌農学校本科生一同（1895年）（大村は前から3列目の右から2番目）
（北海道大学大学文書館）

少人数ではあるが、厳しい経済状況の中で子弟が力を合わせて、学問を通じて精神面の人格形成を含めてお互いが切磋琢磨する姿が想像される。このような濃密な人間関係の中で、クラークの開拓者精神が教授陣から学生に伝授されていった。

写真8-8 天長佳節に際し、札幌農学校教職員および学生生徒一同（1895年11月）（演武場前）（北海道大学大学文書館）

8.13 父 の 死

大村が在学中の1893年、父の素農衛が世を去ってしまう。父の最後の言葉は「父は今死すとも札幌在学中の自分を成学まで決して呼び戻すなかれ」であった。「自分の勉強は父母のためであり弟妹のためであり、父母の恩に報いんとするのが最大の念願であつたからその死に接すると茫然自失、一時は一切の希望を失うありさまであった。天を仰いで号泣し地に伏して慟哭する悲しみは決して誇張ではない」と述べている[31]。

先生や友人たちが心配していろいろと力づけてくれ、ようやく元気を恢復することができた。そして捲土重来の勢いで勉強した結果、本科に進むとともに

4年間学費を全給せられて学校を卒業した。

　大村家の長男として、父から大きな期待を集めて勉学に励み、将来親孝行をしたいと願っていた折の父の死は、若き日の大村にとっては、大きな痛手であったであろう。北海道大学大学文書館には父の死に伴う、徐服之件、御届が残っている。

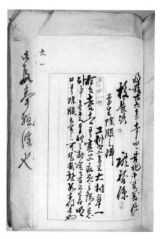

写真8-9　学生徐服之件、大村卓一御届（1893年11月11日）
（北海道大学大学文書館）

8.14　旧友・高岡熊雄

　前述の同じ寮で生活した高岡熊雄（1871-1961）は、大村の一年先輩の農学専攻であるが、大村と終生の友として交友関係が長く続いた。

　高岡は後に1933年12月から1937年2月まで、北海道帝国大学の第3代総長として活躍する。高岡は津和野藩士高岡道敬の次男に生まれ、旧制山口中学校に進学、その後中途退学して札幌農学校予科に進学。農学校では新渡戸稲造に師事し、札幌農学校卒業後は、同校助教授となり新渡戸の後任として農政学・植民学を担当した。高岡はドイツにも留学し新渡戸の農政思想と研究方法を承継し、独自の農政学を構築した功労者といえる。

　また、熊雄の兄の直吉は、1923年に初代の札幌市長に選ばれ5年にわたる任期中、同市の本格的な都市開発に着手するなど札幌の発展のために貢献した。

　大村と高岡との交流は卒業後も長く続き、大村から高岡宛の書簡が14通高岡熊雄旧蔵資料として、北海道大学大学文書館に保管されている。その中には大村が欧州から宛てた絵葉書（1.12に記述）や、北炭時代の岩見沢

写真8-10　高岡熊雄あて大村卓一書簡（1937年4月）（北海道大学大学文書館）
　　　　　　満洲から高岡の子息の結婚について、お祝いの言葉が述べられている

からの高岡の鉄道輸送実績についての質問の返答（高岡の研究論文は「新殖民地発展の順序」（奈井江殖民地調査）であり奈井江駅の乗降人員の推移と解説を大村が手紙で詳しく記載している）、満鉄時代に至るまで、専門分野は異なるものの二人の交流が続き終生の友であったことがわかる。

8.15　社会福祉の先駆者・留岡幸助

　大村は、回顧録の中で、1944年5月の大連における留岡先生十周年記念会に参列した時の所感として、留岡幸助（1864-1934）との出会いと功績について回顧している[32]。

　大村は、学生時代の1891年に同志社神学校出身の宗教家であり空知集治監の教誨師であった留岡幸助と会っている。大村はその頃からキリスト教にも関心を持っていたと思われ、札幌や岩見沢で留岡先生の宗教上の講演を聞いたとある。

　恩師である廣井勇の妻は同じ四国出身の大井上綱子であるが、綱子を紹介したのが、綱子の叔父（父の実弟）大井上輝前（てるちか）（1848-1912）であった。大井上は若くして渡米経験があり、北海道開拓時代の名士でありその生涯はキリスト教精神に貫かれたものであった。彼は釧路の典獄（今の刑務所長）の時、受刑者の人権を擁護する立場から抜本的に待遇を改善し、特に強制労働と体罰を厳禁した[33]。大井上は空知の典獄になってから、さらに基督教師の採用を考え、丹波教会の留岡幸助を空知集治監に推薦した。このように大村と留岡の出会いは廣井の影響もあったと考えられる。

　留岡幸助は岡山県高桑町に生まれ、1888年同志社神学校を卒業し京都丹波第一基督教会牧師となったが、1891年牧師を辞して空知集治監教誨師に赴任した。留岡の1893年12月21日の日記によれば、「夜ハ宮部金吾氏ヲ訪問し、同氏ノ宅ニテ新渡戸稲造、柳本通義氏ニ面会シ、冬期講師ヲ頼打ス」とある。冬期学校とは、集治監の中だけにとどまっておれず、地域の人々との結びつきを求めて、北海道冬期学校の開設を計画し、貧しい人々のために札幌に遠友学校を開いたばかりの新渡戸稲造の賛同も得た。また、1894年1月5日には大島正健とともに内村鑑三と会っている。同志社を創設した新島襄と内村鑑三はともに上州人であり、親密な交わりがあった。内村鑑三は留岡の家庭学校創立にも応援したが、後に寄付金集めに関連して2人は意見を異にした[34]。

　大村は留岡と出会った頃の感興を次のように記している。

　「そのころの北海道の集治監といえば、主として極悪非道の徒刑者を、（中略）恰も帝政ロシアがシベリア開拓に徒刑者を利用した如く、其の囚人を使役

して一部の開発労務に充てようという政府のやり方だったのである。

　留岡さんの駐在せられた空知集治監の分監が市来知（いちきじり、現在の三笠市の一地区）という、幌内炭山の近くにあったが、この炭坑にも、その付近の畑地にも盛んに囚徒を使っていた。赤い獄衣を着せ、太い鉄の連鎖で二人ずつ繋いだ何百組という囚徒を、腰に刀を差し小銃を持った黒衣の看守が張り番をして激しい労働をやらせている有様は見るからに無慙（ざん）な風に見えたものである。

　我々当時は学生時代で、札幌を北方のアデンといつたりしていた頃のこととて、こういう政府のやり方に反対し、北門の鎖鑰（さやく：外敵の侵入を防ぐ重要な場所）として高遠なる理想のもとに皇国の新天地を建設せんとする我が北海道を、シベリア扱いにするとは怪しからんと大いに非難したものであった。

　最もこういう極悪非道者ばかりでなく、いろいろの政治犯人も送って来られた。（中略）そういうところへ親戚や友人知己の反対を押し切り、信仰に依る神明の扶助を力として赴任され、囚徒達のゆがめられた魂を救って、真人間に立還らしめる為に教誨師の使命に邁進されつつあった先生の姿は若き我々には誠に崇高にして、如何にも精悍の持ち溢れた壮年宗教家の如き印象を以て映じたことを今尚記憶して居るのである」[35]。

　当時は労働力不足もあり囚徒を炭坑や道路建設に使役した。大村はこれらの理不尽な行為に義憤を感じ、自ら改革を進める留岡の言動に心を動かされた。これらは大村の正義感と人間に対する尊厳を重視するその性格をよく物語っている。若き理想に燃えた留岡との出会いと言動は、大村に大きな影響を与え、その後の生き方にも大きく左右したのではないか。

　留岡幸助は1894年5月アメリカに遊学後、1896年に帰国し、1901年には巣鴨に家庭学校を創設し、さらに1914年には道庁から国有土地を払い下げてもらった遠軽に分校として社名渕（しゃなぶち）家庭学校という感化善導の道場を設立している。

　留岡が再び渡道して社名渕創設の頃には大村は札幌に在勤しており、「先生の計画には、学生時代屡々（るる）講演を聞きお目に掛かったことのある私は大いに感激したもので、其の後道場の物品を運ぶとか、いろいろ輸送上の交渉で札幌に見えられる度に先生にお目に掛り、御便宜をお計ひするに努めたものであった」と、記している[36]。

　内村鑑三の弟子で金澤常雄（1892-1958）も若い日に北海道家庭学校に10か月滞在し決定的な回心を経験し、生涯をキリスト教伝道に捧げた。また金澤の

友人でもある矢内原忠雄（1893-1961）（戦後東京大学総長となった）も後の1928年8月21日に同校を訪れている[37]。

留岡幸助は日本の社会福祉の先駆者とし、映画「大地の詩―留岡幸助物語―」にも描かれ、同校は現在でも児童自立支援施設の「北海道家庭学校」として存続している。

8.16 工学科卒業

1896年7月7日、第14回卒業証書授与式が、北海道長官原保太郎、永山武四郎第7師団長、浅田参謀長をはじめ数百名の来賓者などが参観するなか、演武場で挙行された。卒業生は農学科14名、工学科3名であった。当日は、南鷹次郎教授が卒業論文等の報告をし、佐藤昌介校長が卒業証書を授与し、新渡戸稲造教授が演説を行なった。佐藤校長・原長官の祝辞の後、卒業生総代の平塚直治が答辞を述べた。北海道長官の卒業式への出席は初めてであった。

「当日天気晴朗門前にはアーチを樹て国旗を交差し場内四壁に紅白の幕を張り紫城紅緑の旗をおおいに垂れ正面にはテーブルを据え翠緑滴る青竹の鉢植を飾り入るものをして思わず粛然たらしむ卒業生諸氏は椅子の主座をしめ学生生徒一同着席するや楼上の時計十時を告ぐるとともに校長来賓諸氏を場内に案内す」と、厳粛な式場の雰囲気が窺える[38]。

表8-5　1896年卒業論文題目一覧

期	No.	学生名	専修	卒業論文題目
農14	1	平塚　直治	植物病理学	本邦メランプソラ属ノ研究
	2	栃内壬五郎	農芸化学	北海道野生牧草ノ成分ニ関スル研究
	3	清水元太郎	農業経済学	農産共有地論
	4	湯浅　中夫	農業経済学	北海道農村信用組合方策
	5	大脇　正諄	農業実習	小麦ノ品質ニ関スル研究
	6	吉澤　誠藪	農業実習	馬鈴薯澱粉比率ニ関スル研究
	7	中村友太郎	農業実習	北海道ノ気象ト養蚕
	8	星　祥之助	農業実習	乾酪製造論
	9	吉野得一郎	農業実習	大麻雌雄茎実験成績
	10	加賀林庄吉	農業実習	牧牛論
	11	岡田　虎輔	農業実習	地価検定法
	12	河田　惠治	農業実習	北海道ノ果樹業
	13	成田　軍平	農業経済学	開拓使ノ農政
	14	増田　貞吉	農業実習	北海道農業者ノ冬期事業
工6	1	大村　卓一		函樽鉄道小樽桃内間工事設計
	2	眞島健三郎		小樽港修築工事設計
	3	筒井　彌一		鉄橋工事設計

（北海道大学大学文書館調）

注　『学藝会雑誌』第21号（1896年11月30日、98～99頁）、『札幌農学校一覧』明治三十六年（1895年4月）より作成。

写真 8-11　札幌農学校農学科第 14 期、工学科第
6 期卒業記念（1896 年 7 月）
後列：清水、平塚、星、河田、加賀林、
　　　湯浅、吉野。
中列：大村、中村、大脇、栃内、筒井、
　　　吉澤、岡田、成田。
前列：南、宮部、佐藤、新渡戸、吉井
（北海道大学大学文書館）

　南教授は第 14 期生の卒業論文を「有値の論文多し殊に或る科に於ては例年其の比を見ざるの良果を示せり一般に良好の部に属し中には学者の誤謬を指摘論破したるの新説綿密の設計方案緻繊の実験及び分析等見る可きもの多し」と高く評価した[39]。

　福井から北海道に渡って苦学すること 7 年間、特待生として授業料も免除されるほど勉学に励み、父の死という予期しない事態も乗り越えて、晴れて卒業できた大村の喜びはいかほどであったであろう。

8.17　受け継がれるフロンティア精神

　学問の研究の高度化と産学連携による研究成果の社会への還元は、大学に課せられた重要な案件である。しかし、大学の社会に対する最大の貢献は高等教育を受けた人材を社会に供給する点にある。北海道の開拓に必要な農業および土木技術者の育成という社会貢献において、北海道大学はその前身にあたる札幌農学校の時代からの古い歴史を持ち、その原点ともいえるフロンティア精神が受け継がれている。

　札幌農学校土木教育は開拓に貢献する土木技術者を養成することを目的としていた。このため文部省による高等教育機関整備が専門分化の道をたどったのに比して、トータルな能力をもった総合的人材養成が目指されていた。これは、開拓といういまだ未開の土地に対しての土木事業を推進するため、創意工

夫や興業能力を期待されたためである。

原口は札幌農学校の独自性の特徴として以下のことを挙げている[40]。

1) 学校のある地域（札幌農学校では北海道）に密接した研究課題の設定、もしくは教育方針の設定を明確に行っていた。

2) 現業に出た卒業生が母校に戻って教鞭をとることで、カリキュラムで不足していた技術について認識がなされ、現場から学んだ知識によって補完がなされていった。

工学科廃止後、札幌農学校は技術面の教育に重点を置いた「土木工学科」を新設した。「土木工学科」は後に「附属土木専門部」へと改組し、技術者養成を担った。札幌農学校が東北帝国大学農科大学を経て北海道帝国大学となった後、1924 年に工学部が開学する。

また、室蘭工業大学は、北海道帝国大学土木専門部と 1939 年創立の室蘭高等工業学校を始めとする室蘭工業専門学校（旧制）が発展的に解消合併し、1949 年に北海道初の工科系 4 年制大学として発足して現在に至っている。

新制土木一期生により編纂された、北大工学部土木の源流の中で、「その明治新政府の若い参与達の、北の大地にかけたロマンと、その実行力の中に、若々しい創設者の精神と開拓者魂の根源を、私達は強く感じ取らされました。その一途ともいえる若い指導者達の強烈な思いが、ケプロン顧問団というアメリカの開拓を実行しつつあった優秀な人々の、新しい技術と科学と精神によって、アウフヘーベンされてできあがったのが、他ならぬわが札幌農学校であったのであります。（中略）北海道大学の創立者精神、すなわち眼尻（まなじり）を決した開拓者魂に、情感豊かな信と愛と誠と行が加わり、進取清純な独特な心の文化が生まれ花開いて、今日に至っているのであります」と述べている[41]。

多くの卒業生が個人的な立身出世の夢におぼれず、今までだれもやったことのない新しい道を切り拓いた。未開の北海道の大地に、そして海を超え世界の各地にはばたき、それぞれの開拓の道を黙々と信念を持って進んでいった。

明治維新、長州藩の松下村塾、薩摩藩の下加治屋町の郷中教育から多くの優秀な人材を輩出した。これは偉大な指導者の元、化学反応のように師弟がお互いを切磋琢磨して影響し合うことにより各人が変質・成長し、まるでマグマが噴出するように全体として偉大なパワーを発揮し、時代を変革する原動力となった。

それと同様に、札幌農学校についても、北の大地でクラーク氏が蒔いた一粒の種が全国から集まった誇り高い学生たちに伝わり、そのフロンティア精神が

根付いて大きく成長し、その輪がさらに広が
り、明治という拡大する国勢の時代背景も影響
して日本ばかりでなく世界各地で結実したので
はないか。まるで奇跡のような物語である。

写真 8-12　廣井先生の墓碑を
清掃する同窓会生

　札幌農学校の基本的な原点は、北海道の開拓
のための学問で、アメリカの経験をそのベース
として伝授したものである。札幌農学校の初期
の学生である新渡戸稲造や、廣井勇については、アメリカで学び実務経験を積
んだこともあり、アメリカのフロンティア精神に強く影響を受けたことにな
る。大村の札幌農学校における直接の指導者は廣井勇であり、学問的にも精神
的にも恩師から大きな影響を受けたことは間違いない。廣井勇と同期でクリス
チャンである、内村鑑三や新渡戸稲造からの直接的または間接的な影響も大き
い。大村は福井時代に学んだ総合的な人格教育に加えて、理想主義を掲げる開
拓者精神あふれる札幌農学校の学風や偉大な恩師や友人の影響を受けながら、
専門的な幅広い知識と技術とともに、技術者としての倫理や使命感などを身に
つけたといえる。

　筆者は北海道大学で学び恩師から種々の教えを受けてきたが、これまでは創
設の時代の歴史や経緯も知らず、学風などについてあまり意識しないで過ごし
ていた。今回、大村のたどった足跡を調べる中で、母校の今でも根底に承継さ
れつつある学風と伝統に自らの認識を新たにするとともに、これまで繋いでき
た多くの先人の努力に感謝の念が強まった。

　北海道大学東京同窓会のクラーク遺徳顕彰・墓参委員会では、毎年多磨霊園
にある、新渡戸稲造、内村鑑三、有島武郎、廣井勇の墓参をして周辺の雑草を
抜いて清掃し、花を手向け、墓参する会を有志で行っている。筆者も 2019 年
10 月 27 日に、墓参の会に初めて参加させていただいた。清掃と墓参の後にジ
ンギスカン鍋を囲んで先人の偉業を偲び、同窓の皆様と語り合うのは楽しく有
意義な時間であった。また、大村卓一の墓碑も同じ多磨霊園にあることが判明
して、同じ日にお参りすることができた。

参考文献・注
1) 1907 年 6 月、札幌農学校は東北帝国大学農科大学となった。1918 年 4 月 1 日に北海道帝国大学
　になっている。
2) 北海道大学・B・B・A 会（1976 年）、「北海道の青春」、北海道大学図書刊行会 p34
3) 佐藤馨一（2000）、「研究・教育と土木技術者：通史」、鹿島出版会、第 10 章、国土を創った土木
　技術者たち、p243
4) 大島正健・（大島智夫編）（1993）、「クラーク先生とその弟子たち」、日進堂製本株式会社、p108-

118

5) 大山綱夫 (1982)、「札幌農学校とキリスト教」、北大百年史、通説、p559
6) 山本美穂子 (2007)、「平塚直治受講ノート (西信子・西安信氏寄贈) をめぐって：札幌農学校第14期生の学業史」、北海道大学大学文書館年報、2、p4、6
7) 田中智子 (2011)、「明治中期における地域の私立英学校構想と同志社」、キリスト教社会問題研究 (60) p31-68
8) 前掲6)、p6
9) 蕙林 (1892)、「農学校卒業証書授与式」、第2号、p65-67
10) 同上)、p65-67
11) 高崎哲郎 (2003)、「山に向かいて目を挙ぐ・広井勇の生涯」、鹿島出版会
12) 関口信一郎 (2015)、「シビルエンジニア廣井勇の人と業績」、HINAS
13) 原口征人、日野智、今尚之、佐藤馨一 (2001)、「明治期の北海道鉄道建設と札幌農学校の鉄道技術教育」、土木計画学論文集 Vol.18
14) 原口征人、今尚之、岸邦宏、佐藤馨一 (1998)、「廣井勇にみる札幌農学校の土木教育とわが国における橋梁学の確立」、土木計画学論文集、Vol.15
15) 原口征人、今尚之、佐藤馨一 (1998)、「札幌農学校の土木工学教育に関する研究」、土木史研究、Vol.18
16) 堂柿栄輔、佐藤馨一、五十嵐日出夫 (1984)、「明治開拓期における札幌の交通」、日本土木史研究発表会論文集
17) 原口征人、日野智、今尚之、佐藤馨一 (2001)、「北海道官設鉄道と札幌農学校出身の鉄道技術者」、土木史研究、Vol.21 および室蘭工業大学創立記念事業会 (1990)、「室蘭工業大学百年」、p11-13 に一部筆者が加筆
18) 高橋裕 (2014)、「土木技術者の気概、廣井勇とその弟子たち」、鹿島出版社
19) 高津俊司 (2015)、「鉄道技術者の国鉄改革—関門トンネルから九州新幹線まで—」、成山堂書店、p93-94
20) 故廣井工学博士記念事業会編 (1930)、「工学博士廣井勇伝」、工事画報社、第2章
21) 大村卓一 (1944)、「大陸にありて」、勝進社、p270
22) 三島徳三 (2020)、「新渡戸稲造のまなざし」、北海道大学出版会、p408
23) 砂川萬里 (1965)、「内村鑑三・新渡戸稲造—日本の代表的キリスト者—」、p197
24) 前掲21)、pⅤ
25) 赤石清悦 (1995)、「新渡戸稲造の世界」、渓声出版、p28
26) 松村松年 (昭和35年)、「松村松年自伝」、造形美術協会出版局、p67-104
27) 前掲24)、p272
28) 当時の学内誌の蕙林第6号 (1893年) および學藝会第20号 (1896年) による
29) 前掲21)、p271
30) 前掲21)、p61
31) 前掲21) p271
32) 前掲21) p273
33) 前掲21) (留岡先生の思い出) p234-241
34) 前掲11) p147
35) 恒益俊雄 (1995)、「内村鑑三と留岡幸助」、近代文藝社、p13-14
36) 前掲21)、p234-236
37) 同上 p239
38) 前掲24) p82
39) 學藝會雑誌 (1896)、「本校第14回卒業証書授与式」、第21号、p96-99
40) 前掲13)、p32、1-28
41) 北大工学部土木一期会編責任者太田長四郎 (1989)、「北大工学部土木の源流 (増補改訂版)」、グローバルシステム㈱、p5

第九章　敗戦および終焉の時

　大村は満鉄総裁退任後も、満洲に残りしばらく著作に専念するなど悠々自適の生活を送っていたが、その後、乞われて大陸科学院総裁に任じられる。1945年8月15日の終戦とともに、大村はその任を解かれる。そして、八路軍に抑留され、最後は翌年に海龍郊外の病院において逝去する。

9.1　中国国内旅行（北中支巡訪片々）

　満鉄総裁を辞して後、大村は1943年11月から12月にかけて中国国内を旅行している。著書「大陸に在りて」の最終章で「北中支巡訪片々」と題してその紀行文を執筆している[1]。随行者は、石本秀二（秘書）、宮本通治、横田久雄の3名である。

　11月15日午前9時の「はと」で大連を旅立ち、奉天に一泊。11月17日には、塘沽（とうこく）港を視察した。華北交通塘沽新港港湾局の案内で建設状況の説明を受けた。塘沽港（中国河北省、天津の渤海湾に臨む地区で、天津新港ができるまで、同市の外港として栄えた）は事業予算3億円の経費を以って築港中であった。この港は、天津が英国の権益化に置かれていたため、黄河の河口港として、河北、山西の石炭、鉄や農産物の積出港としての機能も期待されていた。6.12で述べた瀧山養が配属となった現場である。

　11月20日には華北農事試験場、華北産業科学研究所、燕京（えんきょう）跡地を訪問した。華北産業科学研究所は農業、林業、畜産業の研究機関であった。華北農事試験場は1943年10月に発足した模範試験場で、秋元場長の案内で詳しく説明を受けている。燕京大学は、北京市に本部を置いていた米人の経営した私立大学であったが、1941年に一時閉鎖となりその跡地が1942年から北支総合調査所が発足していた。

　この日は、伊澤道雄が案内している。同氏は1888年生まれ。1912年東京帝国大学経済学科卒業、鉄道院、鉄道局参事、名古屋鉄道局運輸課長、鉄道省書記官を歴任。1927年満鉄賛辞、鉄道部渉外課長などを経て理事。1937、38年に、開拓鉄道論（上、中、下）を春秋社から出版している。

　11月22日には北支方面軍司令部に岡村寧次司令官（1884-1966）を訪問。午後には北支経済調査所にて満鉄社員に訓話を行っている。

　11月25日には青島神社に詣で、市街を俯瞰する。同日特別市長姚作賓を訪問する。同氏は大村にとって20年来の旧知であった。4.7に述べた通り、青島

は大村がかつて山東鉄道の引渡と経営支援を行ったところで、当時 20 万の人口が 60 万に増えたとしている。

11 月 30 日には徐州に向かう。華北交通徐州鉄路辨事所である長野中勇雄の案内で徐州会戦の地などを視察している。

12 月 4 日には南京にて、汪 兆銘（おう ちょうめい）(1883-1944)[2]（中華民国の政治家。字は季新。号は精衛（中華圏では「汪精衛」と呼ぶのが一般的である））に晩餐の招待を受けている。同氏は知日派として知られ、1940 年 11 月新政府の「主席代理」に就任している。民国 29 年 3 月 30 日、南京国民政府の設立式が挙行され、重慶政府との合流の可能性を睨んでの就任であった。

南京には 7 日間滞在し、多くの中国人の友人との旧交を温めている。

12 月 11 日に、錢塘江（せんとうこう）の大橋りょう復旧工事を視察している。同橋は杭州市の杭州湾に注ぐ河川にかかる橋で、1937 年に完成し、戦禍により破壊された。橋りょう復興工事は、華中鉄道の手で着手し、鉄道省の大石重成技師が復興局長として工事監督にあたり、準備工事の段階であった。それから 1990 年まで、錢塘江にかかる唯一の橋であった。

大石重成（1906-1984）は鉄道土木技術者で、戦後、国鉄常務理事、新幹線総局長として、東海道新幹線建設の指揮をとった。

大村一行は、その後、杭州に戻り、多くの中国人、日本人の旧知に会っている。戦局はすでに劣勢となり、暗い話も多く聞いたようだった。大村にとっては長い公務から解放され懐かしい土地を訪れ、友と語る回顧の旅であった。旅の終りに次の漢詩を思い出している。

　　曉霧不開只知東
　　天好到照是詩林

9.2 「大陸に在りて」を執筆・出版

1944 年の元旦の日記に、「50 歳の時シベリアより支那に転じた時、内に燃えたる満々たる闘志があった。二十三年後の今日昨夏満鉄を退き一個の閑翁となった。されど元気に変わりがないばかりか一層元気が増したように覚える。然し方向は変わって来た。八十の手習いという。今年は更に若返って新しい人生の手習いを始めたい」と記帳している。また、日記帳に「如何にして老後を若々しく保つことができるか」に対し、「常に新しいことを学ぶ」、「常に何物かに興味をもち何物かを前途にもつ事」、「後ろのものを忘れ、前のものに向かって励み標準をさして進め」とある[3]。

大村は「大陸にありて」を 1944 年 12 月 20 日に大連の勝新社から出版して

いる。定価3円56銭である。同書は2011年、ゆまに書房の植民地帝国人物叢書42（満洲3）として復刻版が出版されている。総裁を辞して、回顧録のような体裁となっており、生い立ちから北海道時代からの鉄道生活、折々の記、北中支巡訪片々などを記述しており、同氏の思想や生き方を知る上でも貴重な資料となっている。まえがきの中で、「追憶だけに生きるような年寄り染みたことが嫌いで、つねに前方を見詰めて一筋道を歩いてきた」、「50年の交通事業に捧げてきた生涯がかえりみられて、まことに感慨無量である」と記している。

　秘書である石本秀二によれば、「（大村の）日記帳は、いつも懐中日誌（予定行事を主として記入）と普通の大型日記帳（その日その日の出来ごとと之に対する所感を記入）を所持して居られ、毎日欠かさず入念に記入されていました。明治時代からの日記帳、新聞切抜、会議や業務資料他参考資料などを大切に保存されてました。引き続き、『鉄道生活50年』を出版しようと、たくさんの資料を年代別に取りまとめ編纂に着手していた。これらの資料は大陸科学院長に就任する際に木箱70箱に詰めて新京に運び、大陸科学院の一室に山積して置いたが、ソ連飛行機の爆弾で火災がおき、すっかり焼けてしまった」とある[4]。仮に現存していれば、大陸への展開を含めた日本の鉄道史を物語る貴重な文献資料となったであろう。

9.3　大陸科学院総裁に就任

　大村は満鉄総裁を辞した後に、日本に帰国する道があったと思うが、1945年1月に大陸科学院総裁に就任している。その前年1944年9月17日、武部六蔵満洲国総務長官（1893-1958）から就任の要請があってから同年11月にこれを引き受け、また決意してから就任期日を翌年まで延ばしている経緯から察すると、再び地位ある職につこうとは考えていなかったと年譜では記載されている。隠遁の決意の固い大村を再び官途に引き出したのは最後の満鉄総裁の山崎元幹の説得が利いたようである[5]。「初め大村さんは、大連の星が浦で悠々自適の生活をして居られ、再び宮仕えする気持ちはなかったようで、武部総務長官の懇請をにべもなく断られた。長官の希望に応じ、次いで私が口説いたが、（中略）。嗚呼それが大村さんの運命を決した。大村さんは、当時依然大連に住んでいたならば、海龍城におけるあのような最期はなかったと思う」と痛恨の思いを記している[6]。

　大村の長男である博は、「満鉄総裁を退任した際、私は父が東京に帰ることを希望した。人生の走るべき道のりをおおかた走りおえた父が、せめて一年でも二年でも我々家族と共に暮し、孫相手にでも平和な余生を送ることが最大の

慰めでありまた楽しみであろうかと察したからである。しかし父は頑として自分は大陸で骨をうめるといってきかなかった。（中略）終戦、軟禁、獄舎、そして病院での最後は余りにも気の毒であった。しかし、大陸に生き、大陸に死することを念願していた父にとっては、むしろ本望であったであろうか」と記している[7]。クリスチャンだった大村は、最終的には自身の半生の大半を過ごした大陸にその余生を捧げるつもりであったのだろう。

大陸科学院は満洲国の国務総理大臣直属機関として、1935年に新京に設置された。設置目的は、資源開発および満洲に適した技術の育成と産業の振興であった。満洲には天然の資源はあるが、それを開発する技術がなく、何よりも必要なのは技術であった。日本の理化学研究所との関係も深く、歴代院長は、初代が直木倫太郎、2代が鈴木梅太郎（病気のため1941年1月辞任）、3代が直木倫太郎で1941年1月再度就任されたが1944年2月出張先の安東で急逝された。大村は最後の総裁（1945年1月20日-1945年8月15日）であった。

研究室は農産化学、林産化学、畜産化学、生物化学から土木、建築など総合科学研究機関として幅広い分野を網羅していた。また、ロシアの創設したハルピン博物館も管掌所掌し、科学審議会も設けていた。

初代院長の直木倫太郎（1876-1943）は、土木技術者で、1899年7月東京帝国大学工科大学土木工学科卒業し東京市に入り、東京港調査事務所工務課長などをつとめる。その後、1923年に関東大地震が起こり、その復旧のため後藤新平復興院総裁に招かれて、同年に帝都復興院技監に就任。1924年の官制改正により、内務省の外局である復興局長官、技監兼任となり、震災復興事業に尽力した。

直木は、1933年満洲国国務院初代国道局長藤根寿吉の後任として就任を受諾し渡満した。還暦を前に「雲凍るこの国人となり終へむ」の決意の句を詠む。満洲国では水力電気建設局長、交通部技監、大陸科学院院長の初代と三代目に就任した。満州全土を踏査し、治水、道路の政策立案をし、また満州土木研究会会長をつとめ、満州土木学会名誉会員となるなど、満洲国の科学・土木界の第一人者として活動したが、終生の大事業であった大東港建設工事視察中に病をえて、1943年2月11日に安東満鉄病院で死去した。同氏は、「技術生活より」などの多くの著作を出し「技術者の自立」「技術の独立」を求め、技術者の地位向上の先駆をなした[8]。

2代目院長の鈴木梅太郎（1874-1943）はビタミンの発見者として世界的に有名であり、1937年から1941年まで院長を務めている。鈴木院長は多くの研究分野を統合し、異文化交流を促進することで、新しい産業を育成することを

目指していた。

　志方益三（1895-1964）は、日本の化学者で理化学研究所に入り、鈴木梅太郎のもとで研究を行った。チェコスロバキアに留学後、京都大学農学部教授を経て、1942年1月に大陸科学院副院長となった。志方益三は終戦後も中国に留まり、旧大陸科学院の設備の維持に努めたが、中国国内の内乱（1946-1948）の影響で、「科学院はどんどん荒廃していき、さいの河原の石積みの様相のようになった」と記している。その後旧大陸科学院は中国科学院東北分室長春総合研究所として再出発した。現在は中国科学院長春応用科学研究所となり、中国における最大の研究所に発展している[9]。

　石本秀二の回想によれば、「大村院長の在任期間は昭和20年1月から終戦までの8か月の短期間であった。この間大村院長は院長としての仕事よりも、満洲国参議として、国事多難の折に活躍されており、従って、大陸科学院へはほとんど出院されず、主として満洲国総務庁への会議などのため、頻繁に出かけられた」と述べている[10]。

9.4　ソ連参戦

　1954年8月9日、ソ連が日ソ中立条約を一方的に破って日本に宣戦布告して満洲に侵攻した。8月14日、蒋介石の国民政府は、モスクワでソ連と中ソ友好同盟を締結し、東北の主権は国民政府に引き渡されることが約束されていた。しかし、この時期すでに、満洲はソ連軍に制圧されていた。9月14日、ソ連軍の代表として延安にきたベルノソフ大佐と劉少奇、朱徳との会談により、山海関から錦州までの一帯を共産党軍に引き渡すことにソ連が同意し、東北に軍隊を派遣することについて暗黙の了解がなされた[11]。

　終戦時、海外にいた日本人は321万人で、陸海軍軍人がだいたい365万人で、合計686万人であった。そのうち200万人が満洲にいた[12]。満洲在住の民間邦人は推定約155万人。うち引き揚げたのは127万人で軍民合わせた約24万5千人が命を落とした。戦後ソ連に強制連行された日本の将兵は約60万人で、強制労働を課され、1割近い6万人以上が栄養失調や重労働により、極寒の地で死亡した。満蒙開拓団の総数は約27万人で多くがソ満国境に近い辺地にいた上、情報伝達も遅れたためソ連軍や匪賊に襲われた。伝染病や集団自決などを含め約8万人が亡くなった[13]。

　多くの人々が敗戦の混乱の中で犠牲となった。大村も周囲の関係者の日本への帰国の勧めにも係わらず、満洲に残留しており、苦難の道を歩むことになる。

9.5　通化に移動、そして終戦

　ソ連参戦の伴い、大村は終戦も近い 8 月 12 日に大陸科学院一部の職員を率いて、政府列車に乗車して、通化に向け出発する。これは、8 月 9 日にソ連参戦、8 月 10 日に日本での午前会議でポツダム宣言の受諾が決定し、新京では関東軍戦闘指令所において参謀会議が開かれ、関東軍司令部・満洲国皇帝の通化移転と居留民の後送が決定した[14]。翌 13 日午前 9 時に吉林着、梅河口まで甥の芳賀清と偶然に会っている。芳賀は 1932 年に早稲田大学理工学部機械科を卒業後、朝鮮総督府、満鉄に奉職したが、社内では伯父である大村との関係は隠し通していた[15]。芳賀は、たまたま大村と同じ列車で、満鉄自動車局の移転先遣隊の一員として通化に向かっていた。

　大村一行は、8 月 14 日正午に通化に到着した。同日、満鉄の山﨑総裁は平井喜久松副総裁・浜田幸雄理事を同伴して新京を出発して、吉林に到着し、草場辰巳大陸鉄道司令官（1888-1946）と会い、満鉄総裁は通化に向かうことを確認し、梅河口まで行ったが、その日は車中泊であった。山﨑総裁は 15 日正午の終戦の詔勅放送を、車中のラジオで拝聴し、社外に出て社員を集めて訓示を行った[16]。山﨑総裁は通化に向かったが、軍司令部は 14 日に新京に引揚げたあとであった。15 日、山﨑総裁は、通化に泊まり、翌 16 日には通化を発し梅河口に引返した。大村の日記では、「今暁 1 時、満鉄正副総裁来通［通化市に来る］直ちに引返す」とあるが、山﨑総裁一行と会ったとの記述はない[17]。

　大村が、終戦の詔勅放送をどのようにして聞いたかについては、15 日の日記には何も記されていないが、16 日付で、勅書の一部を引用し、「忍苦の結果により、運命を開拓すべし、承詔必勤すべし」と簡潔に記している。

　17 日には竹田宮が東京から新京に飛来し、関東軍に終戦の勅旨を伝えた。関東軍総参謀長がソ連極東軍司令部に飛び停戦について折衝した。山﨑総裁はこの日、関東軍司令部に山田乙三司令官（1881-1965）を訪問した。山田司令官は丸腰姿で総裁に対して、「すでに一切の権限を失った者として、今後満鉄のことはすべて総

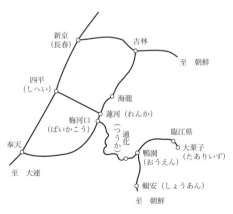

図 9-1　通化省付近鉄道路線（1945 年）

裁に任せる以外に無い」と告げたという[18]。山﨑は「大きな責任、大きな孤独感」「進んで協力する」「在満日本軍官民を一刻も早く家郷に帰す」「邦人に一番遅れて帰国」などと、自身の心境をふくめた方針を帰国後にまとめたメモに書き留めている。

9.6　通化滞留日記

大村は通化に移動後、海龍にて死ぬ直前まで、日々日記（通化滞留日誌）を書いていた。その日記が奇跡的に遺品として日本に届いた一冊の旧い日記帳から、あちこちに書かれてあるものを石本秀二秘書官（1933 年の関東軍交通管理部長時代から、満鉄副総裁、満鉄総裁時代、満洲国大陸科学院長時代を通じて 13 年の永きに亘り秘書役を勤めた）の努力によって、解読編纂復元された。遺稿集の中で石本は、「ご遺族の方々よりこの日誌は非常に細かく鉛筆で書かれている上に、スレてしまって判読し難いので清書してほしいと、依頼されましたので心よく御引受けしまして約 1 か月を要して拡大鏡を片手に読みおえ、清書することができました。判読中に大村様のお姿がほうふつとして現れ 2、3 日中止したこともありました。この懐中日誌はまことに貴重なもので、大村様の魂が宿っているように思われてなりません」と述べている[19]。石本によれば、「この日記帳は、1943 年 12 月に石本が大村様に随行して上海に行った時、当時物資不足で英文の懐中日記帳が手に入らない頃でしたがたまたま上海で見つけて買い求めたものであります。1944 年はペンで書き、1945 年は同じ手帳に赤インクで書き通化疎開以後は鉛筆でずっと書いています。その日記帳は 1946 年 2 月 1 日を以って終わっております」とある。滞留日記は英語の文章も混じるもので、終戦当時の混乱状況を克明に描写し、大村の日々の所感などを知る上で貴重な資料である。その内容は鬼気迫るものであり、大村の最後は凄絶ともいえる。

9.7　寺田山助宅での生活

大村一行は当初、通化市竜泉ホテルに滞在したが、旧知の土木建築業寺田山助宅に移る。大村の息女和子、その子供の進、親戚の横山脩も一緒であった。

寺田山助の娘の寺田妙子は 1946 年 10 月 5 日の書簡で、この間の詳しい経緯について書いており、それが追悼集に転記されている[20]。

寺田山助の詳しい経歴が不詳であるが、通化で土木建設業を営んでいた。同氏は台湾の土木局のころに大村に大変可愛がられ、朝鮮時代も大村に世話になったという。寺田が満洲に来た当時、大村は関東軍の交通監督部長であり、

同氏のお世話で満洲国の政府に入った。しかし、肋膜炎を患ったため役所をや
め、自分で土木建築の店を通化に出しており、大村を昔から非常に尊敬してい
たという。

　寺田妙子の書簡では、「大村様は毎朝 5 時半に御起床なり朝の御散歩をなさ
いまして朝風呂に御入りになり、御食事を召し上がられ、……普通の大人以上
に食欲が御有りでお餅が何よりの好物で様でございました」と、最初の頃は、
通常の生活を送っていたようだ[21]。

　そのうちに通化にも暴民が襲撃して治安が悪化してきた。山﨑総裁は通化の
人たちは一日も速やかに長春に帰ったほうがよいと進言した。9 月 10 日に長
春から平井喜久松副総裁が直接電話で大村の意向を確かめたが、大村は単独行
動を断った。

　平井喜久松（1885-1971）は北海道鉄道の功労者である平井晴二郎の子息で、
1910 年に東京帝国大学工科大学土木工学科を卒業し、鉄道院に入り最初の職
場が北海道建設事務所で、その後多くの改良工事などを手がけ東京改良事務所
長、工務局長など歴任している。室蘭と小樽の石炭船積設備の改良（前述の機
械荷役時代）も担当し貢献した。1939 年に退職後には、華北交通の建設局長
などをつとめ、1944 年満鉄の副総裁に就任した。

　滞留日記では、「八・二八　佐藤管理部長と連絡　新京へ約 400 名の帰還見
込に付き、武部山﨑両氏に連絡を依頼す」、「九・十　村田管理部庶務課長より
電話。平井［満鉄］副総裁新京より電話にて、吾等家族単独にても引揚意思
ありや否、確かめる様にとのことに付返答『単独引上げは考えて居らず、250
名一行を纏めて輸送方依頼す』」と記している。さらに、「九・一一　佐藤管理
部長と電話、昨日平井氏より村田氏への電話の件、一纏めは不可能ならば、数
班に分けても計画たのむ」とある[22]。

　その後、「9 月下旬、満鉄通化理部長の佐藤君が、1 か列車を仕立て、同地方
の日本人を収容して、通化から脱出したのは恐らく、満鉄組が自由に仕立てら
れた最後の列車であったろう。それもはなはだ冒険に類するものであった。そ
の時も佐藤君は、大村さんに同行を進めたのであるが、大村さんはやはり同行
を断られたそうである」[23]、「九・二四　佐藤管理部長、満洲社員の引揚げと共
に、四平に行きし由、橋向ふより旧駅にかけ、浮浪者の跳梁激しく、今朝より
新旧停車場間の満鉄社宅焼かれつつある由、浮浪民約 2,000 名に及ぶ。八路軍
及公安隊が、強力之が鎮圧消化に当り居るも、小勢にして憂慮すべし」と現地
の混乱した状況を記しているのみである[24]。

　山﨑は、「大村さんとしては、他の同僚に対する立場上、（大村は）抜け駆け

を好まれなかったに違いない」とその手記に書いている[25]。

9.8　ソ連軍の進駐

通化にも 8 月 24 日にソ連軍が進駐（将校 20 名、兵 200 名）した。25 日には竜泉ホテルを、ソ連軍の司令部として明け渡す。

9 月 27 日に通化にソ連第二軍が入る。残留日記の 9 月 27 日には、「本日、露軍大佐を指揮官とする六十名余り、新駐屯軍来著、ロータリー東亜交通。寺田氏面会。(1)日本人を集団に入る場に、一か所に集め、之が保護を確実にしたし、(2)食料の如きは不足なきよう指令する、(3)疎開帰還は当所より、直接日本に送り返すことにしたし、但し新京に家の定まりあるものの如き、便宜送還すべし、軍用列車の一辺付きたる上のこと、(4)日本人は建前として、一人も満洲に残さざる何処さざることとなり居る。但し確定せず」とある。

寺田妙子の手記でも「9 月末に通化省にもソ連軍が入り私の母が司令官の処に朝昼晩サンドの食事を運んでおりました。そのころは分会（寺田は居留民会の竜泉分会長であった）の人々のお昼の食事やらソ連軍が毎日家の方に遊びに来ますので、その料理やら又司令官にもっていく料理づくりで非常に忙しゅうございました。司令官からいただいてくる黒パンを毎日のように大村さんに差上げましたら非常にお喜びになって、どんな小さいかけらでも勿体（もったい）ないとおっしゃってバスケットの中におしまいになっておられました」と、当時の様子を記している[26]。

10 月 6 日の残留記にも、「数日来毎晩の如く蘇軍副官遊びに来る　之も何らかの役にたつならん」とある[27]。

その頃には国府系および八路軍系が両立していたようだ。臨江、無松、長白、柳下などの日本人が通化に集まり、その数おおよそ 1.5 万人に達する。11 月にはソ連軍が引きあげる。残留記に「11 月 2 日　蘇連司令官本日当地引き上げる　中尉外一名を残して」とある[28]。

残留記には英語表記を含めて、その頃の所感を記している。（なお、英文の日本語訳は大村が記したものと筆者によるものが混在している）

9 月 2 日　「世の塩とならん」名を求めず底部に在って。

9 月 5 日偶感　Now let cast off the works of darkness, and let us put on the armour of light. 悪魔の武装を潔くかなぐり捨てて新たに光明の鎧を衣ん。（大村、記する）

9 月 6 日　Having noting, and yet Possessing all thing. 何も持っていないが、まだすべてを持っている。

9月7日　What is a man profited, if he shall gain the whole world, and lose his own soul? もし彼がすべての世界を益して、自分の魂を失ったら、利益を得た人は何なのか？

9月8日　Though he were dead, yet shall he live. 彼は死んだが、まだ生きている。

10月7日　偶感　吾等倒されたり　左れど亡びず、過去を悔い新しい生命に歩まんのみ　旧き日本は大戦とともに十字架につけられたり、新しき日本として復活あるのみ。

聖書においては塩は、「優れたもの、役に立つものを示す比喩で、愛と慈悲を意味」していることから、大村は逆境の中でも絶望せず何らかの役に立ちたいと願っていた。

9.9　寺田山助が宮内府救出へ動く

ソ連軍の司令官は寺田山助を大変信用して、「寺田山助以外の人の言う事は聞かない」とまで言い出し、寺田は日本人の代表になり責任はますます重くなってきた。

寺田女史は、「ある日大村様が私を呼びになり、『貴女のお父様は一万五千人の日本人の代表になられた。これは大きな仕事で、お父様一人では出来ないことで家にあってはお母様と貴女とが心を合わせて働いた時に初めてなされるものであるから、どうか一生懸命に働いてください。これが見事に成功した時は歴史的にも知れ渡ることですから』と有難いお言葉を度々頂戴致しておりました」と回顧している[29]、大村は、それまで特に寺田のはたらきにておおむね平穏に暮らしていた。この間、大村の意見を聞いて寺田が多くの日本人を救出のため尽力した。

寺田女史の手記には、「大村様はよく『臨江に二千人余りの日本人が暴民にあって人々はどうしているであろうか』と大変御心配になっていらっしゃいましたので、父はソ連の司令官に臨江に二千人余りの日本人が暴民にあって苦しんでいるから是非助けてください」と度々御願いしましたら司令官も快く承知して早速汽車を出しソ連の警備兵をつけて父は無事救出してまいりました」[30]と記されている。

満洲国政府は首都新京を放棄し皇帝溥儀も含めて宮内府の関係者は朝鮮国境に近い大栗子（たありいず）に疎開していた。8月15日の日本降伏宣言に伴い、8月17日満洲国の今後の方針を決定する緊急参議府会議が仮御所で開催、その結果8月18日皇帝の退位式が行われた。溥儀が移動した後も、宮内府な

どの関係者が大栗子に滞在していたが、治安が悪化して臨江というところに収容されていた。

　少し長くなるが、鎌田昌夫の「満州国の崩壊と通化事件」（平和祈念展示資料館アーカイブ、海外引揚者が語り継ぐ労苦（引揚編）第 10 巻）から当時の悲惨な窮状を引用する。

　「臨江の街から山道を上った煙筒溝という鉱業所の、廃墟にも似た病院跡である。ベッドもマットレスも無く、窓ガラスも半分は割れたままで、朝晩は秋風も冷たく夜露をしのぐだけのものだった。ここでの生活はそれこそ生きるための最低のもので、乳幼児の栄養失調による犠牲者が何人出たであろうか。食事はトウモロコシの粉にわずかな大根の葉を刻んで入れ、塩味をつけたもので、それも粉が発酵しており、複雑な味のものであった。大人は我慢して食べるが、子供が食べないので困っていた。それを知った満人たちは白米の握り飯やゆで卵を手篭に入れて売りにきていた。子供を持つ親はなけなしの金を払い買って与えていた。そうでもしないと飢え死にするのは目に見えていたのである」「地獄で仏に。十月も半ばになり、秋風も冷たく夜は寒ささえ覚えるころ、待ちに待った救出の手が差しのべられ、通化在住の邦人の方々の厚意に甘んずることになった。一同は、地獄で仏に会うとはこういうことなのかと、小躍りして喜んだ」ここで記している「通化在住の邦人の方々」とは大村が発案してそれを実行した寺田の功績である。

　大村の残留記には、「10 月 14 日　今朝寺田氏蘇軍将校と共に臨江に赴き救出に当る赴　蘇軍も 3,500 名を解放して当地に連れ来ることに不安なきを寺田氏等の保証を通じて了解せしは結構」「10 月 15 日　午後 寺田氏臨江より帰還3,500 名救出成功内満鉄 600 名本日帰通」「10 月 16 日　本日も 1,000 名位臨江より宮内府関係も来る筈」と事実関係を簡潔に記載している[31]。

　これらについては、歴史的事実として一般的にあまり知られていないが、戦後の困難な外地の混乱の中で同胞がお互いに助け合った貴重なエピソードとして長く記憶されるべきではないだろうか。

9.10　八路軍の進駐

　通化にも 9 月中旬頃には八路軍が進駐してきた。大村の手記には「9 月 18日　八路の首席李、其指揮の司令官羅、就れも立派なり」、9 月 21 日　八路軍の進駐行わるるに伴い、浮浪の徒の取締も次第に好化するならん」とある[32]。9 月 22 日には八路軍は寺田家にも進入して、大村の腕時計を窃取した。

　ソ連軍が引きあげた後、通化は八路系の支配下、遼吉弁事処第四行政監察専

員公署のもとになる。寺田は日本人代表をやめて若いひとにゆずり、技術協会を八路の司令官の命令で作り、大村を名誉顧問として技術者を集めて大村から有益な話を聞くなどの活動を行っていた。

一方で若い人々は、日本人人民解放連盟を組織し、軍閥、財閥、政治犯罪者と言って満洲国時代の履歴を八路軍に報告していた。

遺留録ではこの辺の経緯についても記述がある。

11 月 5 日　寺田より「通化地区日本人民管理委員会成立管理に関する件」を示される。

11 月 6 日　人民解放連合会に於いて

八路軍並に行政各機関代表会合し八路当局の方針に基き…

主旨　双方民族の団結と民族平等外世界の変転に順応し新しき建国的工作に参加せしめ博愛的理念を基として日本人に対する管理委員を設けんとす

管理委員会行政部員、伊豆英治（36 歳）氏、満鉄元秘書課（総務局職員、元副市長林方、千葉氏、笠井氏連絡員

11 月 7 日　「第四専区人民解放連合会」ヲ改メテ「通化区各界人民建国連合会」とす

12 月 1 日　10 時から 12 時まで市民大会、専員公署前にて約 5,000 人、兵卒500 人、内戦反対の通告宣告を発す

当時は混乱の中で日本人社会の中でも様々な動きが出てきたことがわかる。

9.11　拘　　留

大村は最初の頃は特別の待遇で食事も支那料理が五品も出て寺田女史の差入れも受けていた。

1945 年 11 月 27 日、大村は八路軍に連行され、行政公署 4 階に起居、軟禁の身となる。

以下、遺留日記から抜粋する。

「11 月 27 日 9 時就寝　間もなく専員公員数名、物々しく来邸、公署に同行を求む。家族の驚きを後にして、身支度をして出かけ、徒歩公署に至り、一の前にて、従来の経歴、満鉄総裁としての財産等を訊す、諸員の体度は至って丁寧になり。

11 月 28 日　於専員公署、蒋専員と対談。晩 6 時より。

（イ）鉄道専門家として、今後の助力を求む。国内政争中、延安方は特に鉄道技術者に乏し、故に之に協力するものの人名を知らせて呉れ、運輸に従事する者も。（省公工署の交通課長は「大田」を mention　し於けり）

　之に対し、満鉄の主なものは皆引揚げたり、追て適当の人数を調べて報らせると答ふ。

　（ロ）新政府に参画せしむる人と新井、高橋等の名を、向こうから聞き其の居所および来歴を問う。又希望がないかと云うに対して

　八路軍の政策、実行の方法、絶体の毒もなく絶体の薬もなし、各界同盟の行方を善導すること、東辺道開発　経済建設の計画を樹立すること、その資料の散乱せざる前に蒐集すること、鉄道計画回復が凡ての財源となること。電力を把握し、桓仁の発電を完成すること。其の工程の現状を、当事者より徴集すること。林業方面も然り、之等は元省公署の関係者をしてやらしめること。」

　満鉄総裁の身分がどのように明らかになったのか不明であるが、最初は鉄道専門家として徴用されたようである。山﨑元幹は、「中共に捕らえられたのは、国鉄、鮮鉄、満鉄の歴任者であり、殊に満鉄の総裁であったことが大きな理由であり、それも逮捕当初は、中共では大村さんを徴用するのが、その目的であったとさえ思われる」と記している[33]。

　12月7日には山越えをして、師範学校に移り八路軍と起居を共にする（旧師範学校）。12月9日には再び専員公署4階に戻る。今回は北側の室、破壊した通信室の跡であった。水道は破裂し、寒気はマイナス26度位とある。この室にてクリスマスと越年となる。

　12月12日の記述に「安東省通化区行政督察専員公署四階拘置室にて」とある。さらに遺留日記には、「12月15日　I will give my remaimig life in behalf of many and prepare to do every good work requested by the new country.（私は新しい国に求められる全てのよい行いの準備のために、私の余生を捧げる）」、「12月19日　週日前より検挙拘留中の日人二人は田中医師及太田元交通課長満人十一人」とあり、大村以外にも多数の拘置者がいた。「12月21日　1000余名の兵士を館前に集め、長時間に亙り請渡し、又非違の行為ありたる一人を縛縄し連れ来り罪状を説明して、懲悪の実を示したる如し」とあり、緊迫した状況が続いていた。

　大村は、八路軍に様々な助言を行ったが何ら反応はなく、「経済交通建設計画などの諮問は未だ緒に就かざる如く、何等音沙汰なし」と12月30日に記している。

　12月25日

　今朝から、事務室の注意ありしと見へ、食事は元の如く、温かき汁を呉れたるは嬉しかりし、以てchrismasを独房にて祝す。感慨深し。

　同胞に代わりて、tribulation（苦難）を甘受し、神恩の下遥かに家族、親族

の平安を禱る。

　12月31日

　祖国日本が大いなる天譴（テンケン）を被りて倒された本年も正に尽きんとす。天譴を畏（かしこ）み、過去を反省し、罪を悔ひて過去に戻り、新しき年を迎えると共に、天佑の到るを望んで新たな生活に入れねばならぬ時に当たり、七十五歳を迎えんとする、越年過歳を一角東辺道の山に内の一小都市に拘置せらるるも亦公的生涯に外ならず、為すことなくして隠居の年越しをするよりも意義深しとして諦観して独り慰む

　1月10日

　故郷の夢を見る、懐かし

　1月30日

　本日午後も亦和子、吉野訪ね来り、家鴨の生みたて卵一箇と、洗濯物と朝鮮飴と萩餅少しづつ届け呉れる。同室及向側の困まり居らるる人に少しく分配を了す。

　遺留日記は2月1日付け「北風寒し　三寒に入りしか」をもって途絶える。世にいう通化事件の2日前である。1月19日にも通化拘置房との記述があり、大村は通化にて1946年の新年を迎えたことになる。時には暖房もない部屋で、箒なきため有合はせの、シナイ竹に紙屑を結び付けて掃除をしたり、シナイ竹の残物を利用して楊子を作るなど拘置中も創意工夫をこらし日々を過ごしていた。

9.12　通化事件

　通化事件（つうかじけん）とは、1946年2月3日、かつての満洲国通化省通化市で中華民国政府の要請に呼応した日本人の蜂起（元日本軍人主導による反乱事件との評価もある）と、その鎮圧後に行われた中国共産党軍（八路軍）および朝鮮人民義勇軍南満支隊（李紅光支隊、新八路軍）による日本人及び朝鮮人に対する虐殺事件である。16歳以上の男性は拘束され、日本人数千人（約3,000人という説もあるが確定していない）が虐殺され、その多くが老若男女を問わない一般市民だったと言われている。中国では通化"二・三"事件などと呼ばれる。

　この事件との関連なのか不明であるが、寺田も1月16日に連行され、2月4日朝に170名の一員として1カ所に集められ機関銃で殺されたらしい[34]。

　大村は同じ頃専員公署4階より旧憲兵隊留置場に移される。ここにて寺田の死を知る。耳がとおくなり看守をおこらせることが多かりしと。その頃、大村

は面疔を病んでいたようだ。

9.13　安田技師との再会

　大村は通化事件後に、この叛乱の影響か海龍の獄舎に移される。その獄舎にて、元満鉄電気課に勤務していた安田英一技師と会う。安田は前年の11月7日に奉天で拘置され、留用という処分となり、中共軍と共に撫順城、梅河口を経て2月の10日過ぎに海龍の獄舎で炊事の手伝い、水汲み、温突の火入れなどを行っていた。弓場盛吉（社用品輸送室）と本渓湖から満州製紙社長の岸本大将、労務部長村井も一緒であった。

　安田は2月17、18日頃に、新京警察官で通化にてとらえられた西、林と、もう1人の日本人と会い、大村総裁がこの獄舎にいることを聞いて驚いた。その頃、大村は寝込んでいて 話をするのは、西と林であった。それから4、5日たった11時頃、安田と弓場が、頭に包帯を巻いた老人が監獄の病院に運ばれていく姿を見て大村総裁でないかと思い、中国人の兵隊に尋ね、そうであることが明らかになった。安田は岸本、村井にも相談したところ、君たち世話になったんだから何とかしろと言われたが良い考えも浮かばず、とにかく中共軍に頼んでみようということになった。この情報は、山﨑満鉄総裁にも安田から通報された[35]。

　安田は中共軍の監視をしていた日本人の浅見（北支で捕虜になり、延安の共産学校を出る）に、「この方は非常に立派な人で、在任中中国人の待遇を改善された方だ。もしそれを疑われるならば鉄道にいる中国人に聞いてほしい。この方をあんなにして置くのは中共の本位に悖（もと）ることと思うから、何とかしてほしい」と懇願した。その結果、梅河口の司令部に相談して、3月3日八路軍上級の指示にて海龍郊外、県立海龍病院まで馬車にて運ばれ入院する。この病院はキリスト教の病院で、日露戦争の時、大山元帥から援助を受けて奉天の病院の復旧拡張をした英人のドゥカルド・クリスティ（1855-1936）という宣教師が、分院として海龍に設けたものであった[36]。安田技師は病院につくと大村を「背負って一階の部屋に行ったが、7、8歳の子供くらいにしか感じなかった」と述べている。大村に「総裁、何かお望みはございませんか」と安田がいうと「いま便秘しているから」と言われたという[37]。

　山﨑の回想によれば、「早速大村さんの救出策を講じた。当時四平を占領していた中共の中に、日本人の元陸軍大佐の人がいると聞き、この人に手ずるを求める手段を講じた。また、ある日本人の元陸軍少佐が大村さんの救出に心を砕いていると、潘陽からの鈴木理事の内報に接し、同君にその促進方を依頼し

たりした。他方、大村さんは手元金がほとんどないとのことで（安田くんから
の注意）、これは吉林鉄道局の日本人に連絡を取り、局から若干の金を携えて
腹心の中国人を介入に密航させて貰いたいと言い送つたりもした。しかし、こ
れらは、皆後の祭りであった」と、必死の救出策について記している[38]。

9.14　最後の時

　大村は入院して、元大連聖愛病院長である牛久昇治医師との再会をよろこ
ぶ。牛久医師は前年秋に通化から植村医師と赤十字のマークをつけて新京に向
かう途中、梅河口で共産軍の司令部の兵隊に見つかり、海龍の病院に連れてこ
られ、その病院の仕事を手伝っていた。大村とはたまたま同じ列車で通化に疎
開して旧知の間柄であった。牛久医師の当時の回想から抜粋する。

　「総裁としての大村さんにお世話になっていましたし、疎開後も一緒に通化
で暫く過ごしていたので、びっくりして『どうしました。どこからおいでにな
りました』と聞くと、そのときは、身体もお疲れのようで、『方々廻された』
と簡単な言葉だけで何事も申されなかった。私はだいたい健康状態を見て、別
に熱もない、額の小さな傷、これはだいたい快方に向かっており、右の腕に当
て木をしていたが、これを解いて見なかったが、骨に傷を負ったものと想像し
て、『痛くありませんか』と聞くと『別に痛くない』『苦しいことはありません
か』『別に苦しくない』と、苦しいことも気持ちが悪いこともないと申さ
れた。（中略）病院は暖房も炊いてあるし、食べ物もあるし、別にこれと言う
熱もなく痛いところもないから、まあゆっくり静養して好きなものも食べてと
思い経過を見ていたのである。（中略）全く意外なところで大村さんにお目に
かかり、ここでゆっくり静養してもらって、と思っているうちに、5日の晩俄
かに昇天されたということは、私どもなんと申し上げていいのか晴天のへきれ
きでありました」。大村は牛久医師に対して「お国の為になることがあれば私
はどんな苦労をしても構わぬ」と言ったという。

　大村はこの病院で元満洲国保険司長植村医学博士（同病院で同年3月1日に
逝去した）の御息女である植村姉妹（植村光子、植村幸子）の看護をうける。

　姉妹の手記には最後の頃を次のように記している。

　「植村医学博士長女　梅村光子：何時も希望を以って敗戦国民となっても精
神まで卑屈になってはいけないとお暇な儘に、私達まで将来の日本再建の構想
など諄々と説いて下さいました。お元気なお声がまだ残っているような気が致
します。（中略）4日の朝までご意識極めて明瞭にいろいろと神の国の恩恵や
日本女性として私たちの進むべき道などお話し下さり、父を失って悲しみに打

ち砕かれておりました私達を却って力づけくださいました。お言葉の一つ一つが涙と共に思い出されてまいります。如何なる試練の中にも毅然として屈せず本当に偉大な御生涯でございました」[39]

「二女清水幸子（旧姓植村）：そして早く元気になってくださることを願う私達に、『いや私は早くあの世に行きたい。あなた達こそお体に気をつけて早く内地に帰ったら新日本の立派な女性になってくださいよ』とご不自由な手に数珠を巻き、しっかりしたお声で話して下さったのでした」[40]

クリスチャンが数珠を持っていたことについて、「この数珠は撫順炭鉱から出た夾雑物がない琥珀で、大官屯駅長日野が、10数年かって石炭の間から選んで造り、2つ造って1つは満洲国皇帝に差し上げ、今一つを大村様にくださったもので、「これを見ていると何となく気が静まる」といつも身近に置いていた」と秘書役の石本秀二は述べている[41]。

3月5日同病院で逝去。その前日までは話もしていたのであるが、「5日の晩遅く、12時を過ぎていたと思うが、寝台から落ちていると聞いたので、行って見ると、その時はもう、こと切れ、昇天されておられた」と牛久医師は回想している[42]。

次男の英之助は、追悼録で「父の生涯の終焉の件りは、鉄道を愛して生きたひとりの技術者の終わりとしては、いかにも平穏とは言い難く、それを思うと暗然ともします。（中略）とまれ、父が最後に病院に運ばれて、ストーヴのあたたかさに、熱い熱いお湯をいただき、ああいい心持ちだと言ったいう。それを聞いてわたくし達はホッとするのです。親しく父をみとられた方々に、わたし達は本当に厚くお礼を申し上げたいと思います。（中略）息子として一言いうことを許していただきたいと思います。このようにしてこの満鉄総裁のその最後は立派であった」[43]と記述している。子の父に対する敬愛と心のこもった感動的な言葉である。

9.15　現地での葬儀とその後

牛久医師のはからいにて開拓民火葬の跡にて秘かに茶毘に付され、病院の日本人全員（開拓団から引揚げてきた人が雑役夫として病院の仕事を手伝い30人くらいの日本人がいた）による葬儀が行われた。開拓団の人（佐賀県出身の開拓団の田淵と高柳であったろうとの記述が山﨑総裁の手記にある）に頼んで、梅河口に出入りする満鉄の方に頼むようにということになりそれぞれ手分けして遺骨や遺品を扱い、日本に持ち帰ることができた。奇跡のような話である。この間の追悼録の各氏の心のこもった文章を読むと、いずれも大村の追悼

と哀惜の心情を切々と訴えるものがあり、涙なしには読むことができない。

　山﨑元幹は、「大村さんは、いかなる場合でも過去を語らず、いつも静かに未来を見つめている人であった。しかも、極めて楽天的であった。前記植村女史の話でも、通化で大村さんは、好んで若い迷える日本人の青年たちを集め、敗戦後の日本の再建について諄々と説かれたそうである。大村さんは大陸で生涯の大部分を送られただけに、大陸に対する愛着が強く、その大陸生活にも板がついていた。満鉄を罷められた時も、勅撰推薦[44]の内議があるなどと噂され、大村さんを知る人の間には、大村さんの内地引き上げを望んだものも多かったが、大村さんはやはり大陸に踏みとどまられた。その愛する大陸が、とうとう大村さんの身体を飲み込んでしまったのである。しかしそれは、大村さんとしては、その末期に言われたように本望であったかもしれない。大村さんの霊魂は、いつまでも大陸に留まって、大陸の発展を見守られているであろう。だが、大陸を果たして、大村さんが期待していたように『骨を産むべき青山墳墓の地』たり得たかどうか」と切々とその思いを記している[45]。また、「山﨑が仕えた歴代満鉄総裁の中で、彼が最も畏敬したのは山本条太郎と大村卓一である」と述べている[46]。

　次女の大中よそ子は回想録の中で、「父は大陸を愛し、大陸に散った。本望だったかも知れない。（中略）誰一人みとる者もなく淋しい最後だったことを申訳なく思う。どんなに辛かったか、寒かったか。きっと主の十字架の御苦しみを思って耐え忍んだに違いない。私たちもこのことを思う時身の引きしまる思いがする。（中略）こうした父の死が神の栄光を現すものとなるように、父が私達に残した大いなる遺産、信仰の賜物こそ生涯の宝として、受け継ぐ者とならなければならない。私共が父から受けた教えを後に続く若い者達にも残してやりたいと願っている」と、祈りにも近い言葉で記している[47]。

　最後の通化での生活を共にした四女の和子は、「清潔好きな父は男は、ごたごたしていた疎開先でも、身の廻りをきちんとし、布団や衣類をよく外に出して乾かしたり、毎日髭を剃っていましたが、共同生活ではそれも無理になって、或る日、急に考えを変え『髭は剃るものと思うとそらぬと気持ちがわるいが、のばすと決めたら、早く伸びるのが楽しみだ』と云って、最後にはキリストの様にたくさんの立派な髭になっていました。（中略）高粱（コウリャン）の冷たく固いご飯や、真冬の凍るような部屋でよく耐えられたのも、キット心の中は温かく、神の恵みを身近に受けて感謝して逝ったことと思います」と手記で述べている[48]。

　満鉄最高責任者の中で満洲でその命を終えたのは、在任中に急死した早川千

吉郎と大村だけだったが、大村の非業の死は、
満鉄の滅亡を一身で体現したものともいえ
た[49]。

　4月8日にはその死が長春に伝わる。その後、
牛久夫人により、死の前後の事情が長春にもた
らされ、長春の日本基督長春教会堂にて7月5
日に葬儀が執り行われた。

　遺骨は暫く長春の山﨑総裁が預かったが、先
発帰国の社員菅野により、東京のご遺族に届け
られた。遺骨の一部は、これとは別に一燈園[50]
の人に依って、長春経由日本に届けられた。
万一の場合を思って周到の注意を払った。

　死去の報は、6月には東京にも伝えられ、10
月10日午後三時霊南教会において葬儀（平山
牧師司会、小崎牧師説教）となった。

写真9-1　大村卓一墓碑
（多磨霊園）

　その後、大村が物故されて10年になったと
きに、十河信二、吉田浩（元朝鮮鉄道局長）、山﨑元幹（元満鉄総裁）などが
発起人となり、1956年3月6日には東京の日本交通協会にて大村氏を偲ぶ追
悼会が開催された。出席者約130人、親族関係者45人が参加し、先述の安田
英一、牛久昇治医師なども出席して当時の模様を詳しく話した[51]。

9.16　計らない人生

　大村の経歴をたどって行くと、自ら希望してとか計って進んだものは北海道
行と最後の満洲残留くらいで、その他は他人に推薦されたり、運命的にその職
に就いたものが多い。1922年、当時の東京市長の後藤新平伯から東京市道路
局長に是非と懇願されたが固辞した経緯もある。

　最後の満鉄総裁である山﨑元幹は、「大村さんは鏡のような人であった。大
村さんが満鉄を辞められたときは、さすがに、過去50年を振り返って感慨無
量、そして、今までいろいろ、地位が変わったが、いまだかって自ら地位を望
んだことがない。全く、他人の好意に甘んじて受けたが、それが、いつも恵ま
れたものであったと、述懐された」と記している[52]。

　山﨑は「鏡のような人」の意味を述べていないが、荘子の中に明鏡止水（め
いきょうしすい）という言葉があり、「邪念がなく、澄み切って落ち着いた心」
の意味だ。曇りのない鏡のように他の模範となるような大村の人間性を評した

のではないか。

　大村はその著書の中でも、「人生というものは不思議なもので、自分がこう
したいと希望するときには一向思うようにはいかないくせに、すっかりあきら
めきっていると思いがけないきっかけから、ひょっこり年来の素志を達したり
することがある。例えば大陸進出などがちょうどそれで、日露戦争時代にはあ
れほど切望したにもかかわらず、とうとう実現を見るに至らなかったのが、シ
ベリア出兵が決まってからは、逆に向こうの方からさあ行ってくれと追っかけ
てくるのだ。もっともこれはあまり良い役目の方ではないから鉄道院査察官と
してしきりに官費旅行をやっている私に対する上役の一種の敬遠策だったかも
しれない。とにかくこれがきっかけで、とうとう私の後半生は大陸鉄道としっ
かり結びついて今日に至ったのである」[53]と、述べている。

　大村は自己の栄達や出世を目指すのではなく、自ら計るのではなく、ただひ
たすらに鉄道を通じて国や社会の発展、国民の福祉の向上を願ったといえる。

　なかなか自分の人生や進路は思い通りには行かないが、結果として大村の
日々の精進が高く評価され、さらに次の新しい道を拓くことにつながったと言
えよう。その意味では大村は、正に努力の人である。

9.17　大村の掲げる「交通道」について

　大村はその著書の中で、交通事業に携わる者の意義について、奉仕の精神の
発露として交通道を提唱している。大村の鉄道に対する愛情と熱意を示すもの
であり、以下、少し長くなるが抜粋する。

　「私は世の中のあらゆる職業のうちでも、交通事業に携わるほど意義深い職
業はないと思う。

　交通事業は国家の産業を生み出し、未開の国土を開拓し、また各地の産物を
交流配給して民生の安定を図る。戦の勝敗を決するのも補給交通線であるとさ
え言われている。大きくいえば国家の盛衰を左右するものと思ういうべき重大
なる事業である。その技術的内容も誠に複雑多岐にわたっている。土木、機
械、電気などあらゆる工学技術の応用である。またその運営は民生に交渉の多
い生命財産の安全な輸送の目的を達成し、かつ大量輸送の能率を上げるために
経営方針も複雑で、興味深く意義も深い。

　交通事業はこのように人生生活とも最も深い交渉を持つが故に、これに従事
する者の心がけとしては奉仕的な精神が強く要請されるわけである。すなわち
交通道の発揚が必要である。では交通道とは一体何であるかというと、これを
3つに分けてみる。

　第一は奉仕の観念である。人の財産、生命を任せられて、これを安全に迅速に運搬する仕事は国家社会に奉仕する性質のものであるから、これを任せられる従業員の団体はその事業に携わることを誇りとし、常に没我の奉仕的精神を以て日常の仕事に当たらんとすべきである。

　第二は、交通運輸は補給線である。戦争でも補給線が戦いの全局を支配するとも言われている通り、国家の盛衰を左右する重要な役割を持ち、しかもこれは日に月に進歩向上している。故に常にその日の業務を研究して、これに生きているということに感謝と誇りを持つことが何よりも大事になる心がまえである。

　第三は共栄感に生きることである。交通事業はその業務の性質として特殊の技術の総合になるものであるから、内部組織は複雑多岐である。したがって各部門間の従業員が互いに助け合い補い合っていかなければ、交通運輸の安全なる責任を果たしていくことができない。と同時に他の産業者のために計りこれが発展のために力を貸して共力し共存する思いやりの観念が大切である。これがなければ交通事業だけが単独で栄えることなど思いもよらないことである。世の中は持ちつ持たれつという言葉があるが、交通事業の如き公益事業にとっては特にこのことが肝要であって痛感させられるところである。

　以上3つを含めて交通道と言い、私もこれが実践を理想として努めてきたつもりであるが、しかしこうして過去を振り返ってみると今更のごとく恥ずかしい思いを感じることが多い。50年の長い鉄道生活を全うしえた所以は、そのはじめの踏み出しである北海道の学生生活、それに続く開拓鉄道時代が大きな力となっていることを痛切に感じるものである。つまり北海道の始まりがあったがゆえにこそ大陸での終わりがあったのでだと考えているのである。誰かの言葉に、人生の始まりは終わりを全うするためなりとあるが、実に意味深長な言葉であると私は思う。その意味で私は今もなお北海道の青年時代を憧れずには居られないと同時に、今日青年諸君がこの非常時局下に大陸の鉄道を背負って立ち、国家のために全魂を傾けて働いておられる姿を見るとき、職員の輝かしい将来を展望し、祝福せずにはいられないのである」[54]

　これが書かれたのは、1944年6月となっているので満鉄総裁を退任後である。大村は朝鮮総督府時代に若い鉄道人のメッセージを書き、満鉄副総裁時代には鉄道5訓を発表している。これらの内容は、大村自身の日々の実践の中からまとめられたものであり、かなりの共通点もある。それらの関連性について整理したが、言い方などの違いがあるものの貫くものはほぼ同じであるように見える。鉄道は安全に輸送するのが使命であり、規則を遵守するのが重要であ

るが、大村は筆頭に奉仕の観念をあげている。その実現のために日進月歩の研究により、感謝と誇りを持つことを強調している。最後に公益事業として各部門間の助け合い、他の産業者の発展のために力を貸して共力、共存することの重要性を述べている。

多くの人々の回想や手記にあるように、これらの鉄道人としての生き方は、大村の自らの歩んできた鉄道技術者としての人生の中で学び、日々実践に努めてきたものである。

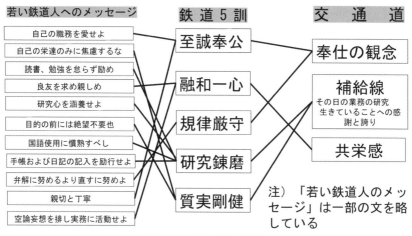

図9-2 大村の技術者倫理

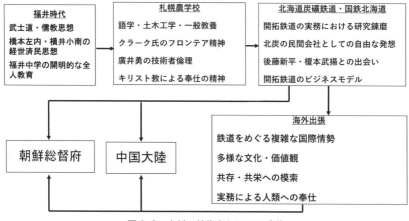

図9-3 大村の技術者としての系譜

　大村の鉄道人としてのあゆみから、それらの系譜を時代別に整理をした。これを見ると、大村は一貫して一つの道を究めるように、その時々で最善を尽くし、多くの人から学んでいることである。大村は毎日の研さんにより知識や技術に加え、技術者の倫理を自らのものとした。その中で、特に大村が記しているように福井や北海道の学生時代と開拓鉄道時代の知識・経験に加えて技術者としての使命やあり方を含めた全人教育が大きな役割を果たした。これが礎となり、朝鮮総督府および大陸での重責を果たし、成果を発揮したと言える。

　大村の実力は総合的な人間力であり、単に知識や技術力のみならず人としての品性を備え大きな使命感であった。その人間力が多くの人々を魅了してチームワークとして開拓という複雑かつ困難な仕事を遂行することができたのであろう。

　鉄道事業は公共性が高く、安全の確保を含めて社会的な高い使命を有しており、鉄道事業に携わる者として、大村の提唱した交通道は今でも通用する価値観といえる。

9.18　キリスト教徒として

　大村の著作の中でキリスト教関係の記述は極めて限られたものになっている。その中に、「奉仕する信念」という、小さなエッセイが掲載されている。以下、抜粋である。

　「真実一路という言葉があるが、ある場合にはこの精誠一筋の道は武力や策略などよりはるかに有効な役割を果たすものである。特に漢民族のように、昔から幾百の異民族と交渉を持ち、縷々武力的に征服され圧迫させられて、独特の柔軟さで、ふてぶてしい性格を作り上げたものには、人間のまごころほど彼等を動かす大きな武器は無い。

　たとえば、支那には昔から匪賊が多いがいかなる土地に行っても彼等はローマンカトリックの宣教師たちには、決して害をしないことになっていた。ローマンカトリックは渡来したものであるが、支那においてもおよそ400年の歴史を持つが、この派の宣教師たちはただ神のお役に立って支那に布教したい信念に燃えているだけで、支那民衆に来た臨まうとか、自国の権益に結びつこうという野心を1つも持っていない。その雪のような清純なまごころには、さすがの匪賊も兜を脱がざるを得なかったのである。

　この神のお役に立とうという奉仕の精神は、キリスト教の核心をなすもので、かつて北海道開拓に情熱を捧げたケプロン、クラークさん達、満鉄のロス、クリステイさん[55]達、皆優れた眞の精神家であったればこそあれだけの仕

事ができたのである。

　未開の、言葉も風俗も習慣も違う異民族の中に入って、開拓という大きな、困難な事業に従うには、神のお役に立ちたい、人々のために働きたい、世の中の役に立ちたいという、没我の犠牲的精神が最も要求されるのであって、昔日世界各地で示したヨーロッパのクリスチャンたちの優れた行動は実にこれに起因するものであった。（中略）今やキリスト教の真髄はヨーロッパの腐敗を離れて日本に結実しようとしていると信じている。日本こそあらゆる宗教が花の開き実を結ぶ唯一の国だと考えるのだが」[56]。

　ここにある「クリスティ」とは、1855年にスコットランドに生まれ、奉天で30年あまりも医療分野で奉仕活動を行ったドゥカルド・クリスティ（1855-1936）（Dugald Cristie）である。前述の大村終焉の地となった海龍の病院が、たまたま伝道医師として中国で献身的な活動を続けたキリスト教徒のクリスティが設立した分院であった。

　クリスティの著作の「奉天三十年」は、矢内原忠雄の訳で岩波新書から初版が1938年に出版されいる。前述のように矢内原忠雄は新渡戸稲造の東大教授時代から殖民学を学び、内村鑑三からも大きな影響を受け、戦後は東大総長となったが、ある意味では札幌農学校の系譜を引き継いだと言える。矢内原はクリスティの献身的な生き方に感銘を受け、その序文で、「満洲及び支那問題の解決、即ち東洋平和の永久的基礎は、満洲人及び支那人の人心を得ることでなければならない。而してそれは国家を背景とする公私の利得的行動を以ては達し得られない。人間としての無私純愛の生活態度を以て、彼等のために深く、且つ長く奉仕する個人こそ、東洋平和の人柱であり、その如き人間をば満洲及び支那に供給することこそ、日本国民の名誉でなければならない」と記している[57]。

　クリスティは著書のなかで、19世紀後半から20世紀初頭の奉天の様子を医師の視点で描写している。結核をはじめ、コレラや伝染病の流行、大洪水による水害やマラリアの発生、下水道もなく非衛生的な住居や街路、新生児の高い死亡率など無秩序な都市化が進んでいたようだ。医療伝道のため病院なども設立して活動を続けていたが、1900年には暴徒により、「男子病院、婦人病院、住宅、聖書教会の建物、教会、礼拝堂、すべて拳匪（けんぴ）のため灰塵に帰す」とある[58]。戦時下では赤十字活動として、ロシア、日本の隔てなく医療活動を行った。また、1909年から1911年には肺ペストが大流行して43,940人の死者が出た。その折に同僚の着任早々のドクトル・アーサー・ジャクソンはケンブリッジ大学の文科と医科を卒業した英才であったが、その治療に専念して

自らも病にかかり命を亡くした。このような多くの困難な状況でもそれに負けずに献身的な活動を続けた[59]。

　大村もクリスティの事績を現地で、またその著書から熟知していたであろう。1883年に渡来してから40年間満洲人のために尽くして民衆の信望を集めた無私純愛の奉仕に生きるクリスティの生き方は、大村の目指すものと合致し、憧れにも近いものを感じていたのではないか。

　大村が最後の時を歴史的なキリスト教の病院で、それも同じキリスト教徒で旧知の牛久医師とも再会し、治療も受け、暖かい部屋で安らかにその生を終えたことは奇跡としか思えず、人知を超えた何かの計らいを感じざるを得ない。

9.19　最後の奉仕

　大村は、死の直前の拘留中でも過酷な環境の中で恨み、不平、批判めいたことは何も述べていない。終戦の年の大晦日には、「過去を反省し、罪を悔いて過去に戻り、新しい年を迎えるとともに（中略）一東辺道の一小都市に拘留せられるも亦公的生涯に外ならず」と、自ら進んで過去を償うことを引き受けているように聞こえる。

　大村は戦火の中で犠牲となった多くの人々に対して、一身に罪を背負ったのではないか。これは、キリストが十字架にかかり、人々の罪を一身に負ったと同様の犠牲的な行為とも思われる。大村は満鉄総裁を辞して多くの人々の帰国の勧めにもかかわらず、満鉄に残った。その頃には、既に戦局もかなり悪化しており、大村の覚悟はすでに出来ていたのではないか。大村は未来の国づくりや再建は若い世代に託しつつ、自分として後世に残す最大の大事として、日々の辛い拘留にも耐え、機会があれば新生中国のために貢献したいと願っていたのではないだろうか。大村と同様の思いから、多くの日本人鉄道関係者が留用として外地にとどまり、献身的な努力を続けたことを忘れてはいけない。

　廣井博士が逝去され、信仰の友である内村鑑三は追悼の言葉を述べた[60]。

　「廣井君ありて明治・大正の日本は清きエンジニアーを持ちました。（中略）君の工学は君自身を益せずして、国家と社会とを永久に益したのであります。（中略）廣井君の事業よりも廣井君自身が偉かったのであります。工学は君に取り付帯的（インシデンタル）のものでありまして、君自身は君の工学以上でありました」

　大村は恩師で廣井博士の薫陶を受け、生涯にわたりその教えを貫き通し、最後の逆境の中にあってもそれを曲げずに生きたと言える。まるで、内村の追悼の言葉の中で、廣井博士を大村に置き換えても何ら違和感がない。まるで大村

の生涯を言い表しているように思える。

　敗戦を迎え、それまでの組織や価値観が崩壊する中で大村は何か感じたのであろうか。最後の時にも国を思い、若い人に国の再建に向けての励ましの言葉を述べている。「開拓という大きな、困難な事業に従うには、神のお役に立ちたい、人々のために働きたい、世の中の役に立ちたいという、没我の犠牲的精神が最も要求される」は、大村が生涯を貫き通した信念であったのだろう。

　高崎によれば、明治維新の以降の文明開化の工業化の担い手が「サムライ・エンジニア」であり、「農民統治の実務を担当する下級武士は、灌漑、開墾、河川改修など土木技術の熟練者であり、指導者であった。地方巧者（じかたこうしゃ）と呼ばれた。サムライの倫理観と英米の紳士（Gentleman）の倫理観は想像以上に近かったと言えよう。知識階級の彼らにとってはクリスチャニズム（キリスト教精神）も理解し難い「倫理観」ではなかったのである」と指摘している[61]。

　大村は恩師廣井勇などの感化を受け、終生を理想の世界を目指して、生涯をインフラつくりに捧げた。その使命感と情熱は、武士道とキリスト教徒としての人類への奉仕と理想の国をつくるという自覚だったのではないか。その生涯は内村鑑三が唱なえていた「勇ましい高尚なる生涯」であったといえる[62]。

参考文献・注
1)　大村卓一（1944）、「大陸にありて」、勝進社、
2)　汪兆銘政権（おうちょうめいせいけん）は 1940 年から 1945 年にかけて存在した、中華民国の南京政府。行政院長（首相）は汪兆銘。首都を南京としていたことから、当時の日本では南京国民政府（なんきんこくみんせいふ）とも呼ばれた。中華民国南京国民政府（ちゅうかみんこくなんきんこくみんせいふ）の名で呼ばれることも多い。
3)　大村卓一追悼録編纂会、石本秀二他（1974）、「元満鉄総裁故大村卓一翁を偲ぶ会：其の他記録」、大先輩大村卓一先生を偲ぶ、青木金作 P289
4)　同上、P268-269
5)　満鉄会（1973）、「満鉄最後の総裁、山崎元幹」、石崎書店、p569
6)　同上、p571
7)　前掲3)、父の生涯をかえりみて、大村博 p346
8)　土木図書館委員会直木倫太郎・宮本武之輔研究小委員会（2014）、「技術者の自立・技術の独立を求めて―直木倫太郎・宮本武之輔の歩みを中心に―」、土木学会
9)　加納健司（2015）、「志方益三先生の生涯」、日本ポーラログラフ学会（Review of Polarography）、Vol.61、No.2.
10)　前掲3)、大陸科学院長としての大村先生、石本秀二、p299
11)　宮脇淳子（2019）、「満洲国から見た近現代史の真実」、徳間書店 p193
12)　加藤陽子（2009）、「それでも日本人は『戦争』を選んだ」、朝日出版社、p393
13)　産経新聞（2018）、「一家 6 人、満州から日本目指し引き揚げ略奪や虐殺」、2018 年 8 月 15 日
14)　前掲5)、p348
15)　前掲3)、伯父の言葉に発奮、芳賀清、p390
16)　前掲5)、p683

17）前掲3）、p178

18）前掲5）、p685

19）同上、大村先生の私生活、石本秀二、p264

20）前掲3）、通化での大村さん、寺田妙子、p300-308

21）同上、p301

22）同上、p184

23）前掲5）、p347

24）前掲3）、p188

25）前掲5）、p347

26）前掲3）、p302

27）同上、p191

28）同上、p198

29）同上、p302-303

30）同上、p302

31）同上、p193

32）同上、p186

33）前掲5）、p346

34）前掲3）、p303

35）前掲5）、p349

36）同上、p352

37）前掲3）、海龍病院での最後、牛久昇治、p330

38）前掲5）、p349

39）前掲3）、p334

40）同上、p336

41）青木金作（1970）、「元満鉄総裁故大村卓一翁の抑留当時及び臨終の模様について」、満鉄会報、第69号

42）前掲3）、p330

43）同上、鉄道を愛した父、大村英之助p360

44）明治憲法下の貴族院議員。政府の推薦により天皇が任命する終身議員。

45）前掲5）、p355

46）同上、p668

47）前掲3）、父と私、大中よそ子、p367

48）同上、P283

49）加藤聖文（2006）、「満鉄全史『国策会社』の全貌」講談社選書メチエp197

50）6章（6.16）参照

51）前掲41）

52）前掲5）、p569

53）前掲1）、P55-56

54）前掲1）、p280-283

55）同氏は、大村の終焉の地となった海龍病院の創設者である。

56）前掲1）、p102

57）矢内原忠雄（1938）、「奉天三十年　上」、岩波書店、岩波新書1、p4（注：同書は岩波書店の創業者・社主の岩波茂雄が矢内原の言論活動を高く評価し、岩波新書のシリーズの第一冊目・第二冊目（同下巻）として出版された。これが日本における「新書」の判型のはじまりとなる）

58）同上上巻、p187

59）同上下巻、p322-323

60）高崎哲郎（2003）、「評伝　山に向かいて目を挙ぐ　工学博士・広井勇の生涯」、鹿島出版会、p253-255

61）同上、p81

62）内村鑑三（1946）「後世への最大遺物、デンマルク国の話」、岩波文庫、p54

第十章（終章）

　本章では日本および海外の鉄道において、大村の果たした鉄道技術や鉄道経営に対する貢献や功績についてとりまとめて考察する。

10.1　大村卓一の功績

　大村は札幌農学校で、恩師廣井勇や新渡戸稲造から西欧の最先端の技術や思想、技術者としての倫理および英語などの語学を学び、北海道で若き鉄道技術者として出発し、未開の北海道の鉄道網の整備、改良、運営を通じて鉄道に関する広範な知識と経験を重ね、鉄道整備を通じて北海道の開拓に大きな貢献をした。その後、朝鮮半島・中国大陸・満洲などにわたり日本の国策も反映して様々な開拓鉄道の建設と鉄道経営に一生を捧げた。それは実務者として、高い知識・技術と豊富な経験と能力に加えて、その執念ともいうべき熱意と努力で各任地において最高の職にまで登りつめた。大村は、ただひたすら鉄道に全力投球した自分の人生に、この上ない誇りと生き甲斐を感じていた。

(1)　北海道時代

　北海道における大村の知識・経験はその後の大陸の飛躍への基礎をなすものであり、特に重要である。その中で、鉄道技術の建設・保守・運営の幅広い基礎知識と経験はその後の鉄道人としての基盤となるものである。その中でも、①今後の総合開発計画を考慮した鉄道網計画の立案、②産炭地から鉄道による移動と港湾での円滑な船積方式の実現、③ラッセルの導入や防雪林の開発・整備など寒冷地における鉄道技術の確立、④石炭などの天然資源の開発と鉄道網整備による地域開発と多角化鉄道経営、などが特筆される。

　その中でも、小樽、室蘭における石炭船積海上桟橋の計画、設計、建設は大村が最も情熱を傾けたプロジェクトであり、今日では一般的な異なる輸送モード間の接続を円滑化して効率化を図る複合一貫輸送のさきがけとしての象徴的なものであり、今日、その構造物遺構は失われているが、鉄道技術史上、特筆されるべきものであろう。

(2)　朝鮮半島

　北海道の経験、知識を活かして①朝鮮鉄道12年計画の立案、決定までの関係者調整、新線建設などの実行であろう。これは、全国鉄道網整備計画であ

り、将来の人口、地下資源、産業振興などを綿密に検討した長期計画であり、単に鉄道網の整備だけでなく特に北部の資源の開発と地域振興を図るものであった。その他、②日本海ルートなどの追加の朝鮮半島の鉄道と日本と大陸の満洲を結ぶ国際連絡を実現したことは、複数の国際鉄道路線を確保したという点で重要な意味を持った。③朝鮮半島における新線建設と鉄道運営は、困難な事業であったが、関係者が協力して実現した。

朝鮮半島の鉄道は、大陸と日本を結ぶ国際連絡鉄道の役割を担う上で、重要であったばかりでなく、大村が計画し実行した朝鮮鉄道12年計画はその後の国内幹線を形成したもので産業鉄道としても評価されるべきであろう。

(3) 中国大陸・満洲

鉄道院時代の大陸出張、関東軍交通監督部、満鉄の勤務を通じて、多くの功績がある中で、筆者が特に着目したのは以下の業績である。

① 各国の利権や国益が錯綜する中で、技術面から適宜適切な助言や支援を行った（東支鉄道管理委員会、支那鉄道技術統一委員会、黄河橋りょう設計審査委員会、山東懸案細目協定委員など）

② 大規模な開業後の鉄道路線の財産、組織、運営の承継と鉄道経営の実行（山東鉄道、中東鉄道など）

③ 関東軍と満鉄間との諸課題の調整（満鉄改組、中東鉄道返還など）

④ 巨大鉄道組織である満鉄における鉄道経営、新線整備

高橋は、「大村こそ、あまり知られていないが、満洲事変後の時期に満鉄総裁の職にあった、満鉄の発展の最大の功労者といえる人物である。大村の満鉄総裁就任期間は1943年7月14日までの4年と3か月余。これは在任期間としては歴代2位にあたる。この間大村は、自身が主導し、1万kmの路線網を持つに至った」と、その功績を評価している[1]。

10.2 海外の開拓鉄道

大村の活躍した時代は日本が近代化をめざし、北海道の開拓をはじめ海外への飛躍する時代であった。このため、日本は初めて植民地を持った台湾から日中戦争下の中国占領地に至るまで、台湾、朝鮮、樺太の国有鉄道、満鉄、華北交通、華中交通の鉄道を経営した。1930年までは日本植民地鉄道は日本国鉄の延長距離の約3分の1であった。それが満洲事変以降は植民地鉄道が線路延長や従業員数においても国鉄を大幅に上回った。それは新線建設によるもの、あるいは占領とともに増加したものなどがあるが、1945年の日本国鉄

表 10-1 1944 年における日本の植民地・占領地鉄道[3]

	台湾国鉄	朝鮮国鉄	樺太国鉄	満 鉄	華北交通	華中鉄道
営業路線（km）	898.3	5,369	705.4	11,285	5,894	1,500
従事員数	19,563	102,612	6,199	389,576	175,617	22,821

（注）満鉄は満洲国国有鉄道と朝鮮国鉄の北鮮鉄道を含む。華中鉄道は資料上 1941 年、植民地にも私鉄
　　経営があり、その営業路線と従事員数はそれぞれ台湾 532.3km、3327 人（1941 年）、朝鮮
　　1226.5km、9331 人（1941 年）。

（日本植民地研究会（2018）、日本植民地研究の論点、岩波書店）

19,619.8km に対して植民地鉄道 25,352km であった。従業員数でも日本国鉄が 52.7 万人に対して、満鉄の従業員は約 39 万人で、日中戦争下の華北交通と華中鉄道を合せては約 20 万人新鮮総督府交通局でも 10 万人であった。日本は海外の植民地・占領地内に日本国内を上回る鉄道網を構築した[2~3]。

　これらの鉄道は軍事鉄道、産業鉄道、開拓鉄道、経済鉄道と様々な性格や側面を持つものであった。これらの鉄道の建設と経営のために、日本から多数の人材と多額の資金が投入された。これをもって鉄道帝国主義と評価する見方もある一方、これらの鉄道インフラや人材、鉄道技術は組織形態が変わったものの、その後も活用され人々の生活を支え、社会の福利厚生、産業の発展に寄与している。

　日本による植民地支配はその国や地域の民衆に耐えがたい苦痛を与えた。日本は戦争に敗れ、その領土を失ったが、戦勝国のイギリスやフランスも徐々に脱植民地化の圧力に屈し、アジア諸国の植民地も独立した。これらの国々は、東アジアの奇跡と呼ばれるほど、戦後は驚異的な経済発展をとげた。東アジアの韓国、台湾、中国ではすでに高速鉄道が整備され、鉄道網が発展している。

10.3　日本型開拓鉄道ビジネスモデル

　満鉄の初代総裁である後藤新平は、満鉄設立に当たり東インド会社をモデルとした組織を考えていたと言われている[4]。東インド会社の鉄道は、1853 年にアジアで最初の鉄道としてボンベイ地区で開業しているが、その主目的はイギリスの植民地政策を推進するために、綿花などの原材料を鉄道により港まで運び、反対に港からイギリス製の織物や工業製品を内陸部に運ぶというものであった。時代は異なるものの、当時は重化学工業の誘致やインドの地場産業の振興などはあまり考慮されていなかった。

　日本の開拓鉄道は、明治以降に北海道にてアメリカの大陸横断鉄道の経験などから実践された。幌内鉄道は石炭などの鉱山開発を行い、それらを港に運ぶとともに、沿線の農業開発を進め、移民の推奨と人口増による地域経済の発展

を図るものであった。開拓鉄道の建設は建設費を節約し工期を短縮するために、当初簡易な基準で建設し、後に改良した。その後、官業払下げで民間の北炭が誕生すると、鉄道と炭鉱経営に加えて、石炭などの原材料を加工してより付加価値の高い鉄鋼や製鉄などの第2次産業を誘致して、総合的な地域開発と産業振興を図ることにより、鉄道事業の利益確保を目指した。

　後藤新平は早くから鉄道の重要性を認識しており、台湾での8年8か月におよび植民地経営で伝染病と匪賊が猖獗を極めていた地を、ダムなどの治山治水に加えて、鉄道建設と港湾構築、道路による交通網の整備[5]や、新渡戸稲造や磯永吉などの農業技術者を招いて、製糖産業の振興や米の品種改良などの農業改革を進め、人口の増加（1887年の245万人が1903年には308万人に増加）や経済成長を進めた。これは日本の明治維新以来、西欧から学び実践した富国強兵、産業振興の日本自身が進めた近代化モデルである[6]。

　後藤は、台湾の施策実現に向けて、日本の北海道開発や北炭のビジネスモデルについて研究し、その効果について、熟知していたものと思われる。新渡戸は、アメリカ静養中に農商大臣曽祢荒助から、台湾総督入りを勧められ固辞するが、後藤から熱意のこもる長文の電報を受けてついに受諾した。新渡戸が、台湾総督府技師、殖産課長、殖産局長心得、やがては臨時台湾糖務局長まで抜擢された[7]のは後藤が新渡戸を信頼し、北海道開拓のビジネスモデルを学ぶためだったのではないか。その後、新渡戸の弟子を含めて多くの札幌農学校の卒業生が台湾で活躍している。

　満鉄総裁を辞任し鉄道院総裁となった後藤新平が、1909年に北海道内を視察し、若き大村と旅の先々で議論を戦わし、意気投合したのも後藤が開拓鉄道の知識を有し、地域開発や発展にとって鉄道が極めて重要であることを十分認識していたためであろう。

　日本の開拓鉄道のビジネスモデルは東インドのそれとは違うものである。後藤が東インドの鉄道を研究して学んだのは、鉄道中心の会社経営による植民地経営であり、具体的な事業内容やビジネスモデルは日本独自に創設したものである。

　日本の開拓鉄道はアメリカ開拓のように、鉄道建設を契機として治山・治水による農業開発を始めとして開拓・入植を進め、鉱山資源の開発、農林水産業の振興、さらにそれらの資源を活用して製鉄や重化学工業や農林水産加工などにより、より付加価値の高い第2次産業を誘致し、しいては金融やサービス、商業などの第3次産業の発展により、総合的な地域開発を図り、ネットワーク効果を含めたより広域的な経済発展により経世済民を図るものである。

　都市鉄道においては、鉄道を核としてターミナル開発や宅地を含む沿線開発、関連事業の誘致など多角経営による、収益性の高い鉄道経営と鉄道沿線開発を進めた日本型民鉄モデルが有名である。

　北海道における鉄道を起爆剤とした地域開発と産業発展モデルは、民間企業の北炭が井上角五郎という傑出した人物を得て日本型開拓鉄道ビジネスモデルを実現したと言える。

　この日本型開拓鉄道ビジネスモデルは、後藤により台湾や満鉄に適用され、大村も北海道勤務に引き続き、朝鮮半島や満洲でその実現に尽力をしたと言える。この潮流は、今日の日本の国際協力における経済開発の手法として社会的インフラ整備を重要視する系譜にもつながっている。

10.4　戦後の経済復興、国土再建に活躍した大陸からの引揚技術者

　終戦とともに、満洲や朝鮮半島で働いていた鉄道人は列車を休むことなく新しい運営者に引き継ぎ順次日本に帰国した。また、留用者として引き続き海外で新しい国づくりの支援を行った。例えば、中国の山岳地帯の天蘭線の建設には家族も含めて約800人の邦人が留用された。中には、混乱の中で日本の土を踏むことなく現地で亡くなった方も多かった。

　終戦直後に海外の鉄道関係者は満鉄だけで18万人、その外朝鮮、台湾などを入れると25万人、さらに軍人軍属の鉄道関係者を含めると多数の復員が想定されていた。多くの技術者が職を失い日本に帰国した。一方で、日本の国土は長らく続いた戦争で荒廃し、戦後の経済復興、国土再建にはその基盤となるインフラの整備と人材の確保が不可欠であった。多くの大陸からの引揚技術者が戦後、産業界、学界、行政などの各方面で困難を克服して活躍し、戦後の日本の復興に貢献した。

　後に国鉄総裁に就任した十河信二は、島安次郎の長男・島秀雄を懇請し、広軌高速鉄道の夢を東海道新幹線に結実して、それまで衰退産業とみられた世界の鉄道に大きな高速鉄道の到来という革命をもたらした。新幹線の実現には、旧海軍の技術者や満鉄や朝鮮半島における広軌鉄道の各技術系統の研究成果や大陸での経験や実績とともに、多くの関係する人材が貢献した。

　満鉄副総裁であった平井喜久松は、満鉄の戦後処理に当たり1947年1月に帰国し、請われて鉄道建設興業会社に入り、1951年社長となって、今日の鉄建建設株式会社の基礎を築いた。その他、国鉄技師長となる瀧山養、後に国鉄総裁となる藤井松太郎や仁杉巌、東海道新幹線建設に尽力した大石重成など多くの大陸経験者が国鉄の発展にその力を発揮した。

　コンサルタンツ関係では、大陸から引き揚げてきた技術者を援護して日本の復興に寄与するために、1946 年 4 月に社団法人復興建設技術会を大日本技術会傘下団体として設立することで設立趣意書を作成された。これは大日本技術会会長八田嘉明名義で、内務運輸各大臣、戦災復興院総裁に対し、建設復興特に都市復興関係各種調査・設計・測量其の他の業務を同技術会に委託されたいとの請願書とともに提出された。5 月 4 日に、社団法人復興建設技術協会設立総会が開催され、5 月 14 日には設立発起人会、6 月 1 日に内閣総理大臣より閣審丙第 28 号をもって許可があり、同協会が発足した[8]。協会には満鉄など海外で活躍した技術者が所属した。

　その後、復建協会の全国各支部はその後それぞれ株式会社化され、地質調査・測量・建設コンサルタント企業として独自の役割を果たした。これらの会社は現在でも全国の復建グループのコンサルタンツとして発展を続けている。

　鉄道系ではないが、久保田豊は朝鮮半島で大型の水力発電開発プロジェクトを自ら指導し、完成させた実績に基づき、1946 年に新興電業株式会社（後に日本工営株式会社）を設立し、戦後の海外の総合開発プロジェクトなどを日本の国際技術協力のさきがけとなり、今日の世界的な総合コンサルタントに至っている。

　満鉄理事を経験した平山復二郎は、1951 年にアメリカと共同出資のパシフィックコンサルタンツ・インコーレーテッドが創設され副社長となり、3 年後日本法人パシフィック・コンサルタンツが独立して社長となった。さらに日本の技術者の地位向上策として 1951 年には日本技術士設立総会を開催するなど、技術力と倫理を備えた日本の技術士制度の発足に貢献した。また、1957年新幹線調査委員会が発足すると、委員および技術関係小委員会委員長として、外地における広軌鉄道の経験など新幹線工事に必要な資料をまとめるなど国鉄の技術的な指導を行った[9]。

　また、多くの民間建設会社においても、大陸で活躍した技術者が戦後の高度経済成長に伴う新線建設や新幹線建設、地下鉄や都市鉄道整備にこれまでの経験や技術力を活かして、大きな役割を果たして社業も発展した。

10.5　日本の海外インフラ輸出のために

　今日、国際インフラ輸出の政策の中で、環境負荷が少なく効率的な都市鉄道や高速鉄道の整備が注目され、関連する案件も増えつつある。その中で、日本の優れた鉄道技術の技術移転、インフラ輸出が外交的にも経済的にも日本の国際戦略上、重要視されている。鉄道はその国の文化や伝統に根ざし、人々の生

活や経済活動にも直結しているので、日本の技術や経験をそのまま諸外国に適用すると摩擦や問題が生じることも多い。相互のパートナーシップにより、技術的にも経済的にも文化的にも細心の準備と対応が不可欠である。

　日本の国際開発協力の特徴として交通インフラ投資を通じた国つくり、地域つくりがあげられる。明治維新から短期間で総合開発を進めた北海道の開拓と開発の歴史には多くの知見が含まれている。国土開発や産業政策、その中で鉄道などの交通インフラの果たした役割などを分析して再評価することは、今後の日本の海外協力や海外インフラ輸出を推進する上で有用である。

　このように、大村らの多くの先人の過去の経験や知見を多面的に分析し評価することは、単に歴史上の評価ばかりでなく、現代および将来の国際開発協力や海外インフラ輸出を考える意味でも重要である。

　その中でも国際開発協力の中での技術者倫理のあり方や人材育成は最も重要であり、先人の知恵から学ぶ必要がある。

10.6　北海道新時代の交通体系をめざして

　現在、北海道の鉄道も新たな時代を迎えようとしている。2016 年 3 月に新函館までの区間が開業した北海道新幹線（約 149km）は、新函館・札幌間が2012 年から工事に着工し、2030 年の開業を目指して、鉄道・運輸機構によって建設が進められている。同区間が開業すると、東京・札幌間は約 5 時間、札幌・函館間は約 1 時間 13 分で結ばれる予定である。いよいよ高速交通の時代を迎えることになる。

　一方で、大村らの先人が建設した北海道の鉄道路線は、モータリゼーションの進展などに伴いその競争力を失い、1964 年に約 4,000km あった路線長は徐々に減り、国鉄改革の 1987 年 4 月には約 3,200km に、2021 年 1 月現在2,372.3km になっている。2016 年 11 月、JR 北海道が「単独維持困難線区」（総延長約 1,200km）を公表し、これら対象線区のいくつかではその存続を含めて地元と協議が始まっている。さらに新幹線の開業とともに並行在来線の課題を解決する必要がある。また、鉄道貨物輸送と青函トンネルの利用法の議論も重要である。

　最近、明治以降の日本の近代化の産業遺産の評価が進んでいる。富岡製糸場跡の世界遺産登録や、西日本においては「明治日本の産業革命遺産製鉄・製鋼、造船、石炭産業」が、世界遺産リストに登録された。北海道においても、「炭鉄港」として、空知（石炭）、室蘭（製鉄）、小樽（港湾）とそれらをつなぐ鉄道を舞台に繰り広げられた歴史的産業遺産が再認識され、2019 年 5 月 20

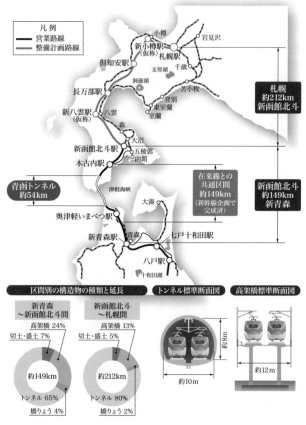

凡例
━━ 営業路線
━━ 整備計画路線

小樽
新小樽駅
（仮称）札幌駅
岩見沢
倶知安駅
千歳
長万部駅
洞爺湖
支笏湖
苫小牧
登別
新八雲駅
（仮称）八雲
東室蘭
室蘭
森
大沼
新函館北斗駅
五稜郭
函館
木古内駅
青函トンネル
約54km
津軽海峡
大湊
奥津軽いまべつ駅
新青森駅
青森
七戸十和田駅
八戸駅
十和田湖

札幌
約212km
新函館北斗

新函館北斗
約149km
新青森

在来線との
共通区間
約149km
（新幹線企画で
完成済）

区間別の構造物の種類と延長

新青森
〜新函館北斗間
高架橋 24%
切土・盛土 7%
約149km
トンネル 65%
橋りょう 4%

新函館北斗
〜札幌間
高架橋 13%
切土・盛土 5%
約212km
トンネル 80%
橋りょう 2%

トンネル標準断面図
約10m
（約8m）

高架橋標準断面図
約12m

図 10-1　北海道新幹線概要図
（鉄道・運輸機構）

日に文化庁から日本遺産として認定された。

　炭鉄港は、近代北海道を築く基となった三都（空知・室蘭・小樽）を、石炭・鉄鋼・港湾・鉄道というテーマで結ぶことにより、人の知識の新たな動きを作り出そうとする取組みである。その特徴は 176 件の歴史遺産を整理して、全体を貫く歴史的経緯をストーリー（物語）として誰にでもわかりやすく理解できるようにしたことである。2000 年ころから活動を開始し、2007 年には NPO 炭鉱（ヤマ）の記憶推進事業団を開設し、多くの NPO や行政、市民と巻き込んで、各種イベントの開催や観光資源としての活用など関係者により盛り上がりを見せている。これらの活動は単なる過去の勉強ではなく、未来に向けての内発的な発展のために、過去のストーリーを冷徹に認識・分析し、現状を

変革し歩み出す力を期待している[10]。

北海道は人口減少や国際環境が変化する中で、これからの新しい時代に向けて、その開発のあり方の検討や国土つくり、人つくりが進められている。北海道の交通体系についても、これまでのインフラを最大限活用しつつ、未来に向けてあるべき交通モード（航空機、鉄道、道路、港湾）の分担や、インフラ整備のあり方についても検討が必要である。鉄道についても、さらに議論を深めて必要な適切な維持管理、新しい設備投資や改善を図る必要がある。

それらのためにも、我々はこれまでの多くの先人達の北海道開拓に注いだ情熱や労苦の歴史から学び、将来の北海道、そして日本の在り方を考える礎にしたいものである。

写真 10-1　旧室蘭駅における日本遺産認定「炭鉄港」の展示会

写真 10-2　三菱合資会社室蘭出張所建物（1914 年建設）

参考文献
1) ヴィトゲン社（2007）、「図説鉄道路線はこうして生まれる」、学習研究社、満鉄「1 万 km 路線網」ができるまで、髙橋泰隆、コラム満鉄の発展と主導した知られざる総裁・大村卓一、p87
2) 髙橋泰隆（1995）、「日本植民地鉄道史論」、日本経済評論社 p564-565
3) 日本植民地研究会（2018）、「日本植民地研究の論点」、岩波書店、コラム、鉄道、林采成、p63
4) 加藤聖文（2006）、「満鉄全史」、講談社選書メチエ、p29
5) 北岡伸一（1988）、「後藤新平、外交とヴィジョン」、中公新書 881、p49-51
6) 渡辺利夫（2020）、「台湾を築いた明治の日本人」、産経新聞出版、p251-252
7) 赤石清悦（1995）、「新渡戸稲造の世界」、渓清出版、p32
8) 中央復建コンサルタンツ株式会社社史編集委員会編（1976）、「創業 30 年史」、p3-4
9) 大石重成（1962）、「平山復次郎氏の追憶」、土木学会誌、Vol.47、3 号、p46
10) NPO 法人炭鉱の記憶推進事業団編（2019）、「北の産業革命『炭鉄港』―本邦国策を現地に観よ―」、炭鉱の記憶ブックレット 4

あ と が き

　2022年は大村卓一の生誕150周年にあたる。これまで明治、大正、昭和の時代にかけて、北海道、朝鮮半島、満洲での鉄道の開拓と建設に尽力し、最後は満鉄総裁となり活躍した鉄道技術者「大村卓一」の生涯を振り返り、日本および海外での鉄道建設に対する先人たちのフロンティア精神と鉄道開拓の変遷をたどってきた。

　大村卓一の人生は波乱に富んでいる。長らく北海道の開拓鉄道の実務を経験した大村は、北海道の鉄道が国有化となり、東京に行くことになった。北海道は明治政府の開拓政策によりアメリカの指導も受けフロンティア精神で開発が進められた。その基本的な考えは鉄道網の整備により、石炭の輸送および農産物の輸送などのためのインフラ整備を行うことであり、アメリカにおける大陸横断鉄道と鉄道網の発達により未開の国土を開発するというフロンティア精神に基づいたものであった。

　当時の日本は、人口問題や資源開発など国内経済の行き詰まりを海外の植民地政策により打開すべく、台湾や朝鮮半島、中国への進出を図る国家政策が進められつつあった。

　大村はそれまでの経験や知識に基づき、朝鮮半島の鉄道網の将来を考え、その後は満洲における鉄道のあり方について思いを抱き、やがて満鉄総裁として大きな役割を果たしたといえる。

　物事には二面性があり、植民地としての帝国主義政策とは裏腹に、インフラ整備により欧米列強からの植民地解放という民族自立の支援の側面もあった。中国についても列強による分割支配の中で、満洲国を拠点にしながら中国全土の統一と欧米からの支配脱却という大きなテーマに大村は論を立てて主張している。

　敗戦を迎え、大村は自らの思いに相反して最後は大陸で死に至った。これらの事績が後世に、どのように評価されるかは、時代とともに変遷するであろう。

　日本の敗戦後、朝鮮半島や満洲の鉄道はそれぞれの国に引き継がれ、所有形態は変化しても、インフラは独立後も残り、その国の人や物を運び続け、その機能を継続的に発揮しているといえよう。また、大陸などで活躍した多くの人材が戦後の日本の経済復興と国づくりに貢献し、朝鮮半島や満洲での鉄道技術や経験が世界で最初の高速鉄道である新幹線整備などのさきがけになった。

　大村以外にも多くの日本人技術者が外地で夢を追い、苦労を重ねた。しかし、誰が井戸を掘ったかという事は今ではすっかり忘れ去られている。鉄道はそれでも日々動き、人々の生活や産業の礎になっているといえよう。

　本著が、鉄道技術者である大村のあゆみを通じて北海道や大陸における開拓鉄道整備や運営についての理解を深め、さらに情熱と責任感を以てこれらの鉄道に尽力した大村をはじめとする多くの先人たちの偉業を偲ぶことの一助になればと思っている。

　大村の足跡は、今後の国際開発協力の進め方や技術者としての倫理のあり方などのテーマとも直結し、多くの示唆に富んでいる。技術者として、高い志がなくては困難な事業は推進できない。一方で、いくら個人の志は高くても、基本的な社会や制度の枠組みがかみ合わなければ、事業として正しく遂行することは困難である。

　今回、多くの皆様に資料の提供やご助言などをいただいた。鉄道総研の小野田滋氏には貴重な資料の提供などを含めて助言をいただいた。一般社団法人むろらん100年建造物保存活用会代表理事の村田正望氏には炭鉄港の活動や室蘭における建物保存活動について説明いただくとともに貴重な資料を提供いただいた。北海道大学大学文書館の山本美穂子氏には大村の学生時代の文書や写真、高岡熊雄旧蔵の書簡などを提供いただいた。一般社団法人日本交通協会の前田美千代氏には、満鉄や朝鮮半島の鉄道に関する書籍や資料などを提供いただいた。皆様に心からお礼申し上げます。

　日本コンサルタンツ株式会社の秋村成一郎氏、地田信也氏には議論を通じて多くの示唆や助言を、元JICA中国鉄道専門家の永井宏生氏には貴重な写真を提供いただいた。さらに、独立行政法人鉄道建設・運輸施設整備支援機構の浅見均氏には資料の提供や北海道の鉄道についての助言などを、また、北海道の鉄道の恩人である田邉朔郎と北垣国道については、朔郎の直系の孫であり生涯現役エンジニアである田邉康夫氏より多くの情報の提供と示唆をいただいた。ここに心よりお礼申し上げます。

　これまでご指導いただいた恩師である北海道大学の尾崎晃先生、佐伯浩元北大総長（筆者が学生時代に卒業論文などを含めてご指導をいただいた）、佐藤馨一先生に心から感謝申し上げます。

　最後に新型コロナ禍による緊急事態宣言発令などの異常時の中で、終始、激励と適切な助言をいただいた成山堂書店の板垣洋介氏はじめ、編集の皆様には心よりお礼申し上げます。

2022年7月　高津俊司

大村卓一　関係年表

西暦		年齢	大村卓一	鉄道関連
1868	M1			
1869	M2			鉄道事業を政府自身の事業とすることで決定
1870	M3			3.19 民部大蔵省に鉄道掛設置
1871	M4			8.14 工部省に鉄道寮を設置
1872	M5	0	2.13 福井市駕籠町（現松ケ枝下町）において、越前福井藩下級藩士の家に生まれる	10.15 新橋・横浜間開業
1873	M6	1		
1874	M7	2	妹荻野生まれる	5.11 大阪・神戸間開業
1875	M8	3		
1876	M9	4		
1877	M10	5	弟保生まれる	1.11 工部省に鉄道局設置、5.14 工技生養成所設置
1878	M11	6	福井市進放小学校入学	
1879	M12	7		
1880	M13	8	8月弟外人（ホカト）生まれる	7.14 京都・大津間開業（最初の日本人独自による建設）、11.28 幌内鉄道　手宮・札幌間開業
1881	M14	9		11.11 日本鉄道会社設立
1882	M15	10		3.10 太湖汽船　大津・長浜間船車連絡開始、11.13 手宮・幌内間鉄全通
1883	M16	11		7.28 日本鉄道　上野・熊谷間開業、12.28 中山道幹線鉄道建設を決定
1884	M17	12	福井中学校入学、1月妹富江生まれる	5.1 高崎線開業
1885	M18	13		
1886	M19	14	12月妹静尾生まれる	
1887	M20	15		5.18 私鉄鉄道条例公布
1888	M21	16		

日本国の動き	国際情勢
官軍江戸占領	
7.8 開拓使設置	
10 月工部省を設置	7 月普仏戦争おこる
7 月廃藩置県、8.26 ホレス・ケプロン横浜到着	9.13 日清修好条規調印、パリコミューン（3-5 月）
5.21 開拓使仮学校成る（東京）、12 月徴兵制発布	
7.28 地租改正、11.10 内務省を設置	
6 月北海道屯田兵制度制定	台湾出兵（5-12 月）
	8.22 千島・樺太交換条約締結、9.20 江華島事件
7.29 札幌農学校設立	2.26 日朝修好条規（日本は朝鮮に開国を強要）
2-9 月西南戦争、西南戦争に屯田兵出陣	
1 月官営幌内炭鉱（三笠市）開鉱	
7 月開拓使官有物払下げ事件、8.30 明治天皇北海道巡幸（小樽到着）	
2 月開拓使廃止となり三県一局、7 月空知集治監設置	7.23 壬午の変
7 月鹿鳴館竣工	
2 月改正地租条例	
	12.4 甲申政変、4 月天津条約
1.26　北海道庁設置、12.28 札幌農学校官制制定	
3.22 札幌農学校工学科開講	

西暦		年齢	大村卓一	鉄道関連
1889	M22	17	中学卒業、単身北海道に渡る、札幌農学校に入学する	7.1 東海道線全通、12.11 九州鉄道　博多・千歳川間開業、12.11 北海道炭礦鉄道営業開始
1890	M23	18		9.6 鉄道局を鉄道庁と改称
1891	M24	19		7 月井上勝による「鉄道政略ニ関スル議」建議、7.5 北炭空知線岩見沢・歌志内間開業、9.1 日本鉄道上野・青森間開業（東北線全通）
1892	M25	20	郷里に末弟信夫出生、本科（工学科）入学	6.21 鉄道敷設法公布（規程の整備、規格化）、8.1 北炭室蘭線室蘭（現東室蘭）・岩見沢間開業、11.1 北炭追分・夕張間開業
1893	M26	21	11.10 父素農衛死去。父を喪い大いに落胆する	
1894	M27	22		6.10 山陽鉄道　神戸・広島間に初の急行列車
1895	M28	23		
1896	M29	24	7.7 札幌農学校工学科卒業。7.8 北海道炭礦鉄道株式会社に就職する	5.14 北海道鉄道敷設法公布、7.16 空知太・旭川間開業、9.1 新橋・神戸間に急行列車運転開始、田邉朔郎北海道に渡る
1897	M30	25	5.24 北炭技師となる（月給50円）、郷里に最初の帰省、親戚を招じて留守中の礼をつくす	8.18 逓信省官制改正、鉄道作業局官制公布
1898	M31	26	9.17 北炭追分保線事務所長（月給65円）、母つや死去享年46歳、末弟信夫を郷里より手許に引き取る、和歌山県中島隆氏四女潤と結婚	11.28 帝国鉄道協会（現日本交通協会）創立
1899	M32	27	次弟保死去（享年23歳）	2.23 鉄道国有調査会発足
1900	M33	28	9.1 北炭保線掛長となる（月給85円）、4.8 長女美代子生まれる	3.16 私設鉄道法公布、鉄道営業法公布
1901	M34	29	10.3 北炭主任技術者となる（月給110円）、妹萩野死去（享年28歳）、妹富江および静尾を手許に引き取る。	国産レール製造開始（八幡製鉄所）、5.27 山陽鉄道　神戸・馬関全通、9.3 旭川・落合間開業
1902	M35	30	11.10 欧米出張を命じられる	
1903	M36	31	シベリア鉄道経由で帰国、6.5 長男博生まれる	2.1 中央東線笹子トンネル完成、9.3 旭川・名寄間開業

日本国の動き	国際情勢
2.11 大日本帝国憲法発布	
11.25 帝国議会招集、空知炭鉱・夕張炭鉱の開発	
	5.12 シベリア鉄道着工
北海道人口 50 万人	
8 月〜日清戦争	朝鮮東学党の乱（4 月〜）、7.16 日英改正条約署名、8.20 日韓暫定合同条款
4.17 下関条約	4.17 台湾割譲
	ロシア東支鉄道敷設権獲得
5.10 札幌農学校に土木工学科設置	経済恐慌、4.2 京仁線敷設権を米人モールスより譲受（渋沢栄一等）
	9.8 京釜鉄道敷設に関して日韓条約調印、2 月ドイツ山東半島南部の膠州湾、ロシアが旅順、大連を租借
	9.18 京仁線（京城・仁川）開業
	11.1 京仁鉄道全通
北海道人口 100 万人、北海道十年計画	8.20 京釜鉄道起工
1.30 日英同盟	
	ロシア東支鉄道を完成

西暦		年齢	大村卓一	鉄道関連
1904	M37	32		10.15 函館・高島（旧小樽中央）間鉄道開通（北海道鉄道株式会社）
1905	M38	33	帰朝後月給 135 円、10.13 次男英之助生まれる（岩見沢）	9.14 奥羽線　福島・青森間全通、10.21 帯広・釧路間開業
1906	M39	34	10.1 鉄道国有法により官吏となる、北海道鉄道作業局出張所雇岩見沢保線事務所長（月給 160 円）	3.31 鉄道国有法公布
1907	M40	35	4.1 官制改正により、任帝国鉄道庁技師、叙高等官四等、三級俸北海道鉄道管理局岩見沢保線事務所長となる、9.26 北海道鉄道管理局工務課長兼務を命じられる、10.12 次女よそ子生まれる（岩見沢）	9.8 旭川・帯広間が開通し、旭川・釧路が全通、10.1 鉄道国有化完了
1908	M41	36	4.23 岩見沢保線事務所長兼任をとかれて札幌にうつる、12.5 工務課長となる	3.7 青森・函館間航路国鉄直営開始、12.5 鉄道院設置
1909	M42	37	後藤新平の北海道視察案内同行	2.28　塩狩峠で列車分離・鉄道員長野政雄殉職事故、11.21 鹿児島本線全通（人吉・吉松間開通）
1910	M43	38	4.9 三男俊介生まれる、4.27 俊介死す	4.21 軽便鉄道法公布、11.23 深川・留萌間開業
1911	M44	39	7.17 高等官三等二級俸、6.2　三女鶴子生まれる、8 月余市川鉄橋応急復旧	5.1 中央本線昌平橋・名古屋間全通、12 月室蘭、手宮海上高架桟橋落成
1912	T1	40	7.1 高等官三等一級俸	6.15 山陽本線開業、新橋・下関間に特別急行列車（初の特急列車）、10.5 網走線池田・野付牛（現北見）・網走間全通
1913	T2	41	5.5 北海道鉄道管理局技術課長となる	4.1 北陸本線開業、11.10 下富良野線滝川・下富良野（現富良野）間開業
1914	T3	42	3.13　四男潤四郎生まれる、同日妻潤死す（享年 37 歳）	11.11 志文・万字炭山間開業、12.28 東京駅完成
1915	T4	43	6.5 北海道鉄道管理局管理局長心得兼務を命ぜらる、6.23 工務課長を命ぜらる、松山市櫛部漸氏次女雪子と再婚する、札幌独立教会に入会する	

日本国の動き	国際情勢
日露戦争（1904.2.8-1905.9.5）	9月シベリア鉄道全通
9.5-9.7 日比谷焼き討ち事件	1.1 京釜線開通、9.4 ポーツマス講和条約、9.11 山陽汽船　下関・釜山連絡航路開始
	3.30 京釜線日本国有化、8.1 南満洲鉄道設立
6.22 札幌農学校が東北帝国大学農科大学となる、11.1 日本製鋼所創業	4.1 南満州鉄道株式会社営業開始
7.21 北炭輪西製鉄所操業、8月　伊藤博文・韓国皇太子・東北・北海道巡遊	10.26　伊藤博文ハルピン駅頭にたおる
8.22 日韓併合条約調印、第一期北海道拓殖計画	
	中国辛亥革命、11.1 鴨緑江橋梁完成し、釜山・奉天の直通運転開始（日本・朝鮮・満洲間の鉄道連絡輸送体系確立
	1.1 中華民国成立
	満蒙5鉄道敷設権獲得
シーメンス事件	第一次世界大戦（6.28〜）
1.18 中国に二十一カ条の要求	

西暦		年齢	大村卓一	鉄道関連
1916	T5	44	叙正五位、5.2 四女多喜子生まれる	5.29 北海道鉄道一千マイル記念祝賀会
1917	T6	45	12.15 鉄道院総裁官房巡察課勤務を命ぜられる、北海道を引き上げ東京に移る	
1918	T7	46	8.17-10.21 シベリア出張、シベリア線及東支線の破壊状況を視察し復旧の見通しをたてる。11.12 シベリア出張命令、11.18 出発列国管理委員会に参加。出張前に留守宅を渋谷に移す	3.21 丹那トンネル着工
1919	T8	47	管理委員会ウラジオストックからハルピンに移る。日本の管理区域ウスリー線及び東支南線。管理委国際会議の傍らハルピン地方管理局長、3.31 五女和子生まれる、7.7 高等官二等三級俸	3.1 中央線東京・万世橋間開業、4.10 地方鉄道法公布（私設鉄道法及び軽便鉄道法廃止）
1920	T9	48	支那鉄道統一委員会日本側顧問（一旦帰国後直ちに北京に発つ）（4月13日ハルピン引き揚げ、4月19日出張命令、4月22日北京へ）、5.15 任鉄道技師（官制改正に伴い）	5.15　鉄道省設置
1921	T10	49	5.1 黄河橋梁設計審査委員会委員、10.30 支那政府との庸聘契約満期、10.21　支那出張命令、11.10　帰国、大臣官房外国鉄道調査課長戸田直温出張中代理	10.14 日本国有鉄道建設規程制定、軌道法公布
1922	T11	50	4.29 山東鉄道条約実施委員嘱託、6.10 同委員を解嘱、6.13 山東懸案解決に関する条約所定の共同委員会委員、6.15 出発、6月26日より細目協議、12月5日妥結、この間北京と青島を往来す	4.11 鉄道敷設法改正
1923	T12	51	山東鉄道引継完了（1月）、正式契約とととのうまで鉄道局におしかけ車務総監の職務をとる、正式雇聘契約まとまり、謬済鉄路車処長（5月）、かねて宿舎たりし青島グランドホテルに家族を呼ぶ（7月）	
1924	T13	52	9月ホテルより大村町に移る	7.31　羽越線開業

日本国の動き	国際情勢
	2月、11月ロシア革命
4.1 北海道帝国大学設置、7月シベリア出兵	
	五四運動（中華民国）、三・一運動（朝鮮半島）
	1.10 国際連盟発足、1月新渡戸稲造国際連盟事務次長就任
12月四カ国条約、日英同盟破棄	ワシントン会議（11月〜）
	12.22 ソビエト連邦成立
9.1 関東大震災	7.1 米国排日移民法

西暦		年齢	大村卓一	鉄道関連
1925	T14	53	北京国際鉄道連絡委員会議に支那側最高委員として出席（5月）、5.24鉄道省に辞表提出、朝鮮総督府初代鉄道局長として京城に赴任（5月、大連経由）	11.1　山手線環状運転
1926	S1	54	朝鮮鉄道建設十二年計画立案、12月上京	
1927	S2	55	在京（1-3月）、朝鮮鉄道建設十二年計画の議会通過	
1928	S3	56	京城ユニバーシティークラブなどに参加	9.10長輪線長万部・輪西（現東室蘭）間開業
1929	S4	57	軽量車の研究試作	8.1日本国有鉄道建設規程改正、線路規格
1930	S5	58		
1931	S6	59	6.13妻雪子死す（享年51歳）	9.1上越線開業（清水トンネル完成）
1932	S7	60	6月現職のまま関東軍交通監督部派遣奉天着任、11月新京に移転	1.26満鉄経済調査会を設置（委員長十河信二）、4.7満鉄副総裁江口定条を罷免、内田総裁辞表提出、7.6林博太郎満鉄総裁就任
1933	S8	61		2.9　満洲国鉄道法公布、8.1図們線開業
1934	S9	62		12.1丹那トンネル完成
1935	S10	63	9.21満鉄副総裁就任	3.22北鉄譲渡協定、8.2松岡洋右満鉄総裁就任
1936	S11	64	6月東京出張	7.15鉄道省下関改良事務所設置、9.19関門トンネル着工
1937	S12	65	鉄路総局長兼務、墓参のため北海道に渡る	10.10山陽本線京都・明石間で電車運転開始
1938	S13	66		
1939	S14	67	3.24満鉄総裁就任（第15代）	8月鉄道大臣官房幹線調査室 11.2弾丸列車計画答申、4.17華北交通㈱設立、10.1満鉄鉄道経営1万キロ突破慶祝式典、10.1満浦線が開業し満洲と直通運転開始
1940	S15	68	故郷福井を訪ねる、両親の五十年の法要を営む、母校の進放小学校で講演．駅頭で小学生や、その他の見送りを受ける	1.20満鉄第3次増資により資本金14億円となる

日本国の動き	国際情勢
5.5 普通選挙法成立公布	3.12 孫文北京で逝去、4.1 朝鮮総督府鉄道局新設、4 月朝鮮共産党結成
	10.24 世界金融恐慌
10.1 廣井勇逝去	6.4 張作霖爆殺事件
	11 月斎藤実再び朝鮮総督となる
	9.18 満洲事変、宇垣一成朝鮮総督となる
5.15 五・一五事件、5 月斎藤内閣成立	3.1 満洲国建国宣言、10.1 リットン報告書発表
3.27 日本国連脱退	
	4.2 満洲国皇帝溥儀、訪日へ
2.26 二・二六事件	
	7.7 盧溝橋事件、日中戦争勃発
4.1 国家総動員法公布 4.1 陸上交通事業調整法公布	
	5.11 ノモンハン事件、9.1 第二次世界大戦勃発
1.31 陸運統制令公布	9.27 日独伊軍事同盟

西暦		年齢	大村卓一	鉄道関連
1941	S16	69	6月上京	7.24-9.10 関東軍特種演習関連輸送、新丹那トンネル・日本坂トンネル着工
1942	S17	70	6月上京（総裁公館）在京1か月	8.21 大東亜建設審議会が大東亜交通基本政策を答申、9.21 第1次満鉄調査部事件（31名検挙）、11.15 関門トンネル下り線開業
1943	S18	71	6月最後の上京（総裁公館）、7.14 満鉄総裁を辞す、11月から12月北中支巡遊	7.17 第2次満鉄調査部事件、地方私鉄22社を国有化（〜44年）
1944	S19	72	3.5 留岡幸助氏追悼会に出席し回顧談をのぶ、12月「大陸に在りて」出版	9.9 関門トンネル複線開業
1945	S20	73	1月大陸科学院長に就任する	運輸通信省から鉄道省になる
1946	S21	74	海龍郊外、県立海龍病院にて3月5日死去	6.1 社団法人復興建設技術協会発足
1947	S22			4.24 東京・門司間急行列車復活
1948	S23			12.20 日本国有鉄道法公布
1949	S24			6.1 国鉄公共事業体発足
1950	S25			1.30 国鉄湘南型電車完成
1951	S26			7.17 鉄道建設審議会設置
1952	S27			
1953	S28			3.15 京都・博多間に特急かもめ号運転開始
1954	S29			1.9 青函海底トンネル工事起工式、9.26 青函連絡船洞爺丸沈没
1955	S30			東海道本線スピード化試験時速120キロ達成
1956	S31		3.6 大村卓一追悼会（鉄道倶楽部にて）	

日本国の動き	国際情勢
10.18 東条英機内閣、12.8 太平洋戦争（日米開戦）	4.13 日ソ中立条約（松岡外相がモスクワにて）
6.5 ミッドウェー海戦	
11.5 大東亜会議	カイロ会談（11.22-26）、2.28 満鉄アジア号運転停止
7.7 サンパン島玉砕	
8.15 終戦	ヤルタ会談（2.4-11）、7 月ポツダム宣言、8.9 ソ連軍満洲国に侵攻、8.18 溥儀退位、満洲国消滅
11.3　憲法公布	1.10 第一回国連総会、7.12 中国、全面的内戦はじまる
5.3 日本国憲法施行、10.1 北海道大学に名称変更	1.28 ビルマ独立、8.14 パキスタン独立、8.15 インド独立
11.12 極東軍事裁判終わる	8.13 大韓民国成立、9.9 朝鮮民主主義人民共和国成立
6.1 運輸省設置（国鉄と分離）	10.1 中華人民共和国成立
8.10 警察予備隊発足	6.25 朝鮮戦争起こる
9.8 サンフランシスコ講和条約	12.30 マーシャルプラン終了
6.9 日印平和条約	1.18 韓国李ラインを設定
ベトナム・ラオス・カンボジア対日国交回復	7.27 朝鮮戦争休戦協定
11.5 ビルマと平和条約・賠償および経済協力協定調印、11.27 カンボジア、日本政府に対日請求権放棄を通告	
11.15 自由民主党結成	4 月第一回アジア・アフリカ会議
経済白書「もはや戦後ではない」と指摘	

索　引

【著者略歴】

高津俊司（たかつとしじ）

1950 年　北海道室蘭市に生まれる

1973 年　北海道大学工学部土木工学科卒業・日本国有鉄道入社

1982 年　東京第二工事局・本社新幹線建設局・下関工事局

1985 年　外務省在イラク日本国大使館出向後下関工事事務所へ（調査課長）

1987 年　日本鉄道建設公団入社（大阪支社下関分室長）

2008 年　北海道大学工学部博士課程修了（博士（工学））

2009 年　東京支社計画部調査課長、国連アジア太平洋経済社会委員会（国連職員）、東京支社長を経て本社理事（新幹線）

2012 年　鉄道建設・運輸施設整備支援機構を退職、日本コンサルタンツ㈱入社（取締役副社長、技術本部長）

現在　　日本コンサルタンツ㈱特別顧問

著書：『鉄道整備と沿線都市の発展　りんかい線・みなとみらい線・つくばエクスプレスの事例』　成山堂書店（2008 年）

　　　『鉄道技術者の国鉄改革―関門トンネルから九州新幹線―』成山堂書店（2015 年）

　　　『鉄道の世界史』（共著、第 11 章　中近東）悠書館（2010 年）

　　　『鉄道の百科事典』（共著）丸善出版（2012 年）

ほっかいどう　てつどうかいたくしゃ
北海道の鉄道開拓者
てつどう ぎ し　おおむらたくいち　こうせき
鉄道技師・大村卓一の功績

定価はカバーに
表示してあります

2021 年 8 月 28 日　初版発行

著　者　高津　俊司

発行者　小川　典子

印　刷　倉敷印刷株式会社

製　本　東京美術紙工協業組合

発行所　株式会社 **成山堂書店**

〒160-0012　東京都新宿区南元町 4 番 51　成山堂ビル

TEL：03 (3357) 5861　FAX：03 (3357) 5867

URL　http://www.seizando.co.jp

落丁・乱丁本はお取り換えいたしますので、小社営業チーム宛にお送りください。

鉄道がつくった日本の近代

高階秀爾・芳賀徹
老川慶喜・高木博志 編著

A5判 360頁
定価 本体 2,300円（税別）

明治5年の開業以来、人びとの生活感覚や行動方式にまで大きな役割を果たした「鉄道」。幅広い分野の識者たちが、「鉄道」を通して様々な角度からスポットをあてることにより、日本の「近代」の多面的な様相を浮かび上がらせる。

交通ブックス122
弾丸列車計画
－東海道新幹線につなぐ
　　革新の構想と技術－

地田信也 著

四六判 240頁
定価 本体 1,800円（税別）

1940年に議会を通過し着工したものの、戦況の悪化により中断した「東京―下関間線路増設計画」。しかし高速鉄道の基本とな規格や仕様などが定められていたこの計画がベースとなって東海道新幹線をわずか5年で完成させることができた。本書は、貴重な資料をもとに、この弾丸列車計画の全体像を要約している。

大江戸線建設物語
地下鉄のつくり方
－計画から開業まで－

東京都交通局 監修
大江戸線建設物語編纂委員会 編

A5判 360頁
定価 本体 2,700円(税別)

大江戸線の計画から事業の完成までを、実際の建設に携わった「大江戸線建設物語編纂委員会」がまとめたもの。事業のしくみ、許認可手続き、設計、建設工事、電気、車両、運行システムなど地下鉄事業のすべてを、建設当時の実際の図面や写真、資料などを豊富に使用してわかりやすく解説した。

鉄道技術者の国鉄改革
－関門トンネルから九州新幹線まで－

高津俊司 著

A5判 204頁
定価 本体 2,400円（税別）

九州の鉄道インフラを担ってきた技術者たちの改革の痛みや九州新幹線計画継続のための苦労を、著者の経験と豊富な資料からまとめた。

交通ブックス126
海外鉄道プロジェクト
－技術輸出の現状と課題－

佐藤芳彦 著

四六判 286頁
定価 本体 1,800円（税別）

台湾新幹線をはじめ、日本企業の海外進出が加速している。なかでもアジアでは、地下鉄や高速鉄道の建設が数多く計画されている。一方、日本企業にとっては国内とは大きく異なるプロジェクトの実行体制や商慣行、技術上の課題を乗り越える必要がある。その特徴とプロジェクトの一連の流れを解説している。